启微

# 朝贡与利润

王杨红　刘俊涛　吕俊昌　译
王杨红　校

1652~1853 年的中暹贸易

〔泰〕吴汉泉　著
Sarasin Viraphol

Tribute and Profit
Sino-Siamese Trade, 1652-1853

社会科学文献出版社
SOCIAL SCIENCES ACADEMIC PRESS (CHINA)

# 序

费正清（John King Fairbank）

15 世纪前期，郑和率明朝船队七下西洋。这些远航表明中国先于欧洲进行海上探索。16 世纪，欧洲众多的探险家和贸易公司终于抵达了东南亚。然而此时，他们发现华商已活跃于一个个港口中，穿梭于一条条商道上。诚如他们所言，欧人东渐之前，这一地区的中国帆船贸易已获得长足的发展。简言之，欧洲海上势力波及前，海洋中国已驰骋东亚和东南亚海域了。

随着风帆时代逐步让位于蒸汽时代、航空时代，早期海洋中国的这些丰功伟业已随风飘散、被人遗忘。作为当时暹罗与华南之间的大宗贸易之一，大米贸易乃是中国重要的经济利益所在。而在因应邦交之需所形成的防御性朝贡制度的庇护下，这种经济利益得以成长壮大。国际贸易如何与朝贡体系相容，这一问题引人关注，值得研究。为此，我们要对吴汉泉博士表示感谢，他对近代两百年的中暹贸易进行了开拓性研究。

在作为中国语言和历史学者取得的成就之外，吴博士还掌握了暹罗材料，并发展了对暹罗贸易的认识。他的大作为学界深入研究复杂的政治经济关系拧动了锁钥，开启了大门。从朱拉隆功大学到泰国驻华大使馆履新时，恰逢他手稿修订完成，双喜临门，可喜可贺！

# 自　序

　　1974 年 1 月，泰国政府正式宣布将废除饱受争议的《革命团第 53 号法令》。自 1959 年沙立政府推行以来，此项法令一直成为阻断泰国与中华人民共和国贸易的障碍。然而，近 11 个月后，泰国政府和国会（立法会）才将这一重要的"拦路虎"踢开，并经由国家调控计划，为两国重启贸易铺平了道路。经过旷日持久的争论，朝野上下开始达成两点共识：其一，多年对华外交孤立，甚至公开敌视之后，泰国政府重新意识到，建立与北京方面的对话机制和官方关系，及寻求迈向这一关系的康庄大道——两国贸易都颇有意义；其二，对华贸易切实可行，实因其所具有的内在价值，中国是"战略"物资（尤其是石油）的重要来源国，并有望成为泰国过剩农产品、天然矿藏（尤其是锡、黄麻和橡胶）的市场。此外，出于摆脱日本经济控制的考量，泰国显然也会对中国市场有所偏爱。

　　上述禁令的废除之所以姗姗来迟，首先在于当政者的担忧，即这一举措在某种程度上可能会对泰国未来的经济、政治生态产生潜在影响。许多议员担心对华贸易不仅会破坏泰国的贸易平衡，而且将培育国内政治颠覆活动的温床。此外，议员们念念不忘的是，泰国大地上生活着大批商业本位的华人。这些忧虑得到了相当一部分民众、军人的认同。

尽管从商业角度来说 19 世纪初中暹贸易曾经是东亚海域（Eastern Seas）① 贸易最重要的一部分，但历史上与中国保持密切经济、政治、文化联系的泰国，此时对中国的了解非常有限。泰国对华积极政策的缓慢推进，与这种愚昧无知息息相关。

本书的研究即肇始于这一问题意识。我试图以一种恰当的方式，弥合两国源远流长、多姿多彩的商贸往来中的信息鸿沟。17 ~ 19 世纪是两国漫长商贸关系中至关重要，事实上也是最重要的时期。通过对这一时期的总体讨论，本书可为日后泰中商业交往可能的发展方向提供一个历史的视角。它至少应提醒人们，两国间的贸易传统上友好，同时也互惠互利。

不仅如此，我的研究旨在描绘 19 世纪西方势力产生决定性影响之前，前现代东亚海域的经济图景。我们往往会参照 19 世纪中期以来的史事，戴着有色眼镜考察亚洲史。西方资本主义的传入固然引起了东亚海域显著的变化，但当地土生土长的海上贸易（包括中暹帆船贸易）有其自身独特的魅力，仍值得我们重视。荷兰历史学家范勒尔（J. C. van Leur）早已注意到，断定 19 世纪前亚洲的贸易"从经济意义上来说发展水平低下，对现代而言无足轻重"过于草率。然而一笔一画勾勒出的历史画卷，要比这一论断具体、生动得多，不应只得到如此简单的批驳。

本书也分析了一些其他问题。例如，我试图反驳大多数人之臆断，即 1688 ~ 1855 年因西方势力明显退出，暹罗的对外贸易停滞不前。笔者的研究也从功能层面探讨了暹罗朝贡贸易，并转而讨论了暹罗王室对华贸易的经营架构。基于同样的考虑，

---

① Eastern Seas 直译为"东海""东部海域"，据本书英文版第一章首段，包括东亚（中国、朝鲜半岛、日本）和东南亚在内，亦即广义的"东亚海域"。——译者注

我立足暹罗华人的商业背景，对广州、厦门及其他中国港口形形色色有组织的商业活动进行了补充性探索。笔者也抽丝剥茧地考察了中暹大米贸易的发展史，而大米贸易是从多方面进一步加强暹罗与华南社会关系的催化剂。最后，我力所能及地探究了暹罗经济发展的各阶段，亦即从大体自给自足的农业经济向初步市场经济的转变：起初是 17 世纪后半期对外贸易的增长，接下来是田园经济、商品经济的发展，最终是 19 世纪的货币经济。

在讨论中暹贸易这一主题的过程中，我尝试按时间先后顺序，将 1652～1853 年两国实际维持朝贡关系的漫长历史时期，大致分为起步（1652～1717）、发展（1717～1767）、繁荣（1767～1834）和衰落（1834～1853）四个阶段。乾隆年间，清朝国力强盛；至嘉庆、道光、咸丰时，清朝开始衰落。其间中暹帆船贸易渐趋萧条，昔日荣光已成明日黄花。清代最初几十年，朝廷严格限制对外贸易。但康熙后半期到乾隆中期，亦即大致 1680 年代至 1790 年代，中国的国内经济由恢复转向发展。尽管按中国人的理解，这一转变并非对外贸易的缘由所在，但它是对外贸易的动力源泉。

这种分期的预设，实建立在两国历史中那些影响中暹贸易走向、具有分水岭意义事件的基础之上。选取 1717 年作为起步、发展两阶段的分界线，乃因当年清廷第二次下令实施海禁，而这为我们考察此前 60 年的中暹贸易提供了时间便利。两国贸易由合法的朝贡贸易体系，迈进了相对自由贸易的时代，而后者正是参与其间的中国东南沿海私商所看重的。1717 年禁令虽并未如预期那样完全阻断中国与东南亚的贸易，却隔开了两个时代：前一个时代，厦门一跃成为东南亚贸易的中心，大米则一度是对华贸易的重要商品；而后一个时代，广州的主导地位逐渐凸显。

同理，我选取 1767 年作为另一个分界线，因为它代表暹罗古老的阿瑜陀耶王朝的终结及前现代统治时期的开始，中暹两国贸易功利性、合理性日益增长。这种态势转而促进了中暹贸易的进一步发展，及朝贡贸易体系内部矛盾的加剧。

上述近乎武断的划分，并不意味着对各发展阶段的叙述泾渭分明，而是为考察中暹贸易这一课题提供便利。事实上，中暹贸易的连续性已超出了历史分期所能展现的范畴。

本研究面临的困难之一是文献常常难以获取。由于所讨论的话题前人研究很少，且大部分帆船贸易的记载阙如，因此相关史料多种多样、散落四方、零碎不堪。明清皇帝严禁臣民私自出海贸易、定居，并将之形诸法令，颁行全国。华人违抗禁令者，以船员、海盗居多，知书达礼、著书立说流传后世的商人寥寥无几。虽然笔者花费了大量心力，从泰国档案中搜寻到不少有趣的泰文记载（即使并不卷帙浩繁），包括曼谷王朝宫廷内部往来的一手公文，但是总体而言，中文史料仍是本书最重要的参考材料。更有进者，日文史料，尤其涵盖了 17 世纪和 18 世纪初期长崎商港报告书汇编的《华夷变态》价值很高，不可或缺。

我对本研究的兴趣，最初萌生于哈佛大学费正清教授指导的研究清代文书的课上。在他的循循善诱、谆谆教导下，我对相关问题的阐析首先以研讨会论文，继而以博士学位论文，最终以著作的形式呈现于世人面前。他的评论和建议字字珠玑、见解独到，笔者从中获益良多，至为铭感。

我也十分感谢哈佛 - 燕京学社副社长白思达（Glen W. Baxter）博士，及该学社对我 1970～1974 年负笈哈佛大学期间全力的经济支持。对于德怀特·珀金斯（Dwight Perkins）教授鞭辟入里的批评，吴才德（Alexander Woodside）教授细致入微的评论，我心怀感激。而哈佛大学东亚研究中心慨允出版拙著，及奥利芙·霍姆斯（Olive Holmes）夫人无比宝贵的编辑帮助，我也不胜感谢。

没有内子南塔纳（Nantada）的协助，本书不可能完稿。她将大部分初稿打印出来，并在我撰写博士学位论文和著作的平淡时光中，承担了所有烦琐的技术性工作。她的坚韧、理解和鼓励也是本书得以顺利完成的重要力量。

当然，书中出现偏离事实和解读史料的错误，作者如我，责无旁贷。

西欧文明（对亚洲）一时的霸权扭曲了我们的历史观，让我们对历史的关注失之偏颇。120年来，西方主宰世界。这不过弹指一挥间，回首往昔，却是日久年深。基于此，西方自诩为世界历史之中心，世间万物之准绳。

W. F. 韦特海姆（W. F. Wertheim）①

① W. F. Wertheim, "Early Asian Trade: An Appreciation of J. C. van Leur," *The Far Eastern Quarterly*, Vol. 13, No. 2, February 1954, p. 172.

# 目　录

# 导　论

　　中暹两国的海上贸易起自元代,但直至清代,其政治、经济、社会影响才显露无遗。

　　从一开始,中暹海上贸易就被认为是朝贡体系的一部分,从朝贡使团来华的频繁程度可窥一斑。这些贡使是属国为展现对清廷的臣服,亦即维持表面政治妥协,彼此相安无事而派遣的。清代中国继承了儒家轻视商业主义的基本信条(对应的则是重农思想),及理学家推崇的对外交往时基于固有的半封闭、重尊卑而形成的治国安邦观念。这些观念背后的立论在于,尽管从根本上说,中国是一个自给自足的农业经济体,无须与外界互通有无,但外邦甘愿作为藩属俯首称臣,则端坐宝座,恩赏有加。[①] 是故,在某种程度上我们可以认为,朝贡关系与贸易关系基本互补,此乃中暹两国之共识。儒家化的清廷允准"蛮夷"之国沐浴华夏璀璨的物质文明之光,而暹罗的潜意识认定,与天朝的交往具有明显的商业特性,两者不谋而合。

---

① Wang Tseng-tsai, *Tradition and Change in China's Management of Foreign Affairs: Sino - British Relations, 1793 - 1877*. Taipei: China Committee for Publication Aid & Prize Awards under the Auspices of Soochow University, 1972, p. 13.

然而，在这种相互承认朝贡与贸易合成一整体的表象之下，官方态度（相对于行为）与互动程度之间存在基本的分歧。就清廷而言，贸易当然是次要的，且最终须完全契合"羁縻"这一政治总则。如此一来，贸易事实上已被纳入政治体系。[①] 对于将海外贸易视为创收重要途径的暹罗王室来说，商业本身便是重要之事，朝贡使团只不过是商业投资的一种形式。这种解释最声名卓著的倡导者之一，正是一生丰富多彩的蒙固王（拉玛四世，1851～1868 年在位）。在他看来，对华贸易特权的存在使得朝贡与税收难分彼此。

1820 年代末，正值中暹贸易如日中天，郭实猎（Charles Gutzlaff）以传教士身份到访暹罗，对暹罗与中国关系的形式描述道："尽管暹罗人名义上认可中国至高无上的统治，并遣使至北京，进贡本国的土产，以示对中国的臣服，但他们定期朝贡实为利来。贡船越洋远航，行抵中国，即获免税……"[②]

双方对于进贡的真正作用与目的看法的差异，其他年代的人恐怕不能如此洞若观火。不过，推测中方在实践中严格遵循上述理念并不完全准确。首先，由于对外贸易使诸多属国受惠，因此其利润对中方也具有吸引力。国泰民安、平静祥和时，清廷允准中国东南沿海百姓前往东南亚进行海上贸易。此举常常获得众多地方官的支持和拥护。他们坚信，对贸易的管理是地方收入的来源。甚至在海禁期间，商人会暗中勾结地方官，冒

---

① John K. Fairbank, "A Preliminary Framework," in John K. Fairbank, ed., *The Chinese World Order: Traditional China's Foreign Relations*. Cambridge, MA: Harvard University Press, 1968, p. 4.

② Charles Gutzlaff, *Journal of Three Voyages along the Coast of China, in 1831, 1832, & 1833, with Notices of Siam, Corea, and the Loo-choo Islands*. London: Frederick Westley and A. H. Davis, 1834, p. 78.

险进行贸易。故而我们可以认为，尽管从频繁双向交往的角度看，海外贸易可能并不符合中国儒家化的世界观，但毋庸置疑的是，它对清朝正式、非正式的及对中国大众某些行业的实际贡献不言而喻。

再者，认真分析之后，也许我们不会一刀切地提出这样的见解：满人统治者儒家化程度甚深，故而他们对商业的轻视态度，贬低了朝贡背景下贸易潜在的重要性。康熙、雍正、乾隆三帝制定的政策、推行的举措多数出于实用主义的考量。尽管不完全同意暹罗人对进贡背后真正动机的说辞，但他们充分发挥想象力，因应情势而变，默认了暹罗大量与朝贡关系定例相悖的举动。例如，暹罗雇用华人经营对华贸易，此举便与管控华夷关系的儒家正统观念相去甚远，然而中国的皇帝们却对此加恩允准。

所以无论如何一分为二地剖析，暹罗与中国的朝贡关系在整个存续时期是令人满意的。双方的交往表明，在诸多局限中，甚至在肉眼可见的发展壮大中，中国制度具有很强的灵活性。当然，这种兼容性部分得益于暹罗国家的特性，亦即其对贸易结构类似"管理"的原则。① 暹罗国王们也乐意最大限度地挖掘对华贸易的价值，这种挖掘甚至已经到了利用华人个人聪明才智的程度。

长期以来，东南亚与中国在朝贡关系背景下开展海上贸易。就暹罗而言，至少到 19 世纪中期，朝贡支持下进行的贸易是中暹政治往来最重要的元素。这其实是一种合法的官方贸易，并

---

① 管理通商制度由马克·曼考尔提出并界定，其特征为没有竞争、协定价格、供需机制缺失的特殊市场等。Mark Mancall, "The Ch'ing Tributary System: An Interpretative Essay," in Fairbank, ed., *The Chinese World Order*, pp. 79–81.

适应私人贸易的形式。到明代后期（约 1500 年代），这种私人贸易主要由华人执掌，且其规模和价值凌驾于官方贸易之上。同时，暹罗定期派遣使团至中国可能是为了扶助本国控制的高度发展的地方贸易。[①]

从经济角度看，帆船贸易当时是暹罗对外贸易的主要方式。暹罗供应的奢侈品（如犀角、象牙、苏木、胡椒）及大米之类主食，可以销往中国市场获利；而它对中国商品的需求，包括王公贵族、富家大贾所需的大量奢侈品，如丝绸、瓷器也能从中国购得。暹罗基本上是一个物产丰饶、人烟稀少、供应过剩的农业国。在本书涉及的时段，暹罗保持着有利的贸易平衡。为达此目的，帆船贸易因时而变。而经由王室垄断的进一步推动，尤其是在雍正至道光年间，帆船贸易日益繁荣。

当时，暹罗对外贸易主要专注于中国市场的事实，证明了中暹贸易的大幅度增长。然而，暹罗虽因贸易而依赖中国，却也对中国帆船贸易的发展有所帮助。例如，到 19 世纪前期，曼谷已成为东亚海域主要的帆船港，不但许多区域贸易以此为中心，而且大部分中式远洋帆船也在此建造。

到 18 世纪末，华人移民成为两国贸易中最重要的"商品"。为了改善经济状况，华人从中国东南沿海远渡重洋来到暹罗。[②]暹罗有一个颇具影响力的华暹混血小圈子，他们以不断加大王室、私人船只经营力度的方式从事帆船贸易。随着华人人数开始

---

① Wang Gung-wu, "Early Ming Relations with Southeast Asia: A Background Essay," in Fairbank, ed., *The Chinese World Order*, p. 58.

② 费正清教授认为："作为 19、20 世纪的重大事件之一，华人移民进入东南亚，只不过是源远流长的中国商业扩张的后一阶段。" John K. Fairbank, *Trade and Diplomacy on the China Coast: The Opening of the Treaty Ports, 1842 – 1854*, Vol. 1. Cambridge, MA: Harvard University Press, 1953, p. 36.

飙升，华人男性移民逐渐对暹罗传统社会产生了深远的影响。这种影响至今犹存，未曾改变。暹罗的田园经济和矿业因华人移民的到来获得了巨大发展，这在某种程度上也给帆船贸易输送了养分。而更多的华人出于农耕、开矿目的向暹罗内地迁徙，他们常常对乡村产生影响。在暹罗王室和贵族的庇护下，华人运用其聪明才智，承包了五花八门的税收，包括赌税、制造业税、酒税、彩票税和后来的妓院税。相比依赖传统的从暹罗男丁中强征的徭役，暹廷也青睐华人劳动力。这种对华人劳动力的转向，动摇了既有社会结构的根基。在原来的社会结构中，衡量个人财富的标准不是金钱，而是土地和徭役。到19世纪初期，华人的作用加快了货币经济引入暹罗的速度。华人男子与暹罗女子之间的通婚，是另一个改变传统社会结构的重要因素。而在即将到来的岁月中，通婚本身也对培育华人与暹人之间和谐融洽的关系有所裨益。

言语与行动、政策与施行之间存在明显的差异，是中国官方对外贸易和海禁的基本面。帆船贸易本质上可以为清代官府带来实利，但满人统治者继承的儒家抑商的基本信条及传统内亚的定位，妨碍了其对中国海外贸易的充分认知。清廷可能从未真正推行严格的帆船贸易禁令，但转而采取的是一种自相矛盾、模棱两可的立场。对此，田汝康的评论可谓入木三分："放是不肯放，禁又禁不了，管也管不好。"①

暹罗和中国都有官方管理通商的模式。事实证明，在中暹贸易中，这种模式正是滋生贪污腐败的温床，且死气沉沉、缺

---

① 田汝康：《再论十七至十九世纪中叶中国帆船业的发展》，《历史研究》1957年第12期，第4页。事实上，田氏此处所云专指明代隆庆至崇祯间施行的海禁；然而对于在海禁方面继续前后矛盾的清代，这一总结同样适用。（田氏此言乃是总结中国历代对中国帆船的海外贸易政策，并不专指明代。——译者注）

乏创新。每当泰国政府认真考虑监督、管理对外贸易（其他国家的政府也采取同样对策）时，也许从历史角度检视这一问题是值得的。在清朝，商人通常受到官府的管控。他们唯一稳妥且有利可图的生财之道，是与那些负责管理贸易的官员暗通款曲。这使得垄断制度、贿赂体系成为可能。大体上说，当内外勾结居然可能促进贸易发展时，排外主义的出现及创新、开拓的缺乏便顺理成章了。对于官府的迫害，商人一向处处留意，小心提防，他们也不大可能无限期或多样化地投资；相反，他们常常将目光投向少数几种可能带来最快收益的物产。

至于暹罗，行贿受贿和串通勾结也是当时社会的潜规则。尽管操某些方言的华人由此占据了主导地位，并排挤了操其他方言的华人，但这种潜规则并未推动暹罗资本主义的发展。故而，暹罗的贸易方式本质上依旧保守。

在此过程中，儒家化的满人统治者牢牢抓住朝贡制度的神话不放，自认为这样的话语足以安全有效地将对外贸易纳入对外体系。殊不知在后世，这一制度明显被滥用。

# 第一章　中暹贸易的国际背景

　　帆船①贸易可以说是北自日本，南达荷属东印度，几乎全由华人经营的东亚海域海上贸易的分支。18 世纪末 19 世纪初的数十年间，帆船贸易达到顶峰，繁盛一时。② 据中国航

---

①　关于"junk"（帆船）一词的词源，笔者在此稍做说明。一种说法是，这一英文单词源自马来语"jong"，而后者则类似中文"船"字的厦门话发音（即"joon"）。David Joel Steinberg, ed. , *In Search of Southeast Asia: A Modern History*. New York: Praeger Publisher, 1971, p. 52. 另一种说法由包遵彭在所著《郑和下西洋之宝船考》（"国立"编译馆中华丛书编审委员会，1961，第 9 页）提出。他断定，"jong"源自爪哇语，意为"大船"。［据包氏所云，这实际是汉学家梅辉立（William F. Mayers）在"Chinese Explorations of the Indian Ocean During the Fifteenth Century"（*The China Review*, Vol. 3, No. 6, May 1875, p. 330）一文中的观点。——译者注］他也评论道，西方学者对明代用字"艨"与爪哇语"jong"之间渊源关系的推测值得怀疑，因为"艨"更确切的意思应该是"船队"，而不是单独的一艘船（见包氏前引书，第 10～11 页）。另外，将"junk"的词源直接与厦门话挂钩，此说未免过于简单。"junk"对应泰文的"tapao"和"sampao"。其中"tapao"属较晚近的用词，很可能源自中文"舢"（意指一种远洋帆船），及意指一双画于船首两侧的龙的"眼睛"的泰文"ta"。至于"sampao"，泰国华人学者谢犹荣认为，明代郑和率领船队到访暹罗，世称"三宝公"（Sam Po Kong），"sampao"即源自此，且与之相关。

②　游仲勋『華僑経済の研究』アジア経済研究所、1969、96 頁。1238 年素可泰王朝的建立，是暹罗作为一国出现的标志。然而，中国与赤土的商业往来可追溯至 7 世纪，而赤土正是暹罗人移居之所及暹罗开国之地。607 年，隋炀帝派遣了一个使团出使当地，以期获取某些物质利益，乃至可能的政治控制。学界一般认为，这是第一个经由海路远航至东南亚的中国官方使团。Chang T'ien-tsê, *Sino - Portuguese Trade, from 1514 to 1644: A Synthesis of Portuguese and Chinese Sources*. Leiden: E. J. Brill, 1969, p. 7.

海图,① 这一海上贸易网络发端于台湾海峡,分出两条主要支线:一条为西洋路线,包括安南、柬埔寨、暹罗和马来半岛;另一条为东洋路线,包括琉球、日本、菲律宾和东印度群岛。②当然,在清朝建立前的悠远岁月中,华人水手已穿梭在这两条路线上。但直至17世纪下半叶,当华人海员常与各地统治者合作、执东亚海域贸易之牛耳时,这两条路线尤其西洋路线的航运才大有起色。从帆船港口、停泊地之繁,及进出口货物之多,我们可以进一步观察到这一贸易的深度和广度。

暹罗居于西洋路线帆船贸易的中心地位,这有赖于它得天独厚的区位优势。它成了区域贸易和东西方贸易的枢纽。③ 因物产丰富,适合帆船贸易,且帆船航行的范围适中和方式恰当,许多暹罗港口〔京师大城、吞武里、曼谷,及其他城市如尖竹汶、北大年、那空(洛坤)、宋卡、猜亚〕都与中国保持长期、活跃的贸易关系。拉里·斯滕斯坦(Larry Sternstein)观察到,"华人'航海者'更钟情于沿着东南亚漫长的海岸进行短距离航行,因为帆船的掌舵者并非'高效的'海员,而是那些经营各种耗时贸易的独立商人"。④ 这些因素,加上人烟稀少的特征,使暹罗成为理想的帆船贸易中心。

到了17世纪下半叶,暹罗的区位更加优越,因为其时它在

---

① 有关中国帆船路线和停泊地的详细记载,见向达校注《两种海道针经》,中华书局,1961。

② 明代时使用的"西洋"一词,指的是东南亚和印度洋地区。包遵彭:《郑和下西洋之宝船考》,第18页注释二。

③ 17世纪初,波斯商人已注意到暹罗邻近印度的港口,且位于往中国、日本的海路上,地理位置优越。John O'Kane, tr., *The Ship of Sulaimān*. New York: Columbia University Press, 1972.

④ Larry Sternstein, "'Krung Kao': The Old Capital of Ayutthaya," *The Journal of the Siam Society*, Vol. 53, Part 1, January 1965, p. 112.

东西方贸易中的地位已经非常稳固。政治的稳定，王室对海外贸易的接受，及国家对梦寐以求的中国、日本市场的亲近，[1]使暹罗具备了扮演东西方货物转运站重要角色的能力，由此进一步推动了帆船贸易。当时，京师大城成为欧洲、中国、日本之间商品流通的重要枢纽，被誉为"东方商都"。

交易在不拘礼节的氛围下进行，这是中暹两国维持长期、密切贸易关系的另外一个有利因素，而这种关系转而增强了帆船贸易的地位。华商前往暹罗向来只受商业动机之驱使，因此为了达成商业交易，他们几乎时刻准备着奔赴四方。相比西方贸易模式的按部就班、墨守成规，传统亚洲社会的顺其自然技高一筹。

更有进者，华人所做的交易成本最低、速度最快，这不但与华人对行船与停泊地（当地商人多半是华人同胞）市场情况更为博洽多闻有关，而且得益于暹罗政府采取的不鼓励本国子民从事航海、对外贸易的政策，及华人的行贿技巧和其他"工于心计"。西方商人指出，不难理解，这种商业的"机敏睿智"历来只有华人可以运用自如。

然而，上述地理因素及华商的特性（尽管这些因素不能轻易忽视）并不意味着帆船贸易的繁荣，它也具有历史的偶然性。早在暹罗颂昙王（Songtham，1611～1628 年在位）、巴萨通王（Prasart Thong，1630～1655 年在位）时期，恰恰因为考虑到暹罗贸易中心地位的重要性，西方（葡萄牙、荷兰、英国）[2] 和日本

---

① Larry Sternstein，"'Krung Kao'：The Old Capital of Ayutthaya," *The Journal of the Siam Society*, Vol. 53, Part 1, January 1965, pp. 112 - 113.

② 另一个东亚海域的欧洲贸易强国西班牙，将其主要财力、物力集中于吕宋与美洲新大陆的贸易。1560 年代，吕宋与墨西哥之间的跨太平洋航线开通，西班牙大帆船从美洲装载白银运至吕宋，用于交换中国帆船带来的丝绸。17 世纪时，暹罗人与西班牙人几乎没有贸易往来。

商人就已活跃于东亚海域。16 世纪，葡萄牙商船有利可图的商业冒险活动，已完全树立了中国丝绸、黄金，日本白银、红铜①，东印度群岛香料的声誉。欧洲其他列强对此大为羡慕。1511 年，葡萄牙人攻占马六甲。翌年，他们在大城、北大年、洛坤、墨吉（丹老）、丹那沙林（德林达依）开始与暹罗人贸易。葡萄牙人1557 年攫取了另一基地——澳门，解决了 16 世纪欧洲到中国、日本贸易的难题。按照中国朝廷的敕谕，日本船只不准驶入中国港口停靠。于是，葡萄牙人充当了中国丝绸输入日本的主要中间商。

## 荷兰与暹罗贸易的兴衰

尽管东亚海域的葡萄牙航运归根结底仅占当时亚洲航运的一小部分，但对欧洲其他国家来说，它证明了亚洲内部贸易具有的价值。② 葡萄牙人第一个难缠的竞争对手是荷兰人。16 世纪最后 25 年脱离西班牙的统治独立，并断绝西班牙菲利普二世（Philip Ⅱ）通常获取自葡萄牙的东方物产供应后，荷兰人开始直接与东亚海域贸易。1602 年，荷兰东印度公司特许成立。其

---

① 本书所说的铜，除非特别言明，均指红铜（copper）。——译者注

② 东西方直接贸易，亦即直接从欧洲运输货物到东方，从一开始就是无利可图的商业冒险，诚如范勒尔所评论："西方用铸币和某些金属锭换取亚洲昂贵的商品，就此而言，西方与亚洲的贸易常常是货物的单向流动。亚洲文明社会的手工艺品绝不会给欧洲手工制品的销售留下一席重要之地。蒸汽技术、化工技术的问世，使西欧开始大量生产消费品成为可能，也促进了经济生活基础从木材向钢铁的转变；欧洲陈旧、与传统紧密相连的阶级、城镇、邦国生活模式的瓦解推动了市场的开放，快速增长的人口得以购买大量商品。在此之后，欧洲的工业制品才拿到亚洲的入场券。"J. C. van Leur, *Indonesian Trade and Society: Essays in Asian Social and Economic History*. The Hague and Bandung: W. van Hoeve, Ltd., 1955, p. 281.

最先采取的行动之一，乃是在北大年和大城建立商馆（贸易站）①，目的在于与亚洲内部贸易中的葡萄牙人竞争，并弥补用东方更值钱的欧洲白银换取胡椒和上好香料供应时造成的损失。② 与此同时，受荷兰1596年成功远航东方消息的影响，英国人于1600年组建了东印度公司，以控制英国与东方的全部贸易，并对此提供资金援助。无独有偶，荷兰人两年后也成立了应对的公司。英国的东印度公司完全属私人经营，而荷兰的东印度公司则是国有企业，得到政府的全力支持。1612年，英国人在大城开设了一间商馆；1615年又在北大年开设了另一间。为从葡萄牙人垄断的东方货物中分一杯羹，英国人试图以暹罗及其南部，作为获取到访帆船所带中国货物的基地，也有意将暹南的鹿皮、牛角及苏木售给日本和中国。③ 1614年，英国人开始经营大城与日本平户之间的直接贸易。

荷兰人从一开始就图谋将葡萄牙人排挤出东亚海域贸易。在商业冒险最初的半个世纪，他们在日本平户（1609）和长崎设立了商馆；1619年，他们兴建了巴达维亚，以控制摩鹿加和

---

① 《明史》卷325言"土库"，即商行、货栈，现译为"商馆"。详参许云樵《附录一　土库考》，《北大年史》，南洋编译所，1946，第129～131页。——译者注

② C. P. FitzGerald, *A Concise History of East Asia.* New York：Frederick A. Praeger, Inc., 1966, p. 254. 据说，纳黎萱王（1590～1605年在位）曾鼓励荷兰人建立与暹罗的商业联系。1609年，他的继任者厄迦陀沙律王（1606～1610年在位）派遣使团赴荷兰。这是东南亚国君第一次遣使欧洲，可谓前所未有。Ibid., p. 255.

③ 17世纪大部分时间，英国人将暹罗视为通往日本的中转站。例如1682年，英国东印度公司甚至致函那莱王（Narai），恳请其帮助开启与日本的贸易。John Anderson, *English Intercourse with Siam in the Seventeenth Century.* London：Kegan Paul, Trench, Trübner, & Co., Ltd., 1890, p. 191. 至于对华贸易，因英国人到1699年才能直接前往中国，且当时仅限于广州，故他们继续认可暹罗的优势地位。

印度尼西亚的香料贸易；1622 年，他们在澎湖群岛定居，以期建立与明朝直接贸易的中国基地，及前往日本贸易的中转站（1625 年，迫于明朝的军事威慑，他们撤退至台湾热兰遮城，居留 38 年）。此外，1641 年，他们终于从葡萄牙人手中夺取了马六甲的控制权，从而将后者的商业势力清除出东南亚。虽然荷兰人从未能攻占澳门（1622 年曾尝试），但马六甲的陷落是东亚海域葡萄牙人贸易强权决定性终结的标志。稍早前，葡萄牙人还丧失了广州的直接贸易权（1631），被驱逐出日本（1637），而 1640 年葡萄牙脱离西班牙后，丧失了在菲律宾的贸易特权。

17 世纪最初数十年，英国人从亚洲内部贸易中获利，但与东亚海域的直接贸易无利可图，因为除铸币和火器外，西方货物在东方市场鲜有销路。荷兰人竞争的逐渐增强，英国主要货物（毛织呢绒）在亚洲市场的不适销，1637 年日本商馆的关闭，及直接进入中国市场尝试的失败，这些因素最终迫使英国人转而集中精力殖民印度。荷兰人遂暂时成为东亚海域首屈一指的西方商人。

在建立东亚海域商业势力范围的过程中，荷兰人发觉受到了华商的掣肘。因西方贸易确实植根于帆船贸易之上，故而发现华人商业利益无处不在也不足为奇。例如，中国商船积极从事日本的铜贸易，将中国丝绸运至平户、长崎，以换取日本铜。由于荷兰商船不能直接前往中国获取日本市场非常渴求的丝绸，因而华商削弱了荷兰人采购日本铜的能力。除此之外，其敌手葡萄牙人、英国人却能在诸如暹罗、马六甲等中国帆船的贸易之地，顺理成章地购求日本铜。所以，荷兰人虽然从未放弃与中国市场直接贸易的希望，但从一开始就坚决主张对抗中国。

在暹罗，荷兰人早在 1630 年代（注意到暹罗国王雇用华人经营对日贸易）就充分意识到华人的影响力，尽管他们自己也企图从暹王那里购买兽皮。面对华人随处可见的竞争，荷兰人不分青红皂白，在公海上疯狂劫掠中国商船，① 同时在其东印度群岛商业帝国的中心巴达维亚对华人贸易设置种种障碍。1664 年，荷兰人采取重要行动——与暹廷军事对峙之后，他们强迫暹罗签订了一个不平等条约，尤其旨在控制其出口，并遏制华人在该国对外贸易中的影响力。这些强加的条款包括保证荷兰人获得源源不断的货物供应，以便其与日本、马六甲、巴达维亚进行贸易；荷兰人有权在暹罗任何地方自由贸易，支付既定关税；暹王承诺不雇用华人经营其王室商船从事贸易；若在公海上发现任何暹罗船只由华人管驾，那荷兰人有权予以没收。②

那莱王（1656～1688 年在位）从三个方面规避与荷兰人签订的不平等条约。首先，关于王室商船雇用华人的问题，国王租用华人拥有的船只，运载货物前往中国、日本，并与船主分享利润。故而具有讽刺意味的是，荷兰人费尽心机，欲排除华商的竞争，到头来华商的地位却比之前更加稳固。不久后，荷兰人决定不逼迫暹方严格执行这一条款，原因之一是担心这样的行动可能会疏远清廷，破坏其开启与中国新统治者直接贸易的企图。所以，到那莱王统治后期，华人像以前一样，继续

---

① 1630 年代荷兰驻暹罗代表约斯特·斯豪滕（Joost Schouten）公开承认这一政策。稍早前，他被派往大城，以解决荷兰蛮横手段所引起的与暹廷的争端。1620 年代，这种争端致使暹京大城的荷兰商馆关闭。François Caron and Joost Schouten, *A True Description of the Mighty Kingdoms of Japan and Siam*, reprinted from the English edition of 1663 with Introduction, Notes, and Appendixes by C. R. Boxer. London: The Argonaut Press, 1935, p. lxxxvi.

② Anderson, *English Intercourse with Siam in the Seventeenth Century*, pp. 99 - 100.

积极地经营王室商船。① 其次，进一步运用王室贸易垄断体制，国王由此变成活跃的与荷兰人竞争的商人。最后，国王转向法国人，给予其贸易、宗教和军事让步，以抗衡荷兰人。路易十四统治时期，为了与荷兰人、英国人竞争，法国人建立了贸易公司（1664）；进而他们远赴东方，扩展其宗教、军事影响力。那莱王实行亲法政策，主要是接受其财务兼外务大臣披耶帕朗②和希腊人康斯坦丁·富尔康［Constantin Phaulcon，暹罗史称披耶威差然（Praya Wijayen）］的建议。1683～1688 年，富尔康是法暹军事同盟的主要缔造者。③

　　1688 年那莱王的驾崩，及法国人在富尔康支持下攫取暹廷控制权阴谋的失败，标志着西方在暹罗商业运势的骤然衰落。法国人被逐出暹罗，一同被逐的还有其微不足道的商业影响力。英国人和葡萄牙人先前确实发觉，它们在暹罗的商业地位已衰落到无足轻重的地步，于是也相继离开。如此一来，留下的西方商人集团只有荷兰人。那莱王驾崩后，他们并未卷入有关王位继承的政治阴谋。因此，帕碧罗阁（1689～1703 年在位）即

① Suebsaeng Promboon, Sino‑Siamese Tributary Relations, 1282–1853, Ph. D. dissertation, The University of Wisconsin, 1971, p. 255. 1673 年三藩之乱爆发前，以巴达维亚为基地的荷兰东印度公司和自由商人都希望在广东、福建开展对华贸易。John E. Wills, Jr., *Pepper, Guns, and Parleys: The Dutch East India Company and China, 1622–1681.* Cambridge, MA: Harvard University Press, 1974, pp. 151–153.

② 披耶帕朗（Praya Praklang）本为暹罗财务部首脑，即财务大臣的爵衔，此处系以爵衔指代官职。因财务部负责管理对外贸易，而对外贸易涉及对外关系，且暹廷并无专门的外务部，所以财务大臣也兼任外务大臣。基于此，在本书中，除第二章介绍暹廷各部时将 Praya Praklang 译为"财务大臣"外，其他章节皆译为"财务兼外务大臣"。——译者注

③ 对暹罗而言，法国似乎是一个理性之选，因为法国与荷兰在欧洲互为敌手。

位后，继续对他们善待有加。① 新王甚至与荷兰东印度公司签订新条约，批准其继续享有那莱王恩允的兽皮贸易垄断权，并额外准予其锡矿的专营权。② 不过，此时荷兰在亚洲的贸易正日渐衰落。中国、日本流出的黄金、白银、铜曾是荷兰海上贸易的支柱。1670 年代后，因国姓爷（郑成功）的军队将荷兰人强行逐出台湾，且日本人对铜出口实行限额制，这种流出逐渐减少。以前获利颇丰的香料贸易也日益亏损。是故，到 17 世纪末，与暹罗有商业利益的西方人只剩下留下来的荷兰人，但他们只是徒有虚名。③

17 世纪末，一些英国商船造访暹罗，停靠大城，但一个多世纪以来英国东印度公司经营暹罗的失败（如 1623～1663 年英国与暹罗的贸易全面停顿），让本欲在大城重新委任商馆代理人的英国人灰心丧气。④ 至此，英国只好全力固守印度。至于法国，1698 年塔查尔（Tachard）神父访问大城，试图与暹罗和解，重新缔结友好条约。据历史学家吴迪（W. A. R. Wood）的记述，荷兰人利用帕碧罗阁王对法国野心复萌的担忧，力劝其勿与法国修好，以免重蹈覆辙。虽然法国传教士获准留居于暹罗大地上继续传教，但荷兰人此举很可能意味着法国在暹罗利益的终结。⑤

---

① Anderson, *English Intercourse with Siam in the Seventeenth Century*, p. 382.

② W. A. R. Wood, *A History of Siam, from the Earliest Times to the Year A. D. 1781, with a Supplement Dealing with More Recent Events.* Bangkok: Chalermnit Bookshop, 1959, pp. 217 – 218.

③ Larry Sternstein, "'Krung Kao': The Old Capital of Ayutthaya," *The Journal of the Siam Society*, Vol. 53, Part 1, January 1965, p. 119 note.

④ Anderson, *English Intercourse with Siam in the Seventeenth Century*, pp. 188 – 189.（原注与正文不对应，此据作者博士学位论文，即 Sarasin Viraphol, Sino - Siamese Trade, 1652 - 1853, Ph. D. dissertation, Harvard University, 1974 增补。下文简称博论。——译者注）

⑤ Wood, *A History of Siam, from the Earliest Times to the Year A. D. 1781*, p. 221. 我们也不会忘记，在 18 世纪，法国开始将注意力从东南亚转至印度，与英国长期争夺莫卧儿帝国。FitzGerald, *A Concise History of East Asia*, p. 255.

18 世纪初，荷兰人仍在大城、洛坤两地经营商馆，并依旧从宋卡购买锡矿及其他货物，以供应其对日贸易之需要。然而到了 1706 年，两地商馆皆已停业。据可靠的统计数据，至少到 1730 年，荷兰与暹罗的贸易连年亏损。① 荷兰政府再三鼓吹从暹罗全身而退，但巴达维亚政府主张继续坚守。后者对暹罗大米颇感兴趣，担心荷兰人一旦退出，其他列强必定取而代之。这种不稳定关系一直维持到 1740 年代，后因荷兰水手与暹罗人在大城发生械斗，荷兰商馆所有雇员撤出暹罗，只留两人看守馆舍。② 1767 年，荷兰商馆被缅军彻底摧毁。

其时暹廷几乎已一边倒地亲华，未给予荷兰人优惠政策，让荷兰人的商业冒险最终归于失败。例如 1705 年，荷兰东印度公司董事抱怨，因暹廷未履行条约义务，荷兰商人采购苏木、锡矿及运输货物进入暹罗时困难重重。③ 在日益有效的王室垄断之下，商业往来日渐困难，诚如约翰·卡迪（John Cady）所说："特别是暹廷对欧洲商人的疑虑，超过了它对贿赂和进口奢侈品的兴趣。"④

此时荷兰人在东亚海域的贸易已呈普遍衰退之势，而欧洲市场对于东亚海域货物的需求正在改变。在亚洲，荷兰人于

---

① 郡司喜一『十七世紀に於ける日暹関係』外務省調査部、1934、167 頁。

② W. Blankwaardt, "Notes upon the Relations between Holland and Siam," *The Journal of the Siam Society*, Vol. 20, No. 3, March 1927, pp. 256 – 257. 荷兰人早已发现，对巴达维亚而言，暹罗是廉价大米的重要来源，这一点可以用1627 ~ 1646 年庞大的大米进口量来证明。Caron and Schouten, *A True Description of the Mighty Kingdoms of Japan and Siam*, p. 136 note.

③ W. Blankwaardt, "Notes upon the Relations between Holland and Siam," *The Journal of the Siam Society*, Vol. 20, No. 3, March 1927, p. 255.

④ John F. Cady, *Southeast Asia: Its Historical Development*. New York: McGraw - Hill, 1964, p. 279.（译文参考约翰·F. 卡迪《东南亚历史发展》上册，姚楠、马宁译，上海译文出版社，1988，第 351 页。——译者注）

1700 年关闭了东京的商馆，并于 1750 年代放弃了阿拉伯和波斯的贸易站。因为不得不撤离台湾，所以他们始终未能与中国大陆建立直接的贸易关系。至于日本，他们维持长崎小商馆的运转，从事一些利润微薄的贸易。同时，除了在爪哇进行明显的政治扩张，他们对东印度群岛的影响也归于沉寂。奥格斯堡同盟战争（1688～1697）、西班牙王位继承战争（1701～1714），及荷兰东印度公司内部日益严重的无能低效、贪污腐败，最终使公司于 1799 年解散，让荷兰欧洲强国地位更加衰落。

虽然 17 世纪时荷兰人似乎一度将夺取东亚海域的贸易霸权，但在亚洲，18 世纪压根不是欧洲人的世纪。在海上贸易影响的范围所及，华商当然是挡在欧洲人前进之路上的本地因素。不过，华商有时也面临日本商人、欧洲商人的竞争和挑战。17世纪前 30 年，日本与暹罗的海上贸易确实有所推进。尽管日本商船，即所谓的"朱印船"在东亚海域随处可见，但日本人总体并未向暹罗以南拓展贸易。

## 日本与暹罗的贸易

当 1540 年代第一批欧洲人（葡萄牙人）到达日本时，许多封建领主（尤其是九州的领主）正翘首以盼与外国人进行贸易。到 16 世纪末，日本海外船运事业起步，这得益于以下因素：织田信长和丰臣秀吉一统日本的努力；丰臣秀吉的海外扩张催生了日本国内的冒险主义，及寻求器物改良的愿望；往东南亚贸易的葡萄牙人、华人的到来，扩展了日本人对世界（尤其是东亚海域）的认知；造船、航海技术的进步；中国市场对日本人的关闭，迫使后者向南、向东开辟东南亚市场。[①]

　　1592 年，丰臣秀吉开始给京都、长崎、坂井等地自足利氏后期已拥有雄厚经济实力的商人（得到各地封建领主支持）颁发朱印状。[②] 这些朱印状规定，商船可驶往安南、洛坤、北大年贸易。德川家康统一日本后，仍继续推行鼓励本国商船出海贸易的政策。不久，暹罗成为日本朱印船前往贸易的主要地区之一。1604 ~ 1635 年，共有 355 艘朱印船远航东南亚，其中 55 艘有直接与大城贸易的记载，7 艘驶往北大年（71 艘赴交趾支那，为数量之最）。[③] 日本往暹罗贸易的船只遂麇集大城。它们通常深秋、初冬从长崎起航，耗时一个月抵达湄南河河口（大城的门户）。得大批留居暹京的日本侨民之助，它们在港口售出铜，并从帆船处购回中国丝绸及铅、鹿皮、苏木等暹罗物产。[④]

　　起初，在官方的准许和鼓励下，日本对外贸易发展壮大。1606 年，德川家康以通商为目的，开启与暹廷的官方往来，且六年后允许暹罗船只首次访日并进行贸易（早在 1563 年，源自暹罗的中国帆船事实上便已抵达日本开展贸易，而它们与琉球

---

① 日本造船工匠参照中国、朝鲜和葡萄牙船只的样式改进了本国商船。这些商船平均重 270 吨。日本人经营"朱印船贸易"最重要的动力，似乎在于 16 世纪中期日本与明朝之间贸易的断绝（因中国对日本海盗猖獗骚扰东南沿海展开驱逐行动而起）。其时，渴求中国丝绸的日本人不得不另谋出路，而东南亚市场遂成为不二之选，因为华商常常当地贸易。岩生成一『朱印船貿易史の研究』弘文堂、1958、24 – 25 頁。

② Charles David Sheldon, *The Rise of the Merchant Class in Tokugawa Japan, 1600 – 1868: An Introductory Survey*. Locust Valley, NY: J. J. Augustin Incorporated Publisher, 1958, p. 19.

③ 54 艘到访吕宋，数量排名第三。岩生成一『朱印船と日本町』至文堂、1962、35 – 38 頁。

④ 日本与暹罗"朱印船贸易"的进出口详单，见岩生成一『朱印船貿易史の研究』、240 – 249 頁。1626 年，大城约有日本侨民 1500 名，他们是商人、浪人（包括 1614 年抵暹的著名的山田长政）及其他基督徒。

的通商甚至更早，但无官方档案可供证明）。① 在合伙经营制度
下，封建领主（大名）、幕府的武士、商人提供大量资金，并
积极投资暹罗的鹿皮、苏木贸易，用大船运回日本。此举使荷
兰商人，乃至华商大为震惊。幕府统治初年，日本的经济稳定，
而在政府的管理下，作为日本财富基石的银矿、铜矿的开采趋
于兴旺。1620 年代末，日本人获得颂昙王（1611～1628 年在
位）治下暹廷的绝对信任，平户和北大年被戏称为"姐妹
港"。② 这一时期适逢清军入关，中国政局动荡，由此导致中暹
贸易暂时受阻。故而暹日贸易实际上比暹罗与其他国家的贸易
更为重要。③ 但是不久，厄运降临到前往暹罗贸易的日本人头上。

1629 年，因涉嫌介入暹罗的王位继承（通常是混乱的事
件），散居大城、洛坤的日本侨民被驱逐；次年，前颂昙王亲
信副官山田长政病逝，不久日本人纷纷逃离暹罗，未逃者则被
杀。除华人、荷兰人（两者在长崎领地内）、朝鲜人（在对马
岛），日本断绝了与其他外国商人的贸易。加上此次事件，日
本封闭了与暹罗贸易的大门。"锁国"或国家闭关自守，是日

① 萨道义（E. M. Satow）断言，1606 年第一艘暹罗商船获准前往日本贸易，
而 1612 年第一艘日本商船驶往暹罗贸易。然而我们知道，尽管可能未被正
式承认，但很久以前暹罗船只已造访日本。此外，1612 年前"朱印船"已
在大城展开贸易。E. M. Satow, "Notes on the Intercourse between Japan and
Siam in the Seventeenth Century," *Transactions of the Asiatic Society of Japan*,
Vol. 13 (1885), pp. 143 - 144.

② Suebsaeng Promboon, Sino - Siamese Tributary Relations, 1282 - 1853. Ph. D.
dissertation, The University of Wisconsin, 1971, pp. 247 - 248. 除了锡、柚
木、蔗糖和铅，日本人还每年采购 15 万张鹿皮。สงา กาญจนาคพันธุ์,
ประวัติกานะค้าของประเทศไทย, กรุงเทพฯ, ค.ศ.1943, หน้า 206. （原注无前半部分，据
博论增补。——译者注）

③ E. M. Satow, "Notes on the Intercourse between Japan and Siam in the
Seventeenth Century," *Transactions of the Asiatic Society of Japan*, Vol. 13
(1885), p. 185.

本历史上家喻户晓的大事，其原因在于德川家康颇有商业头脑，而其继任者德川秀忠却担忧西方对日本主权的蚕食。西班牙人、葡萄牙人、荷兰人、英国人之间的互相敌对（争夺日本的贸易特权），天主教日益增加的影响力，及日本人（包括失业的武士）的改宗，使幕府将军坚信，防御性手段实属必要，因此决定严格限制与外界的往来。

上述两件大事，对暹日贸易的未来进程产生了意义深远的影响。第一，日本人此时被禁止出国，受雇于海外贸易的三桅帆船至此破陋不堪，载重超过 500 日石或 2500 蒲式耳的船只被禁止建造。第二，不准留居海外的日本人回国。这一谕令于 1636 年宣布，1641 年顺利施行，至此闭关锁国得以实现。另外，因暹廷攻击日本国民，故暹罗船不能再与日本贸易。之后，暹廷采取几项意在恢复与日本贸易的措施后，① 幕府最终同意，准许暹罗来船在长崎通商，但它们只能是华舶或华人经营的中国式商船（唐船）。②

---

① 巴萨通王试图以向幕府致函直接要求，及恳请其对此前逃离暹罗的日本人给予援助的方式，恢复与日本的贸易往来。E. M. Satow, "Notes on the Intercourse between Japan and Siam in the Seventeenth Century," *Transactions of the Asiatic Society of Japan*, Vol. 13 (1885), p. 178. 暹方也寻求荷兰人的帮助。岩生成一「泰人の對日國交貿易復活運動」『東亞論叢』第 4 辑、1941 年 4 月、85 頁。因希望获取白银和铜，巴萨通王的继任者那莱王也尝试与日本修好。1656 年，他本欲遣使江户，但被婉拒，此举完全终结了两国之间的官方交往。然而，因幕府准许暹罗华人以华人商馆成员的身份前来长崎贸易，此后日本对暹贸易禁令有所松动，暹罗的唐船贸易由此开启。Ibid，p. 179.

② 石井米雄认为日本当局以"三分法"区分外国人：华人（唐人）、欧洲天主教徒（西班牙人和葡萄牙人，南蛮人）、荷兰新教徒（红毛人）。日方断定，贸易乃是建立在实际经营者的基础上。Ishii Yoneo, "Seventeenth Century Japanese Documents about Siam," *Journal of the Siam Society*, Vol. 59, Part 2 (July 1971), p. 165.

　　至于日本，闭关锁国并未重创其经济。限制日本国民的海外贸易、游历，不但对大多数民众并无影响，而且对长崎主要进口中国丝绸、兽皮、香料等，及出口红铜、白银贸易的影响也微乎其微。相反，受日本政治统一和接踵而至的稳定局面影响，商人阶层至此将精力转向国内发展。

# 第二章 暹罗的贸易结构

西方和日本的竞争阻碍了东亚海域中国帆船贸易的发展，但暹罗贸易结构的特性自有其价值。尽管从最终分析来看，暹廷可能更多地关注宗教、军事事务而非贸易，但17世纪后，对暹廷而言，对外贸易非常重要，故其经营不可避免地成为暹罗国家行政管理的一部分。实际上，宫廷经营的贸易（或曰"王室贸易"）是大部分亚洲国家的特有现象。在贸易至关重要之地，亦即收益、便利、控制为最重要考量，统治者将自由贸易视为"无用之物"、麻烦之事。

暹王理论上是婆罗门教-佛教的转轮圣王或"宇宙之主"，是"国家"的化身，贸易是富裕其疆土的手段。在这样的社会环境中，管理贸易事务的机构财务部（Praklang），乃是为效力国王这一权力之源组建的。严格来说，与其他复杂的官僚机构一样，财务部主要服从国王，故而其有效性或运作的维持完全取决于国王。总体而言，在这样的机构中，大众未参与，也不关注其事。

1630年代，荷兰人约斯特·斯豪滕留居大城。在他眼中，巴萨通王是"印度（即东南亚和印度洋地区）最富有的国王之一"，从大米、苏木、焰硝、锡、铅贸易中收税数百万。除此之外，他所拥有的商船也前往印度科罗曼德尔和中国进行贸易，以损害自由商人为代价，赚回"惊人的利润"。[1] 17 世纪下半叶，通过实行王室垄断，那莱王独占了约 1/3 的国家收入。[2] 这些垄断的形式有对停靠港口开展贸易的船只征收梁头税，进出口税，王室直接贸易的利润，对进口货物的优先采购权，向所召集船只销售出口产品。[3]

巴萨通王和那莱王都是能干、重商的统治者。在他们有意识地推动下，王室贸易获得了长足发展。前者的功绩主要在将垄断贸易推进到高级阶段，而后者则改革了垄断贸易的经营模式，使其趋于精细化。王室贸易涉及的领域有给外国市场采购和销售货物，进口的管理，贸易税的核定与征收，王室帆船的建造与船员的招募。[4] 这种王室贸易的维系使暹王依赖任职各级机构的华人：王室代理人、王库管理员、司库、船长、海员及海关官员。施坚雅（G. William Skinner）认为，这种合作出现于巴萨通王统治时期，[5] 在王室贸易架构内催生了"中国贸易的既得利益者"。[6] 暹罗与中国交往的类型和范围，不仅与当时规范且官方允准的贸易的主流模式相吻合，还让两国表面承认朝贡制度架构之下密切、务实的贸易关系成为可能。诚然，

---

[1] Caron and Schouten, *A True Description of the Mighty Kingdoms of Japan and Siam*, pp. 108 – 109.

[2] 松尾弘『暹羅國民經濟の特徵』臺北高等商業學校、1943、152 頁。另一方面，戴维·斯坦伯格（David Steinberg）指出，王室垄断的利润为阿瑜陀耶朝廷带来了差不多 1/4 的收入。Steinberg, ed. , *In Search of Southeast Asia*, p. 52.

[3] กรมพระยาดำรง ราชานุภาพ, เรื่องอังกฤษเข้ามาขอทำสัญญากลางรัชกาลที่สอง, ประชุมพงศาวดาร ฉบับห้องสมุ ดแห่งชาติ, ตอน 55, ฉบับ 12, กรุงเทพฯ, ค.ศ. 1971, หน้า178-180.

[4] กรมพระยาดำรง ราชานุภาพ, ตำนานภาษีอากรยางอย่างกับคำอธิบาย, สัทธิธรรมเนียมต่างๆ 16, กรุงเทพฯ, ค.ศ. 1930, หน้า7.

[5] G. William Skinner, *Leadership and Power in the Chinese Community of Thailand*. Ithaca, NY: Cornell University Press, 1958, p. 3.

[6] Steinberg, ed. , *In Search of Southeast Asia*, p. 52.

王室贸易的实践使我们确信，所有管理式贸易都是在官方允准之下，遵循适当规范进行的，其存续证明了朝贡贸易的合理性，且促进了朝贡贸易的发展。

戴莱洛迦纳王（King Trailokanat，1448～1488 年在位）统治时期，暹廷据说已开始有意识地参与对外贸易，为此成立了港务厅（Krom-ta）。① 该厅下辖三个局：总体上看，港务右局（Krom-ta kwa）主管马来半岛西岸港口，及主要由穆斯林（波斯）商人经营的贸易；港务左局（Krom-ta sai）主管暹罗湾港口，及主要由华商经营的东亚海域贸易;② 港务中局（Krom-ta klang）则主管其他对外贸易。③ 在此之前，暹罗的中央行政机关本质上由四大事务部门（Chatu-sadom，字面意思即"四大支柱"）组成：财务部、宫务部（Wang）、田务部（Na）、城务部（Vieng）。此外还有两个超级大部，即军务部（Kalahom）和政务部（Mahattai），除了一般军政、民事，这两部还主管边远诸府。起初，因国家收入主要以徭役形式征收，财务部位微言轻。然而贸易获得长足发展后，它一跃成为暹廷内最重要的部门。到颂昙王统治时期，昭披耶哥萨铁菩提 [Chaopraya Kosatibodi，财务大臣的正式爵衔，西方人常简单地称为披耶帕朗，或其葡萄牙文变体巴塞隆（Barcelon）；中国官方文书则称其为大库

---

① สงา กาญจนาคพันธุ์, ประวัติการค้าของประเทศไทย, หน้า 105.
② 显然，从戴莱洛迦纳王开始，港务左局便已主管对外贸易帆船的置办，因为它负责厘定不同商船经营者的萨迪纳（sakdina）等级。这一"尊贵标志"的运用，是暹廷为了判定贵族等级和官方褒奖，即确定某人社会地位的封建形式，通过选定一些理论上的农田单位，并以此作为判定个人地位的基础而进行。因此，某人地位越高，萨迪纳单位就越大。例如，船长的萨迪纳等级一般定为 400 莱（rai，约 150 英亩）。ฝอ่งพัน สุภัทรพันธุ์, การศึกษาทางประวัติศาสตร์เกี่ยวด้วยเรื่องพระคลังสินค้า, กรุงเทพฯ, ค.ศ. 1968, หน้า14.
③ สงา กาญจนาคพันธุ์, ประวัติการค้าของประเทศไทย, หน้า104.

司〕开始掌管该部，由此被称为昭达（Chao-ta）或"港主"。①

王室的贸易垄断也与对外贸易直接相关。第一，这种垄断包括出于储存臣民税收、属邦贡物目的而设立的王库（klang sinka）。由于收取时皆以实物相抵，暹廷不得不采取应对之策，将实物税、贡物出售给外国商船，或用财务部属官披帕哥萨（Pipat-kosa）置办的帆船，将它们运往海外市场。作为回报，得益于帆船贸易，暹廷也会购回国内渴求的商品，贮藏于王库中，以供享用或转售。

第二，17世纪下半叶，那莱王在各府另行建立了王室商馆和收购中心，并将它们置于财务大臣的管理之下。它们往往只是贮存"被垄断"的货物。暹廷下令，朝廷享有这些货物独一无二的买卖权，它们只能由特定地区卖给暹廷（因此，锡矿出口前通常从暹南运至京师大城贮藏，而小件货物则很可能由暹王任命的代理人集中放置于各府收购中心）。巨额利润自然源于这些违禁品的销售。暹廷常对其征收高得离谱的出口税，且据说暹王也要价惊人。例如，1670年代英国东印度公司派驻大城的职员乔治·怀特（George White）说，暹王贮藏于王库的苏木，收购时每担2.5钱（泰语为salung），而出售给外国人时则升至6钱；同样，焰硝的暹王收购价为每担5铢，而给外国人

---

① หลวงวิจิตรวาทการ, การเมืองการปกครองของสยาม, กรุงเทพฯ, ค.ศ. 1932, หน้า 44-45. 传统暹罗贵族主要分为五等，在某种程度上类似中国周朝的封建等级：昭披耶（chaopraya）、披耶（praya）、帕（pra）、坤（kun）、蒙（muen），分别相当于中国的公、侯、伯、子、男。军务、政务这两个超级大部的首脑，获暹王赐予昭披耶爵衔。ผ่องพัน สุภัทรพันธุ์, การศึกษาทางประวัติศาสตร์เกี่ยวด้วยเรื่องพระคลังสินค้า, หน้า 39-40. 大规模的对华帆船贸易是暹罗财务部获得对外贸易管辖权的最直接动因。สงา กาญจนาคพันธุ์, ประวัติกานะค้าของประเทศไทย, หน้า 102-103.

的售价则升至 17 铢。[①]

1680 年代，法国外交官西蒙·德·拉卢贝尔（Simon de la Loubère）到访大城。他敏锐地观察到，那莱王从事批发和零售贸易。国王在集市上拥有大量商船，同时是出口的垄断者。他独占了锡、焰硝、象牙、苏木及其他产品的销售权。[②]

王室对进出口的垄断有其重要原因。除了明显的利润最大化动机，控制出口的目的在于，限制稀缺珍贵产品如锡的大规模流动。因而，暹廷下令，这些产品只能由王库向本地商人采买，并由王库直接出售给外国商人。[③] 颂昙王和那莱王统治时期，由于荷兰人的竞争，暹廷对控制出口的关注度有所提高。荷兰人至少以白纸黑字的条约为后盾，垄断了暹罗大量的出口贸易。故而他们得以将当时暹罗的大宗出口商品苏木、鹿皮运出，供应日本市场（属当时有利可图的亚洲内部贸易的一部分）。作为对策，也为了增加国家税收，巴萨通王延续其前任颂昙王的做法，将对外贸易完全置于财务部的监管之下。对于这一经营模式，沙 - 纳·甘查纳卡蓬（Sa-nga Kanjanakapun）评论道："（垄断出口背后的）目的可能在于防止由荷兰人而起的贸易大门紧闭，而这一举措的推行也可以带来更多的国家收入。据说，已有一项政策非常符合普遍存在的情况。垄断进口之策让荷兰人怒火中烧，也引发了其与暹廷后来的不和。"[④]

---

① 陈荆和：《十七世纪之暹罗对外贸易与华侨》，凌纯声等：《中泰文化论集》，"中华文化出版事业委员会"，1958，第 174 ~ 176 页。（Salung 为暹罗古银币，1 钱相当于 1/4 铢。——译者注）

② Simon de la Loubère, *A New Historical Relation of the Kingdom of Siam*, Oxford in Asia History Reprints, Vol. 1. Kuala Lumpur: Oxford University Press, 1969, pp. 94 – 95.

③ กรมพระยาดำรง ราชานุภาพ, ตำนานภาษีอากรยางอย่างกับคำอธิบาย, หน้า6.

④ สงา กาญจนาคพันธุ์, ประวัติกาเนค้าของประเทศไทย, หน้า229.

巴萨通王进一步扩充了限于王室贸易垄断的商品清单。尽管据说与荷兰人签订的条约准许其自由贸易（在某种程度上），但暹廷仍将平淡无奇、无关紧要之物列入清单，宣布有优先采购权。这一时期，除了先前已选入的其他产品，大米也成为一种垄断产品。[①]

至于进口垄断，暹王直接参与背后的逻辑在于，进口的商品要么具有重大的战略意义，要么具有巨大的商业价值，抑或二者兼有。例如，当时由西方商人运来，而暹廷感兴趣的大宗进口商品乃是火器和弹药。一般认为，此类商品的战略价值不言而喻，因此只能由当局对其加以控制。从中国、日本输入的铜、白银和货贝亦然。再者，许多奢侈品如细瓷、屏风、丝绸符合暹廷的口味，暹廷的采购意在供王公贵族享用，或销售以获取巨额利润。

那莱王时期，垄断制度进一步发展到这样的程度，即荷兰人先前有利可图的贸易开始缩减，且似乎只有华人的贸易在此情势下茁壮成长。[②] 与此同时，因王室垄断的利润已明显增加，据说暹罗的贸易已增长了"一千倍"。[③]

上述垄断政策的施行，也导致交易过程中随意对货物收税、收费情况的出现。毋庸置疑，当暹廷财库的收益激增时，其中一部分税款被财务部官员中饱私囊。例如，那莱王时期，恩格尔贝特·肯普弗（Engelbert Kaempfer）将一位爵衔为披耶披帕（Praya Pipat）的财务大臣，描绘成对外国商人进行敲诈勒索的

---

① Caron and Schouten, *A True Description of the Mighty Kingdoms of Japan and Siam*, p. 136 note.

② Captain Henry Burney, *The Burney Papers*, Vol. 2, Part 4. Bangkok: The Vajirañāna National Library, 1911, p. 97.

③ ประยุทธ์ สิทธิ์พันธุ์, ราชสำนักไทย, กรุงเทพฯ, ค.ศ. 1968, หน้า291, 293.

官员。①

按照传统惯例，暹廷行政官员的薪水并非固定俸禄，而是国王基于朝廷收入给予的赏赐。因为一夫多妻制普遍存在，传统官吏向来妻妾成群、家族庞大，所以这样的酬劳常常不敷使用，为此他们不得不另辟收入来源。管理对外贸易事务的官员要么直接或间接从事贸易，要么干脆敲诈勒索外国商人以谋利。②

在这样的境况下，当看到船商面临如下"窘境"时，西蒙·德·拉卢贝尔难掩西方商人的失望之情："进退两难之际，商船起航的季节来临了，商人们宁可大量抛售旧货、高价买进新货，也不愿在没有希望赚取更丰厚贸易利润的情况下，留暹等候新航季的到来。"③

然而，暹罗与中国、日本的贸易（都被华人控制）看起来并未受到影响，而是恰恰相反，继续蓬勃发展。原因之一在于，华人已经开始主导暹罗的海上贸易。这种主导发展到如果没有华人参与，暹罗王室贸易将寸步难行的程度。前往暹罗，并与王室合作的华商日渐增多，以至于在 17 世纪下半叶，大城和其他沿海地区的华人聚居区热闹非凡，充满商业气息。

暹罗王室垄断制度也让华人受益。在此制度下，华人以加官晋爵作为经营贸易回报的方式，获得了官商的地位。这种褒奖乃是对华商的优待，他们在中国本土地位低下。于是，双方的互利共生关系演进到实际将局外人从所有竞争领域排除出去的地步。这是理解暹罗对外贸易的重要节点，也解释了帆船贸

---

① ผ่องพัน สุภัทรพันธุ์, การศึกษาทางประวัติศาสตร์เกี่ยวด้วยเรื่องพระคลังสินค้า, หน้า173.

② กรมพระยาดำรง ราชานุภาพ, เทศาภิบาล, กรุงเทพฯ, ค.ศ. 1960, หน้า10.

③ Loubère, *A New Historical Relation of the Kingdom of Siam*, Vol. 1, p. 112.

易多年维持暹罗对外贸易基本模式的原因所在。

王室贸易垄断的另一个重要方面是帆船的建造。因其间显而易见的价值，暹廷自然予以密切关注。暹罗木材，亦即柚木和其他种类的木材资源非常丰富。基于此，到 17 世纪下半叶，暹罗已对造船业有所留意。18 世纪中期暹罗造船业迅速发展的另一个原因在于，华人积极参与其事。暹廷通过三个途径从帆船建造中获利。第一，它征收造船税（ka pak rua）。这是申请建造帆船时应缴纳的普通税，按船只的宽度、长度计算，每哇（wa）250 暹两。第二，打算建造帆船者也需给国王、王族成员及许多相关官员另缴金桩费（ka lim thong）。这一款项通常提前以每人每系缆桩固定的等值货币折算。① 第三，但并非最不重要的是，对前往暹罗贸易的船只收税也是垄断制度的重要方面。传统暹罗主要征收四种税费：船舶税（changkob），对陆上、海上货物运输工具，按其大小征收；阿贡（akon），根据民众的收入，作为缴纳特许经营权款项而估定，这种承包赌博或酒的特许权由官府授予私人；税（suei），源于中文"税"字的厦门话发音，对"必不可少"物资如焰硝的特许经营权征收，这种特许权由官府授予私人，私人以运营特许权代替服徭役；财产费（lucha），官府对承认私人财产（例如，承认某人对某片土地或房产的权利）而收取的费用。②

有关对外贸易的讨论，我们主要关注船舶税。泰语"changkob"，字面意思为"船舵"。从素可泰王朝（1238 ~ 1350）中国帆船驶来暹罗进行贸易开始，暹廷就已开征船舶税。入口港（进入湄南河，进而沿河而上抵达大城和其他地方）的

---

① ประยุทธ์ สิทธิ์พันธุ์, ราชสำนักไทย, หน้า157.

② กรมพระยาดำรง ราชานุภาพ, ตำนานภาษีอากรยางอย่างกับคำอธิบาย, หน้า1-2.

海关官员规定，帆船需"吊起船舵"，缴纳税款或合适的费用
后方可降下船舵继续前行至商馆。后来，素可泰王朝兰甘亨王
（King Ramkamhaeng，1277～1317 年在位）下令，恩准中国帆
船不再需要缴纳此税。阿瑜陀耶王朝时期，船舶税有所扩大，
包括了货物税。[①]

因此，那莱王统治时期，暹罗有两种船舶税。一种是梁头税
（changkob rua），即西方所称的吨税，按入港船只的大小征收。[②]
据威尔士（H. G. Wales）记载，该税依据船只宽度及其入港次数
计算，款额会有所差异。故而，4 哇及以上，且常与暹罗贸易的商
船，梁头税为每哇 12 铢；而大小相同却不常与暹罗贸易的商船，
税额为每哇 20 铢。自兰甘亨王谕令开始，华商无须缴纳此税。[③]

另一种是对进出口货物征收的船货税（changkob sinka）。[④]
据威尔士说，对于经常停靠的商船，暹廷抽取货物估价的 3%
作为进口税；而不常停靠的商船，则抽取 5%。[⑤] 17 世纪下半
叶，这些税率一度从 8% 增至 10%。[⑥] 像中国一样，暹罗通常对

---

① หลวงวิจิตรวาทการ, การเมืองการปกครองของสยาม, หน้า39–40.

② 梁头税最初为每哇 1 铢，那莱王时增至 2 铢。หลวงวิจิตรวาทการ,
การเมืองการปกครองของสยาม, หน้า3.

③ H. G. Quaritch Wales, *Ancient Siamese Government and Administration*. New
York: Paragon Book Reprint Corp. , 1965, pp. 208 - 209. （原注有误，核实
后改。——译者注）

④ กรมพระยาดำรง ราชานุภาพ, ตำนานภาษีอากรยางอย่างกับคำอธิบาย, หน้า2-3. 虽然免除
了梁头税，但华人仍需缴纳船货税。Jacques Savary des Bruslons and
Philemon Louis Savary, *The Universal Dictionary of Trade and Commerce*, tr.
Malachy Postlethwayt, Vol. 2. London: John and Paul Knapton, 1755, p. 709.

⑤ Wales, *Ancient Siamese Government and Administration*, p. 208.

⑥ 1678 年，乔治·怀特称进口税率为 10%。Anderson, *English Intercourse with
Siam in the Seventeenth Century*, p. 427. 但萨瓦里兄弟（Savary brothers）称，
华人的税率仅为 8%。Bruslons and Savary, *The Universal Dictionary of Trade
and Commerce*, vol. 2, p. 709.

所有运入本国的货物征税,无论其最终售罄或再部分出口。①
当然,出口税依运出货物的种类而定,且各有区别。

除上述税收外,前往暹罗贸易的外国商人还要缴纳另一种
形式,被称为"法外"之费的税款。例如,中国帆船停靠港
口,在进行交易前,通常港务左局的官员将登船,有权挑选朝
廷钟意之物。在推行优先采购权的过程中,这些官员也可以索
要王室和自己所需的"见面礼"。② 西方商船的待遇与此类似,
这可以从 19 世纪初一名访暹英国人的描述中得到证实。

他说:"暹王是最重要的商人,独占了绝大部分贸易。当
你已与大督(Datoo,大头或'头领',此处指管理商船的暹罗
官员)或王商(原文如此)成交时,为搜刮你的部分货物(一
般称为见面礼,除非他特意要求购买),暹王会召集当地主要
的商人前来估价,而一旦如此,作为见面礼,他会用他垄断的
最高价货物结账。"③

尽管暹廷内部专门管理对外贸易,且由外国人即华人和穆
斯林任职的结构相当复杂,但这种结构显然不是暹罗行政机构
最重要的部分。总体观之,对外贸易确实并未明显改变自我封
闭、自给自足、土生土长的乡村社会。而 17、18 世纪,这种乡
村社会正是暹罗(及其他亚洲国家)最引人注目的特征所在。

---

① Hosea Ballou Morse, *The Chronicles of the East India Company Trading to China*, *1635 – 1834*, Vol. 1. Oxford at the Clarendon Press, 1926, p. 58. 马士称, 1685 年,前往厦门贸易的英国商船"中国商人号"(China Merchant)就有 这样的遭遇。"包令条约"(Bowring Treaty)签订后,暹罗实施的这一政策 走向终结。

② พระยา อนุมานราชธน (ยง เศฐียรโกเศศ), ตำนานศุลกากร, กรุงเทพฯ, ค.ศ. 1939, หน้า32.

③ William Milburn, *Oriental Commerce*; *Containing a Geographical Description of the Principal Places in the East Indies*, *China*, *and Japan*, Vol. 2. London: Black, Parry, & Co. , 1813, p. 441.

对外贸易仅仅是以此为业之群体的选择而已。但是撇开货币经济的有限根基（与西方或近代资本主义东来后的贸易相比，或许交易量非常低），对外贸易的参与者有助于确保亚洲内部贸易市场进口产品的供应，这种供应转而让统治阶级享受了。①具体来说，暹廷的贸易行政机构为华人带来了活力（虽然的确有限），且对暹罗与中国之间源远流长关系的维持有所裨益。这种贸易结构也给暹王增加了一种收入来源，而他常以此为国家的行政机构和频繁的战争提供财政支持。

最后，暹罗的贸易结构使华人的帆船贸易能够经受住其他商人集团竞争的考验，并最终得以执暹罗对外贸易之牛耳。暹廷允准进行对外贸易，而华人帆船贸易商则是暹罗对外贸易的实际经营者。

---

① 手握权力的官员与腰缠万贯的外国商人之间的联合是普遍现象，从波斯到日本随处可见。以日本为例，在中国丝绸的进口贸易中，华商与长崎奉行联合。范勒尔认为，这种官僚制度"非比寻常，无比开明"。

# 第三章 发轫时期：中国对贸易的限制（1652 ~ 1720）

在攻取中国东南的过程中，清廷接管了曾支持与东南亚和东亚海域其他地区积极开展帆船贸易的一方舞台。但是，这一地区也是新王朝最后获得的疆土。在得意扬扬地进入北京后的近40年中，广东、福建、浙江沿海各种反清复明势力风起云涌，新的统治者面临严峻的安全问题。

正是在这样的背景下，中国清朝和暹罗阿瑜陀耶王朝开始了双方的贸易。出于安全和清廷所欲效仿的明代对外关系准则的考量，两国以朝贡贸易的形式开始经济交往合情合理。唯有以朝贡为手段，定期进行的受管理的有限交易方可获得官方允准。显然，清廷坚信只有通过这种贸易模式才能防患于未然。

在这种似是而非限制的作用下，控制对外贸易的暹廷足以发挥聪明才智，运用奇思妙想，在制度允许的范围内最大限度地扩大贸易规模。事实上，暹罗人认为，在不破坏朝贡贸易制度的情况下，对其规定做灵活的理解并无不妥。1650年代至1680年代，在中国东南的军事、政治局势稳定之前，虽然暹罗人确实也在福建、台湾（反清势力控制区）进行某些未经清廷允准的贸易，但他们似乎仍将对华贸易的主要注意力放在朝贡贸易上。

　　然而，暹罗推动朝贡贸易发展的努力却促进了中国的私人贸易活动（明末已急剧衰落），尽管这种贸易本在禁令之列。对海盗劫掠和暗中勾结各种抗清势力的担忧，是清廷实施海禁的主要动机。可以说，这种秘密贸易得到了地方官尤其广东官府的支持，后者处于一名誓言效忠清廷的汉人将领（尚可喜）治下。对暹秘密贸易所达到的实际程度实难一探究竟，但是即便未受官府管理和日新月异的朝贡贸易的直接推动，它也自然与朝贡贸易相辅相成，互为补充。

　　入主中原后不久，清廷即采取了一系列治国安邦之策，旨在歼灭中国东南效忠明朝的残余势力，尤其郑氏家族（先是郑成功，而后是其子郑经）统领的反清力量。清廷效仿明代制定的政策，禁止出海游历、贸易，即通常所称的海禁。这一政策的实行使广东、福建、浙江、江南一带船只出海变成非法。清廷还下令，将广东、福建沿海居民强行内迁 30~50 里。[①] 在这种形势下，对外贸易几乎无以为继。然而，凭借暹廷的足智多谋，及它所获得的中方合作意愿（通过代表清廷和华商的广东地方官府），这一时期中暹贸易仍得以进行。当时的中暹贸易有两种形式：暹罗方面，主要进行朝贡贸易；中国方面，由尚氏家族（攻取广东，效忠清廷，以换取对当地统治的尚可喜、尚之信父子）下属的广东官府保护的私商把持。其他形式完全秘密，是暹廷与台湾、福建的郑氏势力之间的贸易。

---

① 1662~1681 年，福建、广东沿海居民迁界令有效。Arthur W. Hummel, ed., *Eminent Chinese of the Ch'ing Period (1644-1912)*, Vol. 1. Washington, D. C.: United States Government Printing Office, 1943, p. 109. 有关清代海禁政策的详情，参见矢野仁一「支那の開國に就いて」『史學雜誌』第 33 編第 5 号、1922 年 5 月 20 日、1-28 頁；田中克己「清初の支那沿海：遷界を中心として見たる」（一）（二）『歷史學研究』第 6 卷第 1 号、第 3 号、1936 年、73-81、83-94 頁。

## 暹罗与中国的朝贡贸易

1652 年，暹罗遣使至广州，向新王朝呈进贡物，并求通商。此事系时任广东巡抚李棲凤奏请朝廷，恩准暹罗贡船在广州进行有限的贸易（由此可见，主要是广州的利益在起作用）。故而，暹罗成为第一个获准来华贸易的朝贡国。[①]

清廷早先已采用明朝的朝贡关系模式，于 1647 年颁布诏令，招徕东南亚近邻国家向新王朝进贡。总体而言，顺治帝接受明朝的成规，即天朝允准"慕义投诚""倾心向化"的属国前来进贡，并进行贸易。很可能因有此先例可循，他才欣然同意广东官府代暹罗提出的奏请，同时认为按朝贡定例，可在广州进行贸易。

顺治元年（1644），清廷制定了一些有关进贡的通例，涉及接待泛海而来贡使的程序，贡物的贮藏，贡船的数量，船员的规模，具有战略价值的物资严禁出口，进贡国不得向总督、巡抚和其他港口官员赠送礼物。[②] 在接待了第一个暹罗朝贡使团后，清廷又制定了一系列主要与管理朝贡贸易有关的定例。1653 年，规定贡船所带来货物的出售及其他交易的进行，只能

---

① Lo-shu Fu, comp. , tr. and anno. , *A Documentary Chronicle of Sino - Western Relations* ( *1644 - 1820* ), Part 2. Tucson：The University of Arizona Press, 1966, p. 533 note.

② 梁廷枏：《暹罗国》，《海国四说·粤道贡国说》卷 1，《中华文史丛书》第 7 辑第 58 册，华文书局 1968 年影印本，第 6、8～9 页。尽管《清会典》规定，藩属国君主需经过册封仪式才得到正式承认，但对朝贡贸易而言，这似乎不是绝对的先决条件。事实上，暹罗进贡和获准贸易八年后，清廷才正式承认暹罗国王。而 17 世纪初至 1780 年代，暹王仅受到两次册封，第二次册封发生于 1786 年。但在此期间，官方使团和贸易畅通无阻。

在广州城外西关地方外国使臣下榻的驿馆（明代怀远驿）内完成，限时或三日，或五日。总督、巡抚、布政使（明代属巡抚的职责，清代新设此职，专管财政）共同承担监督之责。这与明代推行的市舶司管理下的"在馆交易"颇为相似。[①] 此外，暹罗贡船装载的压舱货物[②]从船上卸下后，需先贮藏于驿馆，待地方官移文北京，获准买卖后方可出售。再者，清廷不但禁止私人贸易，而且出台了更严格的规定：正贡船未到港口时，其他与朝贡使团有关的官船均不许从事任何形式的商业交易；而广东地方官也接到训示，须制止私人的商业买卖。[③]

康熙帝即位后，暹罗贡船数量定为每次三艘，分别称为正贡船、副贡船和护贡船（1664）。[④] 三年后，贡期也正式定为三年一贡，每艘船的船员不许超过 100 人，包括携带贡物从广州赴北京给清帝正式进贡的 22 名员役在内。同时明文规定，只有三艘贡船可以入港。[⑤] 康熙帝特别警惕因朝贡贸易而产生的弊端陋习。在其即位之初，那莱王派遣朝贡使团来华，请求准许

---

① 彭泽益：《清代广东洋行制度的起源》，《历史研究》1957 年第 1 期，第 6 页。

② 亦作压仓货物，本书均译为"压舱货物"（所引史料原文除外）。——译者注

③ 矢野仁一「支那の開國に就いて」『史學雜誌』第 33 編第 5 号、1922 年 5 月 20 日、13 頁。

④ 《明清史料·庚编》第 6 本，中研院历史语言研究所，1960，第 515b 页。李光涛认为，三艘贡船称为正贡船、副贡船和探贡船。然而，我主张（后文将讨论）探贡船是单独一类，不包括在三艘正式的贡船内。李光涛：《华裔与暹罗》，《民主评论》第 8 卷第 18 期，1957 年 9 月 20 日，第 440 页。

⑤ 清廷在这方面是否沿袭明代的先例，给获准贸易的船只颁发勘合，以此方式加强控制，尚未可知。至于暹罗，明代官府在所制勘合上镌刻"暹""罗"字样（合并而成暹罗的中文名），有"暹"字的一半存于广州的布政司，有"罗"字的另一半则交予暹方。暹罗船在广州展开贸易前，这两半必须先勘验合对。

贸易。但由于正贡船在海上遭风，仅随行的护贡船到达广州，地方官拒绝了这一请求，因为此前顺治帝已规定，正贡船未到，不得进行贸易。于是，暹廷另派使团，搭乘三艘船前来（包括一艘补贡船），意在完成之前的未竟之业。清廷恩准朝贡使团来华后，尚可喜随即准许其贸易。① 康熙帝继续重申，除贡期外，不准进行贸易。朝廷上下致力于厉行这一禁令，直至1684年海禁令被废除。1668 年，为限定暹罗及其他国家获准贸易的范围，兵部具题如下："前奉上谕，凡外国之人，除进贡方物外，将货物在边界处所贸易，有无定例，命臣等会同礼部详察具奏。查外国非系贡期，竟来贸易者，《会典》并未开载。惟康熙二年准荷兰国贸易一次，康熙三年准暹罗国贸易一次，随于康熙五年永行停止，请嗣后非系贡期，概不准其贸易。"②

1667 年，为了使有关朝贡制度的各种定例规范化，③ 康熙帝再次强调，暹罗贡船每次限定为三艘，并下令征收梁头税和压舱货物税。④ 同时，为了缩减朝贡制度中的商业活动，他下令，当正贡船在中国呈进贡物时，接贡船、探贡船不得再在暹罗与广州之间往来穿梭。这是依据当时施行的海禁政策而做出的改动，具有其合理性。⑤

---

① 尚可喜奏报朝廷，他已拒绝收受暹罗使团馈赠的礼物，并建议朝廷严禁这一陋习，康熙帝对此深为嘉许。梁廷枏：《暹罗国》，《海国四说·粤道贡国说》卷 1，第 43～44 页。

② 《圣祖实录》卷 25，康熙七年三月丁卯，《大清历朝实录》，东京大藏出版株式会社 1937 年影印本，第 22a 页。（本注及下面 3 注与正文不对应，据博论调整。书中所引《清实录》一律只有卷、页，无日期，增之，下同。——译者注）

③ 康熙朝制定的暹罗入贡定例，详见《暹罗国入贡仪注事例》，道光《广东通志》卷 170，经政略十三，第 37a～38b 页，同治三年重刊本。

④ 道光《广东通志》卷 170，第 37a 页。

⑤ 《明清史料·庚编》第 6 本，第 501a 页。

在这方面，那莱王总能想方设法，利用朝贡贸易机制内隐含的各种实惠，最大化发掘朝贡使团的商业潜力。自明代以来，参与朝贡礼仪的不同类型船只及与此相关的贸易，均有多种划分方法。因而，除三艘"定期"的正贡船外，尚有其他许多船只千方百计地加入进贡活动，这些船被称为补贡船、接贡船和探贡船，不一而足。其中补贡船一般运载补充的贡物，以弥补此前使团贡物可能遭受的遗失或损失。中文记载，尤其19世纪初的记载常常提及从暹罗到广州的贡船在海上（特别是从越南到广州的沿海地区）失事（或官方文书并未将这些贡船上报，有些据称已遗失的贡物本可以通过走私很容易地从别处找到，实际却并未如此，故而记载为失事）。由于当时航行条件的限制，及海盗持续不断的威胁，航海险象环生，因此我们可以认为，任何时期贡船失事、贡物遗失都是家常便饭。探贡船表面上对定期贡船的不定期来华计划进行"试探"。最后，诚如其名，接贡船被赋予的职责有，迎接贡使从北京南返，或迎接清廷的敕书、赏赐，抑或兼而有之。[①] 这些船或多或少都参与了朝贡使团的商业冒险，因为它们均被视为朝贡制度的一部分，由此可以从事商业交易，此乃私人船只未能享有之特权。

然而，面对朝贡贸易大幅缩减的可能，那莱王并未对这种明显的限制感到失望。1664年，他已获清廷准许，将暹罗的市场扩展至北京。在北京，暹罗使臣可以自由出售他们的压舱货物，并采购他们所需的物品（清廷因袭明朝的先例，允准在京师同文馆进行最长不超过5天，由礼部监督的朝贡贸易）。那莱

---

① 至于琉球，接贡船还发挥另一作用，即接回轮流驻扎在福州琉球人驿馆的存留通事，以至于那里每年总有一名不同的通事。陈大端：《雍乾嘉时代的中琉关系》，明华书局，1956，第18~19页。

王也继续寻求放宽定例。① 结果，暹方及时设法取得了清廷给予的压舱货物免税权。最终康熙帝颁布诏令，维持适用于所有外国贡船的通例不变。该诏令涉及随行贡船所有货物征税问题的文字为："外国进贡船只所带货物，一概收税，于柔远之意未符……应将外国进贡定数船三只内，船上所携带货物，停其收税。其余私来贸易者，准其贸易，贸易商人，部臣照例收税。"②

## 压舱货物

暹罗贡船在驶往中国时，通常运载两类货物，其中一类用以呈进给中国朝廷，即正式贡物（或"税"），另一类在广州出售，称为"压舱货物"。③ 当然，允许运载第二类货物（有时称助贡货），表明了中国朝廷对进贡国的宽宏大量。特别在18、19世纪朝贡贸易的后期阶段，这类压舱货物不但属于暹罗国王所有，而且属于朝贡使团某些成员代表的暹罗诸贵族所有。如此看来，暹罗许多朝臣深刻领会、仔细观察朝贡贸易后，发现其他方法既难以获利，又不易得手，便试图利用这一途径来谋取利润。

暹罗使团返航时，有充分的理由要求装运一批用于贡船"压舱"的中国货，因为载重不足的船只在海上有倾覆之虞。1659年，清廷首次提及，允准暹罗人回航时可在船上装载中国

---

① 印光任、张汝霖：《澳门纪略》上卷，嘉庆五年重刊本，成文出版社1968年影印本，第49a页。
② 梁廷枏：《粤海关志》卷8，第4b页，道光粤东省城龙藏街业文堂承刊本。
③ 屈大均：《广东新语》卷15，第32b～33a页，康熙三十九年木天阁刻本；曾建屏：《泰国华侨经济》，海外出版社，1956，第8页。

的"压舱货"。其时，那莱王派遣一艘探贡船前往广州向暹使问安，并用大城带来的压舱货物换取中国货，尽管该船按户部命令缴纳了梁头税和出口船货税。[①] 这样商业动机作为首要考虑因素出现，最初严格视作主要目的的"贡"让位给"市"。在此情况下，上述做法可以算作对清代朝贡贸易制度的进一步破坏。

当我们从如下视角加以审视时，压舱货物问题变得意义重大。与含有商业目的的朝贡使团的基本原则相适应，暹廷也寻求另一种独特的途径，以便通过朝贡使团实现利润最大化。这主要涉及一种"延伸"之策，即允准贡船每次入贡最多进行四次贸易。这类船只装载的压舱货物表面上是为了稳定船身，实则一直是商业交易货物的主体所在，且因具备免税资格，得以纳入大部分商业体系。呈进给中国朝廷的贡物和在中国出售的货物，通常取自当时大城的王库，而这些物品又是从北大年、宋卡等采购中心收集而来。在这一点上，朝贡制度与王室贸易垄断互为补充、相辅相成。这种货物运载可以超过两次，因为1669 年清廷制定的有关暹罗进贡的管理通例，暹廷可进行随意解读，其部分条文曰："暹罗：三年一贡；贡舟无过三，每舟人无过百，赴京无过二十二……其不赴京者（暹使成员）留于边境（广州）……俟使回至边率之归国。"[②]

就压舱货物贸易的实际作用而言，这种对暹罗朝贡使团活动的限制，其表面意义大于实际意义。首先，当暹罗使团抵达广州，且赴京朝贡团从广州一经起程（单程约 3500 千米，水陆

① 光绪《钦定大清会典事例》卷 510，第 42 页，光绪二十五年石印本。
② 嘉庆《钦定大清会典》卷 31，第 4a～b 页，嘉庆二十三年刻本。（除所引之外，此处还参考乾隆《钦定大清会典》卷 56，第 2a、3b 页，《景印文渊阁四库全书》第 619 册，台湾商务印书馆，1986，第 499、500 页。——译者注）

兼程，一般需 3～4 个月，往返需 6～8 个月），① 留驻广州的使节并非如上引清廷通例规定那样，无所事事地安顿下来，等候入京贡使归来。相反，早在康熙朝初年，暹罗人已恳请清廷，允准留在广州的部分船员将贡船驶回暹罗"修葺"，随后及时回帆广州，接载从北京南返的贡使归国。1673 年，在呈进给清廷的金叶表文中，暹王提出了这一请求，获得允准。1684 年，为重新确认最初的请求，暹罗人又提及该问题，而清廷再次予以批准。② 这两次实例是承认此后类似做法的来源。贡船来回穿梭，而不是在广州坐等贡使京旋，自然传达了一种明显的商业意图。如此来回舟行多达 4 次，暹罗贡船每次入贡时可获准出售压舱货物数次。贡使通常在七八月西南季风盛行时从暹罗起程，历时 30～40 天到达广州。③ 当赴京朝贡团用 8 个月完成使命时，贡船有充足的时间（两个完整的航期），于 11 月东北季风开始时驶回暹罗，并在翌年乘西南季风回抵广州，等待贡使。

因此，来回四次运载的压舱货物可按如下方式处理。当三艘贡船运送贡使抵达广州时，它们将第一批暹罗货物带上船。诚如上言，1684 年前，暹罗的压舱货物通常贮藏于广州的驿站，直至北京的礼部允准其出售为止。此类压舱货物的交易手续是，首先，暹船的通事和船长向广州地方官呈报压

---

① 李基宪：《燕行日记》，《燕行录选集》下卷，成均馆大学校大东文化研究院 1962 年影印本，第 771～772 页。有时单程长达 4 个月，例如 1823 年使团。李光涛：《明清两代与暹罗》，凌纯声等：《中泰文化论集》，第 69 页。

② 梁廷枏：《暹罗国》，《海国四说·粤道贡国说》卷 1，第 55～56 页。1752 年，清廷再次确认了这一原则，同时免征正贡船货物的税收。

③ 乾隆《广州府志》（卷 60，第 34a 页，乾隆二十三年刻本）称，大城至广州水路约一月。根岸佶转引引萨瓦里兄弟的说法，认为需 30～40 天。根岸佶『中国のギルド』日本評論新社、1953、224 頁。

舱货物详单，地方官则须前往查核；随后，飞快的皇家驿夫最少以 10 天，将呈请题报礼部。待题允返广州后，准许货物出售前，广州地方官须核定何种压舱货物应征税，何种可免税。[1]

这一过程自然会带来拖沓与不便。于是，1684 年广东的政治局势重回正轨时，那莱王上奏清廷，贡船抵达珠江的入海口虎跳门时，在沿江而上至广州前，地方官常横加阻挠，徒费时日。除此之外，地方官还将暹罗压舱货物转运到驿馆封存，待礼部行文到时方准贸易。如此做法，常导致货物变质、毁坏，结果损失惨重。为彰显天朝的宽宏仁德，康熙帝敕谕广州地方官，嗣后贡船到虎跳门，具报之后即可溯江而上，直达广州，使货物早得登岸贸易。另外，准许暹罗使团采办不在违禁品之列、任何想要置办的物品。[2]

康熙帝也谕令广州官员，贡使进京后，贡船可先回国，次年再来接回赴京使团。[3] 这是应暹罗人"修葺"贡船的请求而做出的改动。回暹贡船可以运载中国货，作为另一批压舱货物供应暹罗市场。而后，下一个季风时节回航广州时，贡船又将一批压舱的暹罗货物运至中国出售。最后，当使团完成在中国的使命，准备返回暹罗时，又有一批中国货物被采购，用以"压舱"。

这种一次遣使，四次航行，装载四批压舱货物的做法，可

---

① 道光《广东通志》卷 170，第 37b 页。

② 梁廷枏：《暹罗国》，《海国四说·粤道贡国说》卷 1，第 61~62 页。[英文版误写作 Boca Tigris（虎门）。——译者注]

③ 王锡祺辑《小方壶斋舆地丛钞》第 10 帙，第 254b 页，光绪十七、二十、二十三年上海著易堂印本。然而，此次进贡暹罗人意欲采购若干违禁物品。李光涛：《跋乾隆三十一年给暹罗国王敕谕》，《中央研究院历史语言研究所集刊》第 39 本上册，1969 年 1 月，第 228 页。

能已盛行一时，尤其这些货物获准免税后更是如此。对此，李光涛指出，纵观暹罗朝贡的历史画卷，其与清代官方奉行的厚往薄来（字面为"来时轻船，去时重载"，意味着暹罗人借此获得厚利）政策相一致，实际上是一种往来贸易。故而，看似狭隘僵化的体系的确蕴藏着大量的经济机会。[1]

每个朝贡使团仅三艘贡船，却可最多 12 次装载暹罗和中国货物从事贸易。倘若我们算上与朝贡相关的其他类型船只，如同时允准贸易的接贡船、探贡船，且此处假设只有一艘接贡船、一艘探贡船参与其中，那每次遣使的货运批次可高达 16 次。事实上，倘若再加上皇帝万寿之类偶然事件，派船补充正贡使团，及派船答谢清廷给予前一个使团的厚赐等，那货运次数可高达 20 次。相同的惯例也在与琉球的贸易中推行。官府指定福建福州为琉球使团的入口港。他们在该地进行的贸易，正常情况下据说可获得高达 100%的利润（唐一倍），但 500%～600%的惊人利润（唐五倍、唐六倍）也屡见不鲜。[2]

从李楚、杨奎所属两艘船，我们可以得知压舱货物数量的梗概。两船曾前往暹罗贸易，1670 年代停靠广州。向广州地方官申请压舱货物免税时，李、杨二人透露，所载货物的重量分别为 3425 担（207 吨）、2547 担（154 吨）。而这只是两船在海上遭风受损前，最初从暹罗所运压舱货物的一半。[3] 李光涛认为，这两艘船所载货重大致与那莱王时期贡船平均载重相当。他还有把握地推测，每艘暹罗贡船每次航程可运载压舱货物

---

① 李光涛：《明清两代与暹罗》，凌纯声等：《中泰文化论集》，第 71 页。

② 陈大端：《雍乾嘉时代的中琉关系》，第 32、79 页。

③ 李光涛：《华裔与暹罗》，《民主评论》第 8 卷第 18 期，1957 年 9 月 20 日，第 440 页。（李楚船载货 3398 担，杨奎船载货 2547 担加鹿筋 6 捆。《明清史料·己编》第 5 本，第 407b～408a 页。——译者注）

5000～6000 担（303～363 吨）。这一数值确实非常可观，令人惊叹。[①]

简言之，暹罗贡船进行贸易的计划有赖于三个因素。一个因素是，贡船有充足的时间促成其必要的航程。使团完成在华进贡仪式需耗时 8 个月左右，包括开始准备、往返北京实际行程及停留京师等时间。在此期间，贡船可在航海季变换的大约 5 个月内返航暹罗，并回到广州。其他两个因素是，暹罗人利用这一计划时的聪明才智，而最重要的是清廷对厚往薄来原则下贸易惯例的默认。事实上，19 世纪初期数十年，清廷仍在奉行这一原则。

朝贡使团的商业价值，可以从清廷赏赐抵京贡使礼物的种类看出端倪。这些礼物是对在广州进行的压舱货物贸易的补充。清廷赐予暹廷及贡使的礼物，通常是精美的平纹布、绫罗绸缎、瓷器、铜钱及其他高价货品，数量可观。[②] 一般说来，清廷对暹罗使团的慷慨大方，堪比给朝鲜、越南、琉球的颁赏。[③] 这些回赐品不但受到暹罗贵族的交口称颂，而且在当地市场上，及再出口至西方时也可售得诱人的高价。因为海禁时期，清廷

---

① 如果我们以 18 世纪初赴日本贸易的暹罗船为例，其载重在 15000 担以上，每船的压舱货物则可多达 10000 担。然而，总体而言，这些船似乎会比前往广州贸易的船大，因为它们有更远的航程。不过，1973 年 12 月 6 日，我在南港中研院对李光涛进行访谈。当时他说，按惯例，清廷准许每个暹罗船员带上贡船的货物最多达 100 担。这意味着，每次遣使进贡，每船定例人不过百，装运货物可达 10000 担，故而三艘贡船的船队，每次航程便可载运货物 30000 担。

② 张德昌：《清代鸦片战争前之中西沿海通商》，《清华学报》第 10 卷第 1 期，1935 年 1 月，第 110 页。

③ 嘉庆《钦定大清会典》卷 31，第 10b 页。在诸多要求来华正式使团呈进贡物的盛会上，清廷皆会予以颁赏。《明清史料·甲编》第 7 本，第 678 页。

通常限制私人出口这类物品，且私人只有通过朝贡途径才能获得。张德昌认为，暹罗人得到的部分赏赐，可能在他们回返暹罗前就已转售，而所得之款可以算作暹廷全部朝贡贸易收入的一部分。①

通过进贡所进行的贸易，暹罗使团获得了另一项好处，即采购诸如铜、铁及其他金属器具等"战略"物资。在正常情况下，清廷禁止从中国出口这些物资，但在朝贡背景下，清廷取消了限制，准其例外。虽然暹廷有可能利用朝贡方式从广州采办一些铁器，但并无他们当时试图借此途径获取特定战略物资的记载。即使如此，借助朝贡之路，暹罗人确实得到了越来越多渴望得到的金属器具，尤其在 18 世纪下半叶与邻国缅甸交战时急需的武器。

**华人的经营**

华人全面参与贡船的经营和贸易的管理，这是清代初期暹罗朝贡贸易一个至关重要的因素。15、16 世纪，华人已经开始代表暹廷与明朝进行朝贡贸易。福建商人谢文彬的例子引人注目。他原籍福建汀州府，在暹王驾下专门从事对华朝贡贸易。尽管清廷明令禁止国人赴海外游历和贸易，但因许多华人经营其间，暹罗朝贡贸易必定获利颇丰。早期留居暹罗的华人主要来自福建泉州和广东广州，与暹罗朝贡贸易相关的商人。② 大批逃往东南亚和暹罗的明代忠臣义士也加入了这一行列。

曼谷王朝拉玛五世（1868～1909 年在位）时代著名的传记作家库拉·吉萨纳侬（Kularb Krisananon）提到两名这类官员，

① 　来自 1973 年 12 月 3 日在香港中文大学的一次讨论。
② 　游仲勋『華僑経済の研究』アジア経済研究所、1969、243 頁。

分别姓王、陈（闽南话发音 Ong、Tan）。因在王室贸易中的地位，及获暹廷准许从事的与越南、中国、日本、爪哇、马来半岛的私人贸易，他们名噪一时，成为大城的显赫人物。[①] 据乔治·怀特的一封急件，那莱王每年派几艘船，不仅前往广州，有时还秘密前往福建开展贸易。这项事业肯定是受到勇于冒险的福建商人的激励，后者显然不会遇到中国官府的任何阻挠。乔治·怀特进一步留意到，无论在暹罗还是在国外，王室船只的航行和贸易事务均由华人打理。为国王管理及经营贸易的当地商人都是华人。在暹王的商人中，爵衔最高、才干卓著者，非港务左局屋帕·诗威博（Okphra Sivepott）莫属。[②]

清廷准许私人贸易恢复前的三十余年，在华商的帮助下，那莱王手下的暹罗人能运用朝贡制度，充分开发其商业价值。1657 年即位之初，从以往先例中，那莱王充分认识到，朝贡可用作推进对华官方贸易的手段，且可减少地方官的频繁干扰，促进在广州的贸易。此外，这种安排还可实现取悦清廷的政治目的，从而维持一种政治妥协、彼此相安的局面。[③]

那莱王在其统治时期总共向清廷正式遣使 5 次，平均约 6 年一次。尽管次数不多，但那莱王运用的谋略，无疑为后世中暹朝贡贸易的发展奠定了坚实的基础。其他因素也值得考虑：首先，1644 年明朝覆亡，清朝入主北京，在此之前的 20 年，中暹贸易已处于江河日下之势。其次，此后 40 年，中国东南战

---

① กุหลาบ กฤตศนานนท์, มหามุขมาตยานุกูลวงศ์, กรุงเทพฯ, sec.2, ค.ศ. 1905, หน้า182.

② Anderson, *English Intercourse with Siam in the Seventeenth Century*, p. 426.

③ 另一方面，清廷不准暹罗人进行朝贡贸易，只是意在遵循过去的惯例。在某种程度上，清廷也指望暹罗人提供帮助。在岩生成一看来，清廷可依靠暹罗船运载诸如粮食一类物资，以支持肃清反清力量；清廷也希望约束或限制暹罗与郑氏政权的秘密贸易。

乱频仍，这是阻碍该地区贸易进展的元凶。最后，在这一时期，暹廷一门心思关注荷兰人对暹罗日甚一日的政治、经济蚕食。仍需注意的是，顺治、康熙年间，暹罗贡船不但呈进贡物最早，而且相比其他外国船只，停靠广州次数也最多。[1] 在限制贸易及国内动乱持续不断的情况下，那莱王通过朝贡贸易想要达到的目的，至少可视作其个人小小的胜利。[2]

## 暹罗与中国的非法贸易

我们也应留意到，在海禁推行的数十年间，秘密贸易并未受到完全压制，因为中国的海禁并不像日本 1636 年后实行的锁国政策那样蓄意排外。无论如何，清廷未能完全管控非法贸易，主要原因在于官府缺乏有效的监管，及商人与某些地方官无处不在的互相勾结。那莱王在位的前十年，华人私商已在大城、曼谷（大城的南部门户）、洛坤、宋卡和尖竹汶成群结队地从事贸易。这些华商主要来自广州、闽南两地。

在广州，贸易活动在地方官准许的范围内展开。例如，广州的统治者，被清廷封为"平南王"的尚可喜无视海禁政策，急于通过对外贸易敛财牟利。1652 年成功为暹罗奏请允准在广州进行朝贡贸易后不久，尚氏建立了一套"官商"制度。而其子尚之信擅权后，这套制度更进一步发展，成立了公行，以垄

---

[1]　彭泽益：《清代广东洋行制度的起源》，《历史研究》1957 年第 1 期，第 4 页。

[2]　那莱王另一个重要的成就是，1685 年取得清廷对与运载贡物相关的探贡、接贡类船只谕令免税的待遇。中国东南局势有所转转，及对弊端陋习的担忧有所缓和之后，清廷才如此宽宏大量，这一点颇为有趣。

断渔业、国内外贸易及盐铁的手工业生产和运销（如17世纪末期重要出口产品铁锅的铸造）。职业盐商洪顺官（沈上达）受命掌管公行。[1] 他还在公行之下设立分行，即中文所称洋行，专门经营对外贸易。除管理朝贡贸易，他还允许一些华商从事非法的私人贸易。[2] 1684年海禁废除前七八年，他们的部分船只还经常与大城进行贸易。[3]

1680年，尚之信参加的三藩之乱失败，清廷褫夺了尚氏家族的统治权力，并废除了其创办的商行。自此至1684年这一短暂时期，活跃、自由、免税的贸易在广州西南的佛山繁盛起来。除澳门与香山间的陆路海关，官府对外贸的所有控制顷刻之间暂告中止。[4]

其时，前往暹罗贸易的华商多数是闽南人。在清军攻取之前的岁月中，厦门（并非指狭义的城市本身，而是广义的包括邻近漳州、泉州二府的海湾地区）[5] 已是一个繁荣的贸易中心。16世纪后，当成为商业中心及内地漳、泉二府货物的集散地

---

[1] 广州历史上有一个市舶提举司管理对外贸易和税收，该衙门在清代被废除。从新王朝建立初年到1662年，清廷将海上贸易事务交由盐课提举司管理。这或许能够说明，当时广州富甲一方的商人都是盐商。和田清監修『清代のアジア』小沼勝衞編『東洋文化史大系』第6卷、誠文堂新光社、1938、326頁。

[2] 彭泽益：《清代广东洋行制度的起源》，《历史研究》1957年第1期，第8页。1681年，广东官府奉清廷之命抄没沈上达家产，所计财产近银100万两。

[3] Anderson, *English Intercourse with Siam in the Seventeenth Century*, p. 426.

[4] 梁嘉彬：《广东十三行考：鸦片战前广东国际贸易交通史考》，私立东海大学，1960，第51页。（佛山指南海县佛山镇，即今佛山市禅城区。——译者注）

[5] Laurence G. Thompson, "The Junk Passage across the Taiwan Strait: Two Early Chinese Accounts," *Harvard Journal of Asiatic Studies*, Vol. 28 (1968), p. 170.

时，它在对外贸易方面的重要性便彰显无疑。[1] 从 17 世纪初期开始，福建与东南亚的贸易主要由两府中有很多人南下广州、交趾支那、暹罗（效力于暹廷，充当朝贡贸易的打理人）及马来半岛的家族经营。[2] 据说在那莱王时期，漳州商人与暹罗的通商关系最为密切，他们以中国产品如丝绸、细瓷、纸伞、纸张、南京棉布等，换取暹罗的苏木、铅及其他货物。[3]

在 17 世纪六七十年代郑氏兴兵反清的高峰时期，[4] 福建沿海居民被强行迁往内地，起初使该地区的对外贸易一落千丈。

---

[1] 事实上，厦门之外的内地府县本身并非原料产地，也生产不出足够的粮食，以供养当地日益膨胀的人口。尽管如此，漳州仍出口丝线、布、烟、鼎铛、雨伞、橘饼、柿饼等，而泉州出产纸张、瓷器等。黄叔璥：《台海使槎录》，台湾银行经济研究室编辑、标点，《台湾文献丛刊》第 4 种，台湾银行，1957，第 47～48 页。虽然厦门具有成为闽南国际港的特性，但其经济基础一直不稳定。该地区的粮食条件，使作为从事对外贸易者和移民海外者起航点的厦门得以存在，贸易、移民转而刺激了以贸易利润、侨汇为形式的资财流通。在厦门确立重要贸易中心的地位之前，泉州城，或马可·波罗所说的刺桐是 11、12 世纪世界最重要的港口之一。在明代，泉州的对外贸易转移到了漳州府龙溪，后者的重要性可以从东洋、西洋针路均始于该地这一事实推测得知。根岸佶『中国のギルド』日本評論新社、1953、241－242 頁。甚至在 1684 年厦门兴起之后，漳州仍是一个比较重要的对外贸易港。至少对进行东南亚贸易的富商的存续来说，它不可或缺。苏清淮：《福建沧桑史话》，《泰国福建会馆成立五十周年新址暨落成纪念特刊》，曼谷，1961，第 97 页。

[2] Frederic Wakeman, Jr., "The Canton Trade and the Opium War," a draft of chapter 4 in John K. Fairbank, ed., *The Cambridge History of China*, Vol. 10, scheduled for publication in 1977. 泉州安平的居民大多数以对外贸易为生。魏斐德指出，当地的陈、杨、黄氏家族世代出造船匠、海员、水兵和商人。苏清淮：《福建沧桑史话》，《泰国福建会馆成立五十周年暨新址落成纪念特刊》，第 97 页。

[3] 陈荆和：《十七世纪之暹罗对外贸易与华侨》，凌纯声等：《中泰文化论集》，第 154 页。至 18 世纪初，繁盛的贸易中心漳州城仍与暹罗进行活跃的贸易。西川求林齋『增補華夷通商考』滝本誠一編『日本經濟大典』卷 4、史誌出版社、1928、300 頁。

[4] 原文为 1600s，有误。——译者注

1674 年，郑氏军队短暂再次占领厦门，并再次重开对外贸易。1674～1680 年，郑经统领下的郑军还在广东东北部惠州府至福建南部厦门的大陆各地立足。① 安南、暹罗等国受到吸引，前来与重回故土的民众从事贸易。② 其时，暹罗丰富的稻米及锡、宝石、犀角、象牙、胡椒、苏木、造船木材等物产引起了福建人的注意，他们运往厦门出售。③ 甚至在此之前，尽管厉行海禁，清廷已允准船只从福建驶往邻近的广东东北部和浙江采购大米，以弥补闽南的粮食短缺。漳州、泉州出现了许多获得地方官强有力支持的富商。④ 约 1680 年代初，闽台地区的给事中傅元初向清廷奏请将厦门辟为国际贸易口岸。在提及该地于1640 年代就已融入活跃的海外贸易之后，他向康熙帝奏陈了闽台地区的对外贸易："盖海外之夷，有大西洋，有东洋。大西洋，则暹罗、柬埔诸国，其国产苏木、胡椒、犀角、象牙诸货物，是皆中国所需；而东洋，则吕宋，其夷佛郎机也，其国有银山，夷人铸作银钱独盛。中国人若往贩大西洋，则以其产物相抵；若贩吕宋，则单得其银钱。"他进而言道，湖州生丝、江西瓷器、福建糖品和果品都是这些外国人的嗜好所在。⑤

---

① Hummel, ed., *Eminent Chinese of the Ch'ing Period* (*1644 - 1912*), Vol. 1, p. 111.
② Lo-shu Fu, comp., tr. and anno., *A Documentary Chronicle of Sino - Western Relations* (*1644 - 1820*), Part 1, p. 49.
③ 王之春：《国朝柔远记》卷 2，第 14 页，光绪二十二年湖北书局重刊本。
④ 道光《重纂福建通志》卷 87，同治十年重刊本，华文书局 1968 年影印本，第 1744 页。
⑤ George Hughes, *Amoy and the Surrounding Districts*: *Compiled from Chinese and Other Records*. Hongkong: De Souza & Co., 1872, pp. 111 - 112. [傅氏《请开洋禁疏》上奏于明末崇祯十二年（1639）三月，而非清初康熙朝 1680 年代。另，傅氏疏中文字基本抄自何乔远《请开海禁疏》。何乔远：《镜山全集》中册，陈节、张家壮点校，福建人民出版社，2015，第 674～676 页。——译者注]

同时，台湾郑氏集团利用漳州、泉州，及广东东北部潮州、惠州两府的物产与暹罗进行贸易。[①] 1650 年代初仍据守闽南时，郑成功在福建、苏州、杭州、山东设有五大商行，代表其从事对外贸易。直至 1656 年，每年均有数艘船驶到台湾，与盘踞在岛上热兰遮城堡的荷兰人贸易。郑氏自中国大陆输出丝绸、生丝、砂糖、黄金、瓷器等，贩往日本、吕宋、暹罗和安南。他也从日本购回白银、铅、发饷铸钱，或转贩于东南亚，换取重要的战略物资，如锡、焰硝以供军需。[②] 郑氏的海外贸易活动对清廷构成了威胁（除此之外，他维持了一支庞大的军队）。对此，如上所言，清廷采取了将沿海居民内迁，阻止其贸易，并与暹罗等国家保持密切朝贡关系的政策。郑成功病逝后，郑经于 1662 年退往台湾，着手重建岛上的文官朝廷，开展对外贸易。这一时期福建沿海较为安定，一些此前内迁的沿海居民逐渐潜回原籍。[③] 许多闽南商人变成了郑氏反清事业的积极支持者。1665 年，在他们的帮助下，郑经派 20 艘帆船前往东南亚贸易，其中 10 艘到达暹罗。[④]

可以说，作为一种治国安邦之策，在阻断中国与东南亚的贸易关系方面，当时的海禁基本上成效有限。相反，事实证明清廷、官府及其他集团的既得利益都与对外贸易的开放休戚相

---

[①] 田中克己「清初の支那沿海：遷界を中心として見たる（二）」『歴史學研究』第 6 卷第 3 号、1936 年、92 頁。

[②] 曹永和：《郑成功之通商贸易》，《郑成功复台三百周年纪念专辑》，海内外郑氏宗亲会，1962，第 78～79 页。

[③] Hummel, ed., *Eminent Chinese of the Ch'ing Period (1644–1912)*, Vol. 1, p. 111.

[④] Suebsaeng Promboon, Sino-Siamese Tributary Relations, 1282–1853, Ph. D. dissertation, The University of Wisconsin, 1971, p. 253. （所引论文原文为：1655 年，郑成功派 24 艘船到东南亚进行贸易，其中 10 艘到达暹罗。作者此处有误。——译者注）

关，而明代朝贡贸易模式的采用实际使得海禁管控出现了漏洞。清廷仍将对外贸易视为天朝加惠远人、绥服外邦之道，故从未希望有效限制中国与海外的贸易往来。因此，1670年代的情况与明末颇为类似，其时中国东南沿海的贸易已取得长足的发展，以至于明廷颁诏的海禁从未得到彻底执行。

就中暹贸易而言，1680年代堪称多事之秋。在这一时期，帆船贸易开始繁荣。两个事件特别值得我们注意：第一章提到的所谓1688年革命，及1684~1685年中国港口民间帆船贸易的合法化。

历史学者一般认为，1688年事件敲响了暹罗一度繁荣的对外贸易的丧钟，也预示着持续一个半世纪以上经济停滞时期的肇始。前人通常断言，那莱王的继承者帕碧罗阁、帕昭素（Prachao Sua，1703~1709年在位）使对外贸易衰落；甚至其后的泰沙王（King Taisra，1709~1733年在位）时期，国家的贸易据说趋于恶化。他们常引用一名1713年进入大城的法国传教士的如下叙述来支撑这一论断："看到整个国家变得十分萧条，我深感惊奇。现在的暹罗一点也不像50年前（那莱王时期）我们初次见到的暹罗。我们再也看不到像以往那样许许多多从事对外贸易的外国船和暹罗船。"[1]

但是，记载所呈现的后那莱王时代对外贸易的历史图景，往往与急剧衰退的刻板印象截然相反。1689~1709年，暹罗仅于1708年向清廷派遣正式朝贡使团，不过这并不意味着暹罗与中国的贸易已大幅缩减，而是1684年清廷弛禁后私人贸易的迅猛发展，使朝贡贸易暂时处于次要地位。这一时期暹罗华人人口的增长，可以说明中暹贸易相应的拓展。1690年代初，大城的华人已达3000人左右，暹罗其他地区的华人可能更多。当我

---

① สงา กาญจนาคพันธุ์, ประวัติกานะค้าของประเทศไทย, หน้า263.

们意识到当时所有对外贸易都由华人经营，且暹罗总人口事实
上不超过 200 万时，这一数字显得意味深长。至 1720 年，一名
到访大城的英国人记载道，当地华人居民"很多"。[1]

18 世纪中期的一部日文史料《通航一览》记载，1700 年
代，暹罗是各种船只的聚集地，非常繁荣。1706 年，留居长崎
的荷兰船长向奉行呈交了一份有关暹罗贸易总体情况的报告，
其中清晰地强调了华人在暹罗贸易中的影响力。[2] 在成书于 18
世纪头 20 年的著作中，法国布吕斯隆的萨瓦里兄弟（Savary
brothers）注意到："华人每年出口大量商品到暹罗，同时由该
国进口的货物也不少。"[3] 是故，格雷厄姆（W. A. Graham）
的如下记述，可能更接近那莱王之后暹罗对外贸易的真相：
"与欧洲的海上贸易停止后，暹罗与其他远东国家的贸易增长
迅速，而不久后一支庞大的帆船队专门致力于华人与暹罗人的
贸易，同时国王造船多艘，用于对外贸易。"[4]

正如华人与西班牙人在马尼拉继续经济往来那样，中国帆
船为大城带来了财富，并提升了其作为华人重要留居区的地位。
每年来往中国的帆船日益增多，可以说奠定了暹罗繁荣的基础。

---

① 许云樵：《中暹通使考》，《南洋学报》第 3 卷第 1 辑，1946 年 9 月，第 29
　　页；John F. Cady, *Southeast Asia: Its Historical Development*. New York:
　　McGraw - Hill, 1964, p. 278.

② 早川純三郎『通航一覧』卷 267、國書刊行會、1912、527 頁；林春勝・
　　林信篤編・浦廉一解説『華夷變態』下册、東洋文庫、1958 - 1959、2461
　　頁。（前书页码原作 pp. 167 - 527，据其博士学位论文为 167：527，即卷
　　167 第 527 页。有误，核实后改。——译者注）

③ Jacques Savary des Bruslons and Philemon Louis Savary 著、宮崎市定訳「清初
　　廣東貿易に關する一資料」『東亞經濟研究』第 25 卷第 6 号、1941 年 11
　　月 20 日、53 頁。

④ W. A. Graham, *Siam*, 3rd ed., Vol. 2. London: Alexander Moring Limited,
　　The De la More Press, 1924, p. 95.

与此同时，暹廷继续经常派船与中国直接贸易，或经由中国驶往日本贸易。纵观17世纪最后25年和18世纪初期，暹罗帆船在往返日本的途中常常停靠中国港口，而一些中国船在对日贸易中也频频造访暹罗。至今可见的史料也表明，暹罗与中国港口保持着接连不断的直接贸易。例如，1700年，两艘暹船到南澳（广东潮州府的一个岛屿）和厦门贸易；1709年，暹王派另一艘由福建船长周享经营的船只前往宁波通商。①

当然，中暹贸易发展的一个重要因素，是华人在暹罗朝廷中不断增强的影响力。1714年，法国传教士观察到，一名华人出任财务兼外务大臣，主管暹罗的对外关系，乃是国王的宠臣。国王任命华人在暹廷中担任包括处理贸易事务在内的要职。这名传教士评论道，由于该大臣与暹王关系亲密，当时的贸易掌握在华人手中。他说道："即使暹罗人、马来人、摩尔人（穆斯林）对暹罗如此偏向华人感到不满，他们也不敢明目张胆地反对。因为他们知道，有财务兼外务大臣充当中间人，国王对华人言听计从。"②

中国国内政治的发展更有助于暹罗这种形势的形成。1683年，清廷最终平定台湾郑氏势力，完全控制了中国东南。基于此，该地区重开东南亚贸易可谓适逢其时。1684年，在一道上谕中，康熙帝解释了废除海禁的理由："向令开海贸易，谓于闽粤边海民生有益。"上谕接着说，因贸易符合这两省民众所需，资财、货物流通，故而其他省份也得以受益；指出朝廷可以课取大量税收，而这些收入可供应闽粤兵饷，以减轻内地省

---

① 林春勝・林信篤編、浦廉一解説『華夷變態』下册、2163頁；補遺、22頁。

② สงา กาญจนาคพันธุ์, ประวัติกานะค้าของประเทศไทย, หน้า270-271.

份的赋税负担，所以下令重开海上贸易。①

清廷也期待贸易给国库带来直接收益。朝廷不仅可以从外邦获得昂贵的（通常有药用价值的）物产，如燕窝、象牙、犀角等，还通过建立海关，课取对外贸易的税收，获取一些额外收入。因此，海禁令一废除，清廷即在广东、福建、浙江、江南和山东设立海关税馆，前三省衙门分别建于澳门（后迁至广州）、漳州（后迁至厦门）和宁波。各主要海关税馆派驻一名海关监督，俗称"户部"，② 由北京内务府委任。其职权包括为朝廷，即同时为户部和内务府管理关税收入。清廷的收入分为两类：缴交户部以作朝廷部分固定收入的正额，及直接交付内务府的盈余。③ 他还受命监管港口的贸易活动，如给进入内河前往广州或其他港口的船只发放船牌，准予前来贸易的商人通行自由，征收梁头税等。④ 除此之外，海关监督还行使征收例费职权，以维持

---

① 王先谦：《东华录》，第 1 函，第 18 册，第 25 页，宣统辛亥上海存古斋铅印本。实际上，中国东南官员对海禁问题的看法不尽相同。例如，福州、兴化两府的许多地方官认为，继续禁止海外贸易和游历是明智的，而漳州、泉州两府的多数官员则主张直接废除。田汝康：《十五至十八世纪中国海外贸易发展缓慢的原因》，《新建设》1964 年第 8、9 期合刊，第 88 页。［田氏所云乃根据沈德符《万历野获编》卷 12，户部，海上市舶司条（可参谢兴尧断句本，中华书局，1959，第 317 页）记载，指出明朝中期福建士大夫对朱纨禁海事件态度不一致，而非针对清朝海禁而言。故作者的引用有张冠李戴之嫌。——译者注］

② 原作"hoppo"，据道光《厦门志》卷 1，第 2a 页所示"户部衙"，可译为"户部"（下文译为"海关监督"）。有学者主张，此词亦可按粤语音译为"河泊"。马士：《东印度公司对华贸易编年史（1635—1834 年）》第 1 卷，区宗华译，广东人民出版社，2016，第 86 页注 3。——译者注

③ Chang Te-ch'ang, "The Economic Role of the Imperial Household in the Ch'ing Dynasty," *The Journal of Asian Studies*, Vol. 31, No. 2 (February 1972), p. 256.

④ Morse, *The Chronicles of the East India Company Trading to China*, Vol. 1, p. 104.

衙门的日常开支，因为在大多数情况下，其官职乃是捐纳而来。

海关监督的设立表明，清廷牢固确立了对该地的统治，且1680年尚氏垮台后，一度式微的官府对外贸的控制恢复正常。但此时的对外贸易权力并未完全掌握在朝廷手中。除了海关监督，这一地区还有其他权力来源。清廷派驻地方，行守土安民之责的军政大员广东巡抚、两广总督乃至广州将军，都在对外贸易中亮相，发挥相应作用。在地方治安未靖之时，这些要人代表着数个维护其本身商业利益的自主权力的核心。因此，马士（H. B. Morse）所引英国东印度公司的史料提到，1699年，广州的特权商人分为王商、总督商人和将军商人，各自"倚仗他们主人的势力，从事贸易"。1700年，上述史料也提及一名代表巡抚的商人。1702年，据称广州和厦门均已出现一名王商或皇商。①但到1703～1704年，显然因其他各种官商不断归属于皇商，故英国商人仅叙及皇商。在马士看来，这种现象的发生象征着海关监督权力的巩固。多数历史学者认为，皇商霸权是迈向最终的对外贸易垄断制度之滥觞，而这种制度可从建立于广州、厦门的公行制度一窥究竟。据说，海禁废除后的这一时期，广州的皇商实际乃是一个盐商。为谋得此职位，他已向清廷捐银4200两。②其时，甚至连尚之信创建、已寿终正寝的对外贸易组织中的捎客也再度现身。

海禁废除后，尽管朝廷诏告对外贸易自由，但勘合或特权

① Morse, *The Chronicles of the East India Company Trading to China*, Vol. 1, pp. 88, 100 - 101；梁嘉彬：《广东十三行考：鸦片战前广东国际贸易交通史考》，第28～29页。王商或皇商明显指的是清廷任命的海关监督属下的官商。

② Morse, *The Chronicles of the East India Company Trading to China*, Vol. 1, p. 104；和田清監修『清代のアジア』、326頁。

商人体制的继续存在说明，为适应官方控制对外贸易的需要，清廷调整了相关举措（如设立海关监督）。这一制度与尚氏统治时并无多大差异（承认经营贸易合法除外）。① 这一现象反映了中国官方将自身置于贸易之上，对其加以掌控的基本态度。

虽然限制贸易的制度，及其他控制措施得以延续（如出海贸易的商人不但没有完全的行动自由，而且受到包括资金数额、船只载重量等在内的诸多限制），但海禁的废除仍吸引了大批华商前往广州。他们大多来自泉州府，因为自明代以来，这些福建人就已组建海外贸易行会，并设分会于广州。②

大批海外华商会集广州的另一个原因在于，当时广州是一个活跃的贸易中心，在两广总督吴兴祚任内（1685～1689）③ 更是如此。吴氏是首位短期兼理粤海关监督的总督，因倡导重开对外贸易而名噪一时。④ 从同时期史料可知，外国船常常到广州通商，它们主要从东南亚而来，且也前往澳门贸易。1697年，一艘潮州船向长崎奉行报告说，广州已成为繁荣的贸易中心，省内各地（广东是中国海岸线最长的省份）的商船麇集于此，扬帆远航，到包括日本在内的东亚海域各地进行贸易。⑤ 广州城周边地区生产五花八门的商品，畅销海外。屈大均曾云，广州商人以糖、铁器及其他诸货，北闯江南，南走澳门，"帆踔

---

① 平瀬巳之吉『近代支那経済史』中央公論社、1942、107-108 頁。

② 梁廷枏：《粤海关志》卷17，第9b页；和田清监修『清代のアジア』、326 頁。

③ 据钱实甫编《清代职官年表》第2册（中华书局，1980，第1365～1369页），吴氏任两广总督时间实为1682年2月1日至1689年8月8日。正文1685年盖指其兼理海关监督之始。——译者注

④ Hummel, ed., *Eminent Chinese of the Ch'ing Period (1644-1912)*, Vol. 2, p. 777.（此注与下两注原为一注，据其博士学位论文拆分为三。——译者注）

⑤ 林春勝・林信篤編、浦廉一解説『華夷変態』下冊、1918 頁。

（东西）二洋，倏忽数千万里"，从事贸易。① 在出口货物中，铁器最受欢迎。虽然历史上官府严禁铁器及生铁输出（这大大提高了它们在邻国市场的价格），但自宋元时代以来，包括铁锅、铁釜、铁锚、铸铁管、铁线在内的货品事实上已行销东南亚。② 其时，日本、马尼拉、印度支那、亚齐（苏门答腊）、马六甲、暹罗和巴达维亚都与广州保持着兴旺的贸易关系。③

从广州到暹罗的贸易可以直接或经由海南岛进行。当时，广州与海南之间已开启了活跃的贸易。从交易的商品来看，海南适合成为中转站。海南向广州输入东南亚的物产，从广州运回铁器、福建棉布等。萨瓦里兄弟又给我们提供了 17、18 世纪之交一份相当详细的中国出口暹罗的货物清单：铁、白铜、明矾、白砂糖、铜器、铁器、铜线、铜盘、铜桶、丝绸、蜜饯、干果、水银、南京棉布、南京红染料、葡萄干、金丝线。在暹罗市场上，这些货物，如金属器具、阳伞、瓷器至少可赚取 50% 的利润，而蜜饯则可获利 60%。④ 1685 年，法国耶稣会舒

---

① 笹本重巳「廣東の鐵鍋について：明清代における内外販路」『東洋史研究』第 12 卷第 2 号、1952 年 12 月 25 日、44 頁。

② 笹本重巳「廣東の鐵鍋について：明清代における内外販路」『東洋史研究』第 12 卷第 2 号、1952 年 12 月 25 日、45、35–36 頁。中国铁锅主要用作炊具，而其他铁器在开垦土地和基础建设工程中发挥着重要作用，由此推动了直至 19 世纪华人移民东南亚的进程。至迟从明代开始，邻近广州城的南海县佛山镇专门制造这类铁器。尽管福建有铁锅行会，但它们是否涉足实际制造及多大程度上涉足，我们不得而知。清朝初期，铁器通常出口至海南岛、马尼拉、日本、印度支那和暹罗。因是笨重之物，所以它们常被用作船只的压舱货或"底舱货"。在广州，大部分铁器的售价一般很合理。同前书，第 45、47、48 頁。

③ Jacques Savary des Bruslons and Philemon Louis Savary 著「清初廣東貿易に關する一資料」、44 頁。

④ Jacques Savary des Bruslons and Philemon Louis Savary 著「清初廣東貿易に關する一資料」、49–50、53、51 頁。到 19 世纪初期，铁锅和其他铁器的制造成为曼谷的一种行业，这是完全由华人移民引进和从事的一门手艺。

瓦西神父（l'Abbé de Choisy）在大城写道，从广州运来的上等中国生丝可获利高达100%。① 广州还将极受青睐的细瓷出口到暹罗。明末，暹廷开始送来瓷器的造型、装饰图样，因为广州的制瓷工艺炉火纯青，设计精妙绝伦，足堪定制。

在对外贸易方面，厦门或许仅次于广州。1683年清廷平定闽南和台湾海峡的郑氏势力后，水师提督、平台功臣施琅向朝廷奏陈福建重开海外贸易的益处，建议该省照三年前山东之例开放海禁。② 清廷准其所奏，并确定厦门为闽省对外贸易的主要口岸。③ 1685年，在施琅提议下，厦门设立闽海关监督。由此至1728年的40余年间，关务由满、汉两名海关监督共同执掌。

由于闽南人生息于不毛之地，一门心思想发财致富，且富于冒险精神，故而他们很快便利用对外贸易的合法性，开展此前已秘密进行了多年的贸易。19世纪厦门关税务司休士（George Hughes）写道："繁荣兴旺的贸易随之而来，在如此短的时间内，其规模变得如此之大，的确非常引人瞩目。"④ 《厦

---

① 陈荆和：《十七世纪之暹罗对外贸易与华侨》，凌纯声等：《中泰文化论集》，第187页。

② 1684年海禁正式废除前三年，清廷准许直隶、山东和江西载重500担的船只从事沿海贸易。田中克己「清初の支那沿海：遷界を中心として見たる（二）」『歷史學研究』第6卷第3号、1936年、83頁。

③ 道光《厦门志》，台湾银行经济研究室编辑、标点（下文简称"标点本"），《台湾文献丛刊》第95种，台湾银行，1961，第194页。在休士看来，尽管厦门缺乏稳固的经济基础，但清廷仍选定厦门作为口岸，原因在于"海氛未靖时（即1683年前），九龙江沙土淤积，河床变浅，致使大船不能像以往那样经常通航。厦门在政治上微不足道，经济上资源短缺，但恰好坐落在九龙江口，具备优良的港湾条件，几乎完全仰赖商业交往，遂被定为首选之地，同年设立了闽海关"。Hughes, *Amoy and the Surrounding Districts*, p. 105.

④ Hughes, *Amoy and the Surrounding Districts*, p. 105.

门志》记载，厦门官府准许内地船只前往巴达维亚、马辰、大
城、猜亚（暹罗）、洛坤、宋卡、柔佛和东南亚其他地区贸
易。① 厦门通商海外的船只被称为"洋船"，以区别于在中国水
域贸易的"商船"。② 起初，到东南亚贸易的厦门商人（包括本
省福建人和邻省浙江人）主要是小本经营者，或范勒尔所说的
"小贩"。18 世纪的文献显示，中国东南对外贸易船只的置办与
17 世纪日本的情形相同，都是以"合伙"制度为基础。在这种
制度下，福建富有的财东与船只的经营者合作，进行商业冒险。
这只不过是财东的偶然投资，但对实际从事海外贸易的商人而
言，在大多数情况下是一种职业。后世一段时间，尤其在 19 世
纪，小财东也会筹集资金自己经营商船。不过，合伙制度似乎
在 17 世纪最为盛行。③

　　官府监管之下的特权商人制度也在厦门兴起。我们已提及，
马士指出，一名皇商将厦门的商人组成紧密精干的小团体，通
力合作，而闽海关监督和福州将军也有各自经营对外贸易的商
团。这些官府支持的商人权势大、资财少，但通过吸引富商投
资，他们补齐了短板——富商们未获得勘合，却渴望从事对外
贸易。在此境况下（从 17 世纪至 18 世纪初期，英国人试图开
展与厦门的贸易，却因此屡屡碰壁），福建到暹罗的海运发展

①　道光《厦门志》卷 5，第 27b 页。

②　加藤繁「清代福建江蘇の船行に就いて」『史林』第 14 卷第 4 号、1929 年
　　10 月 1 日、55 - 56 頁。

③　范勒尔认为，合伙和现代资本主义合股的区别为："在合伙制度中，投资者
　　和经营管理者各司其职，这就使船行表面上类似现代有限公司。但在没有连
　　续资金周转，没有考虑投资回报，没有兼顾预期利润的情况下，这必定是纸
　　上谈兵……纯粹只有船舶用具和航次报表的平衡，其余均已打了水漂。"J.
　　C. van Leur, "The World of Southeast Asia: 1500 - 1650," in *Indonesian Trade
　　and Society*, p. 230.

良好。其中部分原因在于，闽南人长期与暹廷保持着密切的关系，熟悉当地情况。另外，福建与暹罗的帆船贸易不仅经由厦门港，还经由该地区其他小港进行（漳州和泉州都坐落在与内地相连的九龙江口）。[1] 最后，合伙制度与官府监管的贸易模式非常契合。

17 世纪末，除了广州和厦门，浙江宁波也与大城、暹南维持着显而易见的贸易关系。这种贸易有直接、间接两种形式，后者即中国 - 日本 - 暹罗三角贸易（如同广州和厦门）。据现存史料，1684 年海禁废除后不久，前往暹罗贸易的宁波船的数量一度超过广州船。如上所言，因许多厦门商人原籍浙江，故福建和浙江的商人之间有一种亲密关系。[2] 西方船只在宁波投下巨资，处境并不比在厦门好，因其从商业冒险中获利甚少。不过，帆船贸易的投资模式、金额或多或少与预期收益率相吻合，因而其得以维持运行。[3]

1685 年后，停靠暹罗的中国船数量稳步增加。1686 年，一艘中国船向长崎奉行报告，每年均有数艘中国船前往暹罗贸易；至 1707 年，另一艘中国船报告，中国各省都有船赴暹通商。[4] 此外，从暹罗到日本贸易的船只经常提供中国船在暹罗活动的消息。表 3－1 呈现的是不同时期，长崎奉行所获中国船抵暹贸易的记载。虽然数据并不完整，但我们至少可以窥见海禁废除后最初数十年，中暹帆船贸易发展概况之一斑。

---

[1]　苏清淮：《福建沧桑史话》，第 97 页。
[2]　早川純三郎『通航一覧』卷 296、18 页。
[3]　王孝通：《中国商业史》，台湾商务印书馆，1965，第 191 页。
[4]　林春勝・林信篤編、浦廉一解説『華夷變態』上册、633 页；下册、2497 页。

表 3-1　1689~1702 年抵暹通商的中国船

| 年份 | 船数 | 备注 |
|---|---|---|
| 1689 | 14~15 艘 | 来自广州、漳州和厦门,最终驶往日本 |
| 1695 | 8 艘 | 5 艘来自厦门,2 艘来自宁波,1 艘来自广州 |
| 1697 | "至少"4 艘 | 停靠大城 |
| 1698 | 7 艘 | |
| 1699 | 6 艘 | 4 艘返回中国,2 艘抵达日本 |
| 1701 | 1 艘 | |
| 1702 | "超过"10 艘 | |

资料来源:林春胜・林信笃编、浦廉一解说『華夷變態』中册、1274、1736 頁;下册、1947、1998、2081、2205、2232 頁。

萨瓦里兄弟总结了这一时期中国贸易的要点:"现在……借由开启与其他国家的贸易,中国人拓展了致富门路。他们当下不但容许而且鼓励远近诸国……前来贸易,带来最珍贵的商品;同时,准许人民散布到世界各地,带去丝绸、瓷器、漆器和其他奇珍异宝,及茶叶、根茎药材、药物、蔗糖和其他产品。他们深入(东)印度大部分地区贸易,还前往巴达维亚、马六甲、亚齐、暹罗等地……难怪中国贸易四方,通达万里,无远弗届,方成如此富饶强盛之邦。"①

尽管中暹贸易一开始较为朝气蓬勃,但是不久后,中方的参与便受到清廷反复无常和限制性政策的影响。这是官府控制之下,经常出现的贸易现象。1717 年,在进行了 30 余年相对自由的贸易(在多数情况下,形形色色的官府限制不利于双方其他正常的商业往来)之后,清廷最终重新对东南亚实行海

---

① Jacques Savary des Bruslons and Philemon Louis Savary, *The Universal Dictionary of Trade and Commerce*, tr. Malachy Postlethwayt, Vol. 1. London: John and Paul Knapton, 1751, p. 492.

禁。这种政策的变动，其明显原因之一在于官员们担忧，外国人和内地民人希图获利，铤而走险，大量走私大米（尤其运往吕宋和巴达维亚），这将使中国陷入窘境。据说，往年所雇民船达三四百只。[①] 康熙帝虽不完全相信粮食出海贩卖达到如此惊人的地步，但意欲加以预防。[②]

更重要的是，另有一两个长远和直接的因素导致清廷重施海禁。官府虽从海外贸易中获益，故准许其继续进行，但对内地民人经营其事向来小心提防。例如，清廷以其特有的猜疑，时常认为吕宋、巴达维亚等地可能成为数千海盗和其他"匪徒"的藏匿之所。[③] 1717 年，地方官上奏康熙帝，避往吕宋、巴达维亚的内地商民众多，且有留居不愿归国者。康熙帝担心汉人以海外为根据地以恢复明朝，危及清廷统治，故特命闽浙总督、两广总督行文荷兰人和西班牙人，将留居之人解回处斩。当荷兰人、西班牙人对此置若罔闻时，他接着颁行一条律例，特谕 1717 年前出洋的福建人，各船户出具保结，准其搭船回籍；定例之后，有偷渡私回者，一经拿获，即行正法。[④]

1717 年清廷禁止内地商船往东南亚贸易的最直接原因，或许是源于康熙帝南巡期间在苏州船厂的发现。这些船厂每年造船出海者多至千余，表面上从事贸易，但只有 50%~60% 的船只设法

---

① 道光《重纂福建通志》卷 270，第 5129 页。

② Lo-shu Fu, comp., tr., and anno., *A Documentary Chronicle of Sino - Western Relations* (*1644 - 1820*), Part 1, p. 122.

③ 道光《重纂福建通志》卷 270，第 5129 页。

④ 罗尔纲：《太平天国革命前的人口压迫问题》，《中国社会经济史集刊》第 8 卷第 1 期，1949 年 1 月，第 58 页。1718 年，康熙帝谕令，从前出洋之民，准其回籍。至 1721 年谕令生效时，最终有 3000 余人回籍。王庆云：《石渠余纪》卷 6，第 15b 页，光绪十六年龙璋刻本。

返回，其余可能被出售。这一发现随即引起他的关注。第一，他深信肆无忌惮的商人会将帆船卖到海外，以牟取暴利，因为海船龙骨需用铁梨苓木，而此种木材只产于广东。第二，帆船造价昂贵，每艘大型帆船需耗银万两以上。[1] 如此耗费，意味着国家财富的严重外流。于是，康熙帝下令，如内地民人将船卖与外国，造船和卖船者皆立斩；所去之人留在外国，将知情同去之人枷号三月。[2] 他还施行更严厉的政策，禁止私人前往东南亚贸易。[3] 这一禁令适用于广东、福建和浙江的所有船只。[4] 然而，由于东南亚船只获准继续与中国贸易，对此地方官也建议加以控制，如限定每年停靠广州的船数。[5] 此外，康熙帝谕令，中国东南沿海炮台、驿站，明代即有之，地方官应设立；[6] 基于此，沿

---

① 田汝康认为，帆船卖到海外并非基于事实，而是基于康熙帝及向他上奏的船厂官员的担忧。例如，东南亚盛产铁梨苓木。田氏说，官府建造海船数十只，需花费"数万金"。田汝康：《17—19世纪中叶中国帆船在东南亚洲》，上海人民出版社，1957，第16页。

② 陈鸿墀、梁廷枏等纂修《广东海防汇览》卷35，第13b页，道光十八年刻本。后来在1765年，清廷增加了另一项规定，租赁船给外国人者，杖一百，枷号三月。同前书，卷35，第14a页。（事实上，这一规定在雍正年间已出现，见雍正《大清会典》卷167，第28a页。——译者注）

③ 王之春：《国朝柔远记》卷4，第5a页。然而在1718年，康熙帝同意两广总督杨琳所奏，允准内地商船往安南贸易，尽管严格来说安南属东南亚的一部分。此举实际是准许内地民人继续到安南采购红铜。《圣祖实录》卷277，康熙五十七年二月戊戌，第28b页。

④ 矢野仁一「支那の開國に就いて」『史學雜誌』第33編第5号、1922年5月20日、11頁。因这三省商民几乎掌控所有与东南亚的贸易，故该禁令并不适用于其他沿海省份。这意味着"东洋"贸易实际依然活跃。光绪《钦定大清会典事例》卷510，第43a页。

⑤ 此议由广东碣石总兵陈昂提出，其子陈伦炯著有《海国闻见录》。清廷平定台湾后，陈昂奉命调查逃往东南亚的郑氏残余力量。王庆云：《石渠余纪》卷6，第14b～15a页。

⑥ 王庆云：《石渠余纪》卷6，第14页。

海战略要地如南澳岛，[①] 需置于官府严密监视之下，以截留出海之内地商船。

　　1717 年海禁及其他限制性措施的推行，当然不会完全阻断中国的海外帆船贸易。原因之一在于，当各种敕令生效时，许多内地华商争先恐后地涌向仍未受禁令影响的澳门，以便继续推进与东南亚的贸易。不过，次年清廷设法将澳门纳入禁令范围。当时，澳门实际上由葡萄牙人统治，但是名义上仍在中国管辖之下。根据禁令，两广总督杨琳禁止船只前往东南亚贸易，且宣布外国船虽可在澳门通商，却不准夹带华人。东南亚盛产稻米，中国可能终究要依赖于此。有鉴于此，禁止贸易的谕令终难持久。[②]

　　然而，海禁的重新施行不利于中国海外贸易的正常发展。虽然至 18 世纪末 19 世纪初，中国帆船依旧在东亚海域占据主导地位，但这些船只基本属国外商人所有，而经营贸易的获利亦归天朝诸属国所有。面对一直存在的官府压制的威胁，中国帆船贸易的发展失去了任何成功的保障。正如张德昌评论："中国海外的商民不但失去发展的（重要）条件，即旧有的（海上霸权）地位亦（越来越）不能保有。"[③]

①　南澳邻近潮州、漳州，同时受二府影响。它在商业上的重要战略地位，可从如下事实观之：昔日中国官员可从此地的外国船收集商业情报，这些船走南闯北，途中常常停靠该岛。乾隆《南澳志》卷 12，第 6a 页，乾隆四十八年刻本。

②　印光任、张汝霖：《澳门纪略》上卷，第 26b 页；王庆云：《石渠余纪》卷6，第 14b 页。

③　张德昌：《清代鸦片战争前之中西沿海通商》，《清华学报》第 10 卷第 1期，1935 年 1 月，第 115 页。（括号内文字为作者所加。——译者注）

# 第四章　中暹日三角贸易

为了明晰中暹贸易的规模，我们须考虑到，除了暹罗与中国之间的双边直接贸易，从那莱王时期至 18 世纪初期数十年，暹罗、中国和日本之间的三方交往也在进行——不但前往日本贸易的暹罗船由华人管驾、经营（赴华贸易的暹罗船的情形亦然），往返日本的途中停靠中国港口，而且中国船也常常驶到暹罗采购货物，以开展其对长崎的贸易。清代中暹贸易仍处于初始阶段时，这种三角贸易无疑对暹罗对外贸易的范围，及东亚海域中国帆船贸易的扩大发挥着至关重要的作用。

17 世纪上半叶的政局变动，使暹罗对日本贸易的船只被重新划归为"中国"船，即唐船。① 至 1660 年代，暹罗唐船已开启对日贸易，这意味着华人在暹罗已占据明显的优势（1636 年日本锁国后，外国人中只有华人、荷兰人获准继续与日本进行贸易）。1670 年代和 1680 年代来暹的西方观察家都证实，华人牢牢掌控着贸易部门。② 尼古拉·热尔韦斯（Nicolas Gervaise）言道："因许多华人侨寓暹罗，暹王便依靠彼等来维持与日本

---

① 『長崎市史』清文堂、1938、1 页。[为便于前后译名统一，下文除明言唐船（tosēn）之处，其他如"Chinese ship""Chinese vessel"等均译为中国船或华船。——译者注]

② 陈荆和：《清初华舶之长崎贸易及日南航运》，《南洋学报》第 13 卷第 1 辑，1957 年 6 月，第 6 页。

人的贸易。对他而言，这种贸易往往有利可图。每年他差遣若
干船只前往日本，这些船只均由华人管驾，并有若干暹人官吏
随行，以资监督商务。"①

那莱王以这种方式，将许多船只派往日本。诚然，在同样
的唐船制度下，东南亚其他地区的船只也获准到长崎贸易。日
本锁国后，在德川幕府看来，中国船分为三种：江苏、浙江港
口来船为口船，福建、广东等南方港口来船为中奥船，东南亚
港口所来中式帆船则为奥船。② 岩生成一说，1661～1688 年共
28 年，暹罗派遣约 43 艘船（唐船）到长崎，其中 35 艘属国王
所有，其余属王后、王子及达官显贵、富商所有。③ 据陈荆和
的研究，1657～1688 年，64 艘暹罗船到日本贸易；④ 而 1689～
1723 年，至少有 41 艘暹罗船停靠日本。⑤

暹罗货物由长崎的华人行会经营，他们通常以拍卖的形式
出售给日本人（同时给允准交易的日本财政部门上缴一笔佣
金）。在暹罗的出口商品中，鹿皮乃大宗，最为重要；其他货

---

① E. M. Satow, "Notes on the Intercourse between Japan and Siam in the Sevente
　enth Century," *Transactions of the Asiatic Society of Japan*, Vol. 13 (1885),
　p. 181.

② Ishii Yoneo, "Seventeenth Century Japanese Documents about Siam," *Journal of
　the Siam Society*, Vol. 59, Part 2 (July 1971), p. 165.

③ 岩生成一「泰人の對日國交貿易復活運動」『東亞論叢』第 4 輯、1941 年
　4 月、119 頁。

④ 陈荆和：《十七世纪之暹罗对外贸易与华侨》，凌纯声等：《中泰文化论集》，
　第 179～180 页。对比而言，1684～1685 年至少有 200 艘帆船造访长崎，各
　船所带船员不少于 50 人。Savary des Bruslons, Jacques and Philemon Louis
　Savary, *The Universal Dictionary of Trade and Commerce*, p. 493. （原注引陈荆
　和文章误为《清初华舶之长崎贸易及日南航运》。陈氏所云实为，1679～
　1718 年近 40 年，每年由暹罗抵达日本贸易的船只为 64 艘，作者转述不
　确。——译者注）

⑤ Ishii Yoneo, "Seventeenth Century Japanese Documents about Siam," *Journal of
　the Siam Society*, Vol. 59, Part 2 (July 1971), p. 173.

品有苏木、牛皮、象牙、犀角、槟榔、锡、铅和红木，与出口中国者大同小异。① 暹罗还从广州、澳门转运日本所需的生丝到长崎。暹罗唐船通过日本海关，以运来的货物换取渴求的日本产品（亦即实行以物易物）。日本主要的出口商品和官府的垄断物资——铜，乃是暹罗主要的进口大宗（暹王也大量购入，售于本国）。② 其他进口商品包括珠贝、铁器、屏风、樟脑和陶器。

1684 年废除海禁对暹日贸易产生了重要影响。其直接后果之一，在于掀起了中国船普遍驶往日本的高潮。例如，1684 年，海外船运开放前夕，24 艘华船造访长崎；1685 年，华船数猛增至 73 艘；1686 年为 84 艘；1687 年为 115 艘；1688 年为 117 艘。③ 而这一现象催生了暹日贸易发展进程中的另外三个重要因素。因华人移徙暹罗的人数增加，该国可用劳动力随之增多，故暹罗越来越多的船只由华人经营。这种增长使得暹罗对日本的海运出现更多唐船，而同样的变化也在东南亚其他地区发生了。

据说，1647 ~ 1700 年，有 130 艘华人经营的船只从暹罗各地抵达长崎。④ 这些船有的是来自大城的王船，有的则是从暹南港口如洛坤、宋卡、北大年驶来，而实际上它们最初是从中

---

① 『長崎市史』、493 頁。

② 日本尤其佐渡的铜矿是幕府的私产。铜先运到大阪，后重新分销和出口。M. Paske - Smith, *Western Barbarians in Japan and Formosa in Tokugawa days, 1603 - 1868*. Kobe：J. L. Thompson & Co. （retail）Ltd.，1930, p. 198.

③ 陈荆和：《清初华舶之长崎贸易及日南航运》，《南洋学报》第 13 卷第 1 辑，1957 年 6 月，第 4 页。

④ Ishii Yoneo, "Seventeenth Century Japanese Documents about Siam," *Journal of the Siam Society*, Vol. 59, Part 2 （July 1971）, p. 164.

国南渡的华船。① 17 世纪上半叶后，幕府出台一项强制性规定，要求停靠长崎的外国船向奉行呈上详细的报告，内容与船只本身的特定信息（亦即起航地、船员、船长名等）有关，包括往返日本途中亲眼所见、亲身经历之诸事。其目的显然在于记录外部世界的风吹草动。② 暹罗船呈交的报告，即世人所知的"暹罗唐船风说"。在这些报告中，有两个特点反复出现：各船有一个华人船头和一组常达 90～100 人的华人船员（除暹南的来船外，其时暹罗船都是最大的船），并有若干暹人官吏随行；在往返日本的途中，各船停靠中国尤其厦门、南澳岛附近的港口。

在这些报告中，我们应注意两点。其一，在往返东瀛途中，暹罗船常停靠中国港口，要么为寻找避风港以进行修整，要么为纯粹装卸货物。在中暹日三角贸易中，这些中国港口发挥着重要作用。在这种情况下，三国的货物得以进行交易。例如，1699 年一艘暹罗船据称从长崎回帆暹罗途中受损，遂在厦门出售购自日本的铜，并就地进购一批当地货物。1700 年也有类似实例。厦门、广州、南澳是暹罗对日贸易的帆船经常停靠之地

---

① 陈荆和：《清初华舶之长崎贸易及日南航运》，《南洋学报》第 13 卷第 1 辑，1957 年 6 月，第 9～12 页。如陈氏所云，长崎奉行根据这些帆船的出发地进行分类，而未必根据它们真正的国籍。因此，先驶至暹南，后运载一批暹罗货物向日本进发的名副其实的中国本土华船，一般被当作暹罗来船。

② Ishii Yoneo, "Seventeenth Century Japanese Documents about Siam," *Journal of the Siam Society*, Vol. 59, Part 2（July 1971），p. 166. 东洋文库版《华夷变态》（装订成 3 册，并附一份补遗）收有 2465 份报告，其中 63 份出自暹罗船，且北大年、洛坤、宋卡船分别呈交了 17、11、7 份，时间涵盖 1644～1724 年。事实上，《华夷变态》是大量收集名为"唐船风说书"的华船报告后分类编纂而成的。

（尤其厦门），这反映了当时闽南人对暹罗无处不在的影响力。三地的丝绸、蔗糖俯拾皆是，且在日本市场上都可以卖得好价钱。① 其二，诚如我们已简要提及，打理暹罗王船的船头通常是厦门地区的福建人。② 陈昭夸是一个绝佳例证，他生于厦门，留居暹罗多年，最终以郎金朱里双末博里（Luang Chinchulisamutpakdi，即銮金朱利萨慕帕迪）爵衔效力于暹廷。③

这一时期，对于华人经营暹罗船，虽然清廷颁令禁止华人以内地民人身份为外国效力，但中国官府从未表示异议。这一禁令乃是阻止华人与外国密切接触的全部举措之一部分，而在官府看来，双方紧密的联系是隐患之源。19 世纪初期，当清廷试图通过暹王限制这种活动时，官府的异议最终变成中暹关系的一个重要问题。④ 对日贸易且常到中国港口的暹罗船，是否就此问题卷入与中国地方官府的纠纷，我们未见相关史料。在此，我提出两种解释：经营暹罗船的华人设法与地方官达成共识；或因日本人将这些船只归类为唐船，故可辩称，它们并不完全是华人经营的外国船。然而问题在于，清廷已对出国前往东南亚的所谓"游手之人"投以怀疑的目光，官府政策自然不

---

① 1684 年前，驶往日本的暹罗船也停靠台湾东宁，与郑氏政权进行贸易。林春勝・林信篤編、浦廉一解説『華夷變態』上册、307 – 308 頁。
② 三木榮『日暹交通史考』古今書院、1934、340 頁。
③ 三木榮『日暹交通史考』、340 頁。
④ 然而，有一个例外。清廷恩准福州"熟悉琉球海洋、风土"的华人充任从北京返琉册封使团的船员、随从。John K. Fairbank，ed.，*The Chinese World Order：Traditional China's Foreign Relations*. Cambridge，MA：Harvard University Press，1968，pp. 140 – 141.

准许这种经营活动。①

　　除了大城来的暹罗船，还有最初属中国商人所有且自中国港口而来的其他许多船只，但因它们造访暹罗，装载暹货后才最终向日本进发，故长崎奉行都将它们视为暹罗来船。这类船只是中暹日三角贸易的重要组成部分，同时是中暹直接贸易的必要补充。这种航运活动需追溯到 17 世纪初期，其时福建、浙江商船开始驶往暹南港口北大年、宋卡和洛坤——荷兰人已在当地建立贸易联系，并成为运营对日贸易的中心。1684 年废除海禁后，闽粤两省商民随即重整旗鼓，全力经营中暹日三角贸易，特别因为暹南历来盛产兽皮、锡，而这些乃是长崎市场的畅销商品。②

　　17 世纪和 18 世纪初的不同时期，暹罗属邦北大年融入了闽粤商船经营的活跃贸易。作为荷兰人眼中"通往中国和日本的门户"，③北大年允准华人在此贸易，并享受豁免帆船所载土产税收的特殊待遇（早在 1566 年臭名昭著的中国潮州海盗林道乾及其部众盘踞此地时，这一惯例即已获承认）。④ 17 世纪，除了荷兰人的交易，北大年的对日贸易掌握在日本人和闽

---

① 我们应注意到，从 1720 年代开始，中国对暹罗大米的需求量日益增加。对此，雍正帝下旨，允准华人经营暹罗船。其理由显然在于，这些人长期居于暹罗，朝廷本应展现宽大之恩典。尽管 1717 年禁令试图阻止华人前往东南亚贸易，但这一谕旨仍得以颁行。

② 除兽皮外，暹南出产的下列货品在日本、中国市场都卖得好价钱：胡椒、锡、蜂蜜、燕窝、虾米、牛角和蜡。西川求林斋『增補華夷通商考』滝本誠一编『日本經濟大典』卷 4、331 頁。

③ Larry Sternstein，"'Krung Kao'：The Old Capital of Ayutthaya,"*The Journal of the Siam Society*，Vol. 53，Part 1（January 1965），pp. 83 – 121. 13 世纪以来，北大年一直是暹罗的属国。同时，它还向中国进贡，如 1634 年。许云樵：《北大年史》，第 8～11 页。因此，清廷将其归为"隶暹罗助贡国"。屈大均：《广东新语》卷 15，第 32b～33a 页。

④ 李长傅：《中国殖民史》，商务印书馆，1937，第 142 页。

南人手中。① 随着暹罗与日本关系的破裂，北大年对长崎的贸易实际需要中国船来推进，它们将北大年土产转运到日本港口。金泽兼光所编之《和汉船用集》（1761 年刊印）一书对北大年描述道，其地并不直接派船至日本，而是由抵港的华人将土产运到长崎。② 西川求林斋在大约半个世纪前的著作中也评论说，抵达北大年的中国船被称为"大泥船"，当地人并未派出自己的船只。③ 据说，1648 年第一艘"大泥船"已到长崎开展贸易。

根据《华夷变态》的风说书，北大年与长崎之间通常的贸易方式是，福建、浙江来的华船先驶至北大年，卸下中国货，换取当地货，再招募一批新船员，然后起航赴日本。④ 有时，这些中国船抵达北大年后，也将船卖给当地华人。就像大城船一样，北大年船到达长崎后须向奉行汇报通商情况。总而言之，北大年往长崎贸易的船只不少于 18 艘，其中大多于 17 世纪最后 20 年抵港。⑤ 这一时期，清廷放宽了贸易限制，浙江、福建商人得以顺理成章地行船北大年、日本。

特别在 17 世纪最后 20 年，北大年北部的宋卡港也在中暹日三角贸易中发挥着作用。其所产燕窝、锡、虾米、兽皮、海

---

① 许云樵：《北大年史》，第 106 页；Anderson，*English Intercourse with Siam in the Seventeenth Century*，p. 53.
② 金澤兼光編集『和漢船用集』三枝博音編『日本科学古典全書』第 12 卷第 3 部、朝日新聞社、1943、200 頁。
③ 西川求林齋『增補華夷通商考』滝本誠一編『日本經濟大典』卷 4、331 頁。
④ 见 1699 年北大年船呈递的风说书，收入林春勝・林信篤編、浦廉一解説『華夷變態』下册、1944 頁。
⑤ 陈荆和在《清初华舶之长崎贸易及日南航运》（《南洋学报》第 13 卷第 1 辑，1957 年 6 月，第 9～10 页）中说，1648～1700 年，停靠长崎的北大年船共计 48 艘。

参和棉花实乃华商尽人皆知的贸易品。① 但是荷兰人开拓了对日贸易关系，他们在当地设立了商馆，并试图将竞争对手英国人、华人排挤出北大年和宋卡。② 然而，在往北大年贸易的途中，闽南人也顺路造访宋卡做买卖，且在宋卡与长崎的直接贸易中，他们逐渐取代了荷兰人的地位。这一点与北大年至长崎的贸易情形相同。按照惯例，福建商人一般在宋卡采购兽皮，然后北航，途经厦门时买进另一种货物——蔗糖，最终驶往长崎将两货售出。除了闽商，邻近的广东潮州船商也不时从事宋卡的三角贸易。但总体而言，像北大年一样，浙江、福建商船占有举足轻重的地位。③ 在宋卡船对日贸易的 20 年中，共有 7 艘船记载在册。

洛坤（那空是贪玛叻，或简称那空）是暹南的另一个重要港口，④ 在中暹日三角贸易中也占有一席之地。⑤ 此地邻近南部港口宋卡、北大年，较易受它们影响，且物产相似，故而得以

---

① 魏源：《海国图志》卷 9，第 5a 页，光绪二年平庆泾固道署重刊本。上品虾米可于此地购得。

② Anderson, *English Intercourse with Siam in the Seventeenth Century*, p. 242. 1680 年，为了削弱荷兰人在暹南的影响力，那莱王甚至将宋卡提供给法国人做基地。

③ 1697 年的风说书，收入林春胜·林信笃编、浦廉一解说『華夷變態』下册、1881 頁。

④ 洛坤亦作六坤、六昆、六崑、陆昆，或误作六甲、六毘、亦坤。在本书中，除引用外，均译为"洛坤"。陈佳荣等编《古代南海地名汇释》，中华书局，1986，第 221～222、1003 页。——译者注

⑤ 洛坤是暹南历史上首屈一指的宗教、政治中心，与邻近地区和中国的贸易源远流长。早在唐代，中国帆船就抵达此地。马可·波罗（Marco Polo）到访时，它已是东亚海域引人注目的海港。สวัสดิ์ รัตนะสวัสดิ, ประวัติศาสตร์เมืองนครศรีธรรมราช, ตำนานพระบรมธาตุ, ค.ศ. 1973, หน้า1-2. 洛坤与日本关系的一个重要史实在于，1620 年代效力于暹廷、大名鼎鼎的日本雇佣兵山田长政曾短期担任洛坤府尹。其时，洛坤有一个主要从事对日贸易的荷兰人聚居区。因此，我们得以注意到日本人与荷兰人之间的亲密关系，而这无疑是影响洛坤商业繁荣的主要因素。同前书，第 15～16 页。

从两港的繁荣中分一杯羹。同样，17 世纪最后 20 年，中国来的华船常常先抵洛坤，后续航至日本，因而被称为"六坤船"。在《通航一览》中，早川纯三郎云："唐人至此国（原文如此），购其物产，遂扬帆北行，而至长崎，其船即世人所称之六昆船。"[1] 18 世纪初，西川求林斋写道："此国（原文如此）之船，从未涉险赴日；惟唐人至此，驾船而来。"[2] 从 1693 年一艘洛坤船呈递长崎奉行的风说书中，我们发现，每年有一两艘中国船与洛坤进行贸易。[3] 而就洛坤船的对日贸易而言，据说始于 1660 年代，当时福建、浙江的华船驶来洛坤，购得当地土产后销往日本市场。[4] 如同北大年船和宋卡船，洛坤船属中国私商，而非暹廷所有。因此，在风说书中，我们未见暹人官吏随暹南船北抵长崎的记载，这一点与大城船截然不同。

外国人青睐几种日本货物，特别是白银和铜。直至 1720 年代，中国都试图进口日本铜来铸造钱币，以便弥补云南、四川和广东铜矿供应之不足。华商尤其浙江、苏州商人将绫罗绸缎、蔗糖、药材、书卷和刺绣运至长崎换取铜。而福建、浙江的其他商人则前往东南亚，收购兽皮销往日本市场，其情形与洛坤船、宋卡船、北大年船相仿。[5] 因国内消费与转口贸易之需，暹罗以同样的方式，派船冒充唐船驶抵长崎，进购贵重之物——日本铜。清廷废除海禁后，赴日华船日益增加，以至于

---

① 早川純三郎『通航一覽』卷 267、527 頁。
② 西川求林齋『增補華夷通商考』滝本誠一編『日本經濟大典』卷 4、331 頁。
③ 林春勝・林信篤編、浦廉一解説『華夷變態』中册、1596 頁。
④ 与北大年船、宋卡船一样，有关洛坤船活动的风说书也是由经营其间的华人海员透露的。他们此举并不会卷入任何纠纷。1684 年前，清廷严禁民间赴海外贸易，故而其时华人必定秘密推进上述贸易活动。
⑤ 根岸佶『合股の研究』東亞研究所、1943、492 頁。

日本铜（及银币）严重外流。德川幕府对此深感震惊，寝食难安。1685 年，幕府推行限制之策，华船贸易岁额定为银 60 万两。① 此外，幕府下令，禁止包括铜币、银币在内的所有铸币出口，且只有散装精铜之类商品方可出口。

上述政策对暹罗海运产生了消极影响。次年（1686），暹罗派船队赴长崎，其中一艘帆船遭风漂失，余船获准出售一部分货物，所得恰好可偿付返航的花销。同年，其他两艘暹罗船向大城禀报，它们在日本获得的利润与此相差无几。② 不过，暹罗与日本的贸易仍得以继续维持。当时的观察家，如德・肖蒙（de Chaumont，1685～1686 年访暹的法国使臣）和西蒙・德・拉卢贝尔都提到，暹罗继续进口日本铜，尽管其数量肯定比以往少得多。

与此同时，中国船驶往日本的高潮催生了另一个问题——走私和非法贸易。自 1630 年代日本锁国起，这一问题便已存在。九州和邻近长崎之地是这种违法勾当的老巢（当然，《华夷变态》的风说书并不会存留华船涉足其间的蛛丝马迹，但这种可能性并非无中生有，甚至对暹罗船亦然）。1689 年，为了加强监管，幕府规定，到长崎贸易的华商须集中居住于唐人馆。同年，幕府出台政策，对各地获准到长崎进行贸易的华船的起航时间和数量加以限制：①春船（允准在春季贸易之船）20 艘，包括南京 5 艘、宁波 7 艘、普陀山（浙江）2 艘、福州 6 艘；②夏船 30 艘，包括南京 3 艘、泉州 4 艘、宁波 4 艘、漳州 3 艘、巴达维亚 2 艘、柬埔寨 1 艘、普陀山 1 艘、厦门 5 艘、北大年 1 艘、福州 4 艘、广

---

① 陈荆和《清初华舶之长崎贸易及日南航运》（《南洋学报》第 13 卷第 1 辑，1957 年 6 月，第 4 页）认为这反映了华船到长崎贸易的高潮：1685 年 73 艘，1686 年 84 艘，1687 年 115 艘，1688 年 117 艘。

② Satow, "Notes on the Intercourse between Japan and Siam in the Seventeenth Century," *Transactions of the Asiatic Society of Japan*, Vol. 13 (1885), pp. 179 – 180.

州 2 艘；③秋船 20 艘，包括南京 2 艘、交趾 3 艘、暹罗 2 艘、高州 2 艘、福州 3 艘、宁波 1 艘、广州 4 艘、东京 1 艘、潮州 2 艘。因此，每年获准来长崎的华船数量限定为 70 艘。奉行还给华船发放信牌，使之日后在相应时限内据此来长崎贸易。[1]

这一控制华人海运的举措让三角贸易的正常发展成为泡影，毕竟这与清廷在处理外国朝贡贸易过程中建立的制度类似。尽管至 1698 年，幕府将每年允准来长崎贸易的华船数量放宽至 80 艘（增加了 10 艘），但是，其对熟铜的出口量仍施行限制，每艘华船所运载熟铜的折算值不得超过银 2000 两，纵然这个数值实际至少相当于 1685 年规定的两倍。[2]

到 18 世纪初，日本的铜产量接连吃紧，严重下降。这一问题使幕府进一步限制铜出口成为必然。宋卡船和洛坤船首当其冲，此后它们对日贸易的记载烟消云散。北大年船紧随其后，1709 年后也面临相同的境遇。1715 年，幕府又制定了一系列新的限制政策，即通称之"正德新例"，规定了荷兰船和中国船（包括由中国大陆驶来的口船和由东南亚航来的奥船）的数量、载重量和贸易额。每年获准前来贸易的华船总数限定为 30 艘（减少了 50 艘），贸易额上限为银 6000 贯，铜输出量不超过 300 万斤，[3] 其

---

① 陈荆和：《清初华舶之长崎贸易及日南航运》，《南洋学报》第 13 卷第 1 辑，1957 年 6 月，第 4 页。

② John Hall, "Notes on the Early Ch'ing Copper Trade with Japan," *Harvard Journal of Asiatic Studies*, Vol. 12, No. 3 - 4（December 1949），p. 454.

③ 原作"贸易额上限为铜 6000 贯"，据陈荆和《清初华舶之长崎贸易及日南航运》（《南洋学报》第 13 卷第 1 辑，1957 年 6 月，第 5 页）、刘序枫《清康熙—乾隆年间洋铜的进口与流通问题》（汤熙勇主编《中国海洋发展史论文集》第 7 辑上册，中研院中山人文社会科学研究所，1999，第 97、143 页）、王来特《德川幕府在信牌事件中的反应：正德新例再解读》（《历史研究》2013 年第 4 期，第 181 页）改为银 6000 贯，铜输出量不超过 300 万斤。——译者注

中暹罗每年 1 艘运铜船，贸易额为银 300 贯。[1] 北大年、宋卡、洛坤来船根本入不了幕府的法眼，未得一点贸易额。此新例一出，暹罗的海运日益减少。如前所述，在 1800 年代，暹罗海运已开始衰落。另外，1715 年后，幕府再次对暹罗船的贸易银额、铜输出量进行调整，分别削减至 150 贯、36000 斤（1715 年的定额是 63000 斤）。[2] 而就华船的总体情况而言，1717 年，其船数暂时增至 40 艘，贸易银额升至 8000 贯，但此后两项都有所缩减。1719 年，华船数量减至 30 艘，贸易银额退回至 1717 年的一半（即 4000 贯）。[3] 当幕府不断收紧暹罗的铜进口量时，后者开辟了新的中国来源（即使其产量不太大）。早在 1683 年，康熙帝就已禁止铜出口。[4] 但华商重启东南亚贸易后，中国铜即源源不断地流入该地。

　　行文至此，简要考察一下暹罗从事三角贸易的利润率，乃是题中应有之义。从一开始，我便胸有成竹地认为，暹罗船和中国船均参与了诸多贸易，以使冒惊涛骇浪之险和远涉

①　其他华船的数量和贸易银额为：南京 7 艘、普陀山 1 艘、宁波 5 艘，每艘 200 贯；广南、巴达维亚各 1 艘，每艘 300 贯；厦门 2 艘、台湾 4 艘，每艘 130 贯；广州 2 艘，每艘 250 贯；温州、舟山、福州、漳州、东京、柬埔寨各 1 艘，每艘 200 贯。『長崎市史』、338 - 340 頁。1723 年后，在《华夷变态》中有关暹罗船的记载戛然而止。此后，三角贸易成了偶然之举，时断时续；到长崎贸易的暹罗船仅见于 1745 年、1751 年、1752 年、1753 年、1756 年、1758 年、1759 年、1760 年、1763 年。显然，其时德川幕府已不再重视从抵达长崎的外国船只收集情报。
②　三木榮『日暹交通史考』、376 頁。
③　山脇悌二郎『長崎の唐人貿易』吉川弘文館、1964、164 - 165 頁。至 1732 年，只有 29 艘华船获准到长崎贸易；1736 年减至 25 艘。1790 年后船数减为 10 艘，贸易银额不及 3000 贯。好在 1725 年后，中国国内的铜产量明显增加，其对日本铜的依赖才得以降低。
④　陈昭南：《雍正乾隆年间的银钱比价变动（一七二三——一七九五）》，中研院经济研究所，1966，第 42 页。

重洋之航物有所值。昭示这种贸易之盈利程度的数字，我们
难觅其踪。然而借检视表4-1，我们得以构建基本认知。该
表展现了广州和日本若干商品的价格差异。暹罗船及其他从
事三角贸易的船只，多半在途中停靠中国港口，以收购另一
批货物销往长崎。表格所示大多数商品的巨大价格差，说明
当时的对日贸易确实有利可图。① 如果德川幕府没有实行严格
的限制，那中暹日的三角贸易将会继续发展壮大，至少会维持
更长一段时间。

表4-1 18世纪初广州和长崎若干商品的价格差异

单位：银两/担

| 品名 | 广州原价 | 长崎售价 |
| --- | --- | --- |
| 白糖 | 1.6 | 4.5 |
| 红糖 | 0.9 | 2.5 |
| 沉香(一等品) | 90 | 410 |
| 铁 | 1.6 | 4.5 |
| 白铜 | 2.8 | 5.5 |
| 槟榔 | 0.144 | 1.6 |
| 黄蜡 | 12 | 40 |
| 水银 | 40 | 115 |
| 南京生丝 | 125 | 230 |

资料来源：Jacques Savary des Bruslons and Philemon Louis Savary 著「清初廣東貿易に關する一資料」、54 頁。

在三角贸易中，有时中国船先到日本贸易，然后南航暹罗，
再返程回华。这类船只通常会造访大城。华船究竟多么频繁地

---

① Jacques Savary des Bruslons and Philemon Louis Savary 著「清初廣東貿易に關する一資料」、54 頁。

以上述方式经营三角贸易，相关史料阙如。但万幸的是，我们检得 1684 年中国海禁废除前后此类航行的一条记载，表明了三角贸易的规模。

我们在此讨论的是一艘名为"东本鸟"的台湾鸟船，船员共 83 人，船主为刘国轩。该船从台湾驶往长崎，装载白糖 2050 担、冰糖 150 担，在日本市场共售得银 13520 两。扣除所食粮蔬及船员酬劳 3518.5 两，余银（10001.5 两）用来购买红铜、金版茶、砧京酒、柿果、栗子、酱瓜、豉油、墨鱼、鱿鱼，运往暹罗市场发卖。除存红铜 160 箱（16000 斤）外，其余卖得 8312.775 两，扣去粮蔬及船员酬劳 1529.255 两，实存 6783.52 两。后刘国轩令该船从大城驶回厦门。该船遂买置苏木 120000 斤，锡 40000 斤，象牙至少 668 斤，胡椒 1300 斤，铅 26480 斤，安息香 850 斤，燕窝 367 斤，豆蔻 50 斤，布匹若干（存银 2.59 两，红铜载回厦门）。船员也购买了一批货物，包括苏木 25000 斤，锡 9500 斤，玉米 2500 斤，虾米 1500 斤，檀香 1500 斤，降真香 1000 斤，存红铜 15 箱 1500 斤。该记载未提及此船最终在厦门赚得利润多少，也未提及其从台湾起航时投入成本几何。①

华人对暹日贸易的掌控达一个世纪以上，而这得益于暹廷通过加强王室贸易垄断而给予华人的支持。华人经营其间，使暹日贸易及经由中国港口的中暹日三角贸易的延续成为可能，而这种三角贸易也牢牢掌握在华人手中。从三角贸易中，我们可挖掘到有关亚洲（东亚海域）政治、经济情况的大量史料。暹廷和华人（私商及效忠暹王者）自身的记载寥寥无几。幸亏幕府致力于收集情报，我们才能获悉其他记载未提及的诸多历

---

① 《明清史料·己编》第 7 本，第 626b～627b 页。

史详情。借由共同的经济合作，三角贸易（尤其在 17 世纪最后数十年）大大加强了暹罗与中国（特别是广东和闽南）之间的经济联系，且有助于促进两国后来（18、19 世纪）的贸易关系。

# 第五章　第二次海禁的废除与大米贸易的作用

　　清廷面临的闭关自守的基本问题,在于政治愿望与经济现状的矛盾。1727 年,中国粮食大面积歉收,民众苦不堪言,哀鸿遍野。与此同时,1717 年便已实施的东南亚游历、贸易禁令也土崩瓦解了。① 福建总督高其倬认为,贸易和移民有利于激发民众开拓新的谋生之道,遂奏请雍正帝重开福建与东南亚的贸易。其理由有二:第一,东南亚贸易将充实省库;第二,国外运来的米粮也可缓解国内大米短缺的境况。清廷有必要权衡这两个因素。② 另外,他强调东南亚海运将有益于闽省尤其沿海民众的生计。因每艘船可载百人,其本人不食本地米粮,又得银归养家属。他也很有说服力地论证道,东南亚皆产米之地,不借资于中国,故而朝廷对大米走私的担忧不足虑。③ 最后,高氏提及,即使海外贸易本质上使富人受益,④ 闽粤百名贫苦

---

① 例如,1726 年,福建巡抚毛文铨上奏,当地商人以澳门为换货之地,从暹罗走私铅、锡到闽省,雇小船搬运至泉州。故宫博物院编《文献丛编》,国风出版社 1964 年影印本,第 325~326 页。

② Hughes, *Amoy and the Surrounding Districts*, p. 106.

③ 《高其倬》,清史馆编《清史列传》卷 14,中华书局,1928,第 45b 页。

④ 仅帆船的建造就需要大量资金,每艘大船耗资达银近万两。道光《重纂福建通志》卷 230,第 4191 页。

农民也可得沾余利。漳州、泉州的贫苦民人将大有谋生之业，[①]主要由经济衰退和失业导致的海盗、土匪问题将迎刃而解。总之，他主张重开与东南亚的贸易，确于地方有益。兵部奉旨议复，建议如高氏所请，重开海上贸易。[②] 随后，雍正帝批准了这一建议，由此1684~1717年初步发展的厦门与东南亚的海上贸易得以恢复，并真正维持了40余年。休士写道："皇帝准其所奏，从那时起，福建与南洋（东南亚）的贸易便一派生机。"[③]

不及一月，署理广东巡抚常赍也上奏雍正帝，恳请参照厦门当地商民重启到东南亚贸易之例，俯准广州一体开洋。像高其倬一样，他引述实情道，广东所产之米，即使丰收年岁也仅可供半年食用，且邻省广西的供给缓不济急。因此，赴东南亚贸易的船只以闽粤两省为最多，广州开洋将大大有利于粤省居民之生计，而当地商人带回米粮也有助于缺粮问题之解决。[④]两年后（1729），清廷又允准浙江、江南商民往东南亚贸易。这一允准主要得益于浙江总督李卫之努力。他在奏折中明言，福建已获准重新开始进口洋米（外国大米），而浙江洋面接连闽省，恐浙江奸商不择手段，经由福建冒险秘密前往东南亚贸易，不及稽查，以至于损失正常关税，故浙江也应一体重开贸易。

---

① 除与帆船贸易直接相关的营生外，高氏必定想到那些由帆船贸易推动的小产业，如福建内地的茶业，及邻省广东颇有发展势头的糖业和家庭手工业（例如最著名的粤东土布澄海布的制作）。陈达：《南洋华侨与闽粤社会》，商务印书馆，1938，第15~17页。

② Fu, comp., tr. and anno., *A Documentary Chronicle of Sino - Western Relations* (*1644 - 1820*), Part 1, p. 157.

③ Hughes, *Amoy and the Surrounding Districts*, p. 106.

④ 《文献丛编》，第327~328页。

李氏也引述道，浙江缺米，需依赖外国进口。[①]

康熙朝后期，随着乱世之后中国社会的生产力逐渐恢复发展，各地对重拾贸易跃跃欲试。因而，雍正朝中期东南亚贸易禁令的废除，乃是中国海外贸易复苏的标志。一时低潮过后，广东、福建及在某种程度上浙江与暹罗的对外贸易又得以迈步向前，加速推进。1729～1757 年，厦门、广州成为中暹海上贸易的中心。这两个大港养活了闽粤两省沿海的其他许多小港。在这些港口中，暹罗朝贡贸易（及暹方以此名义前来进行的贸易）和当地商人经营的贸易都非常活跃，以至于在 1742 年，闽浙总督估计，出洋贸易的厦门商船 70%～80% 驶往暹罗和马来半岛。[②] 据福建在籍侍郎、漳州本地人蔡新说，每年闽粤赴东南亚贸易的洋船不下 110 艘。[③]

实际上，与 1684 年前第一次海禁的情形相同，自 1717 年至清廷最终准高其倬所奏这段时间，中国的对外贸易仍在活跃地开展，其中一些贸易甚至得到了清廷的批准。日文史料已证实，当时中国船确实一直经营着中国、暹罗与日本之间的三角贸易。[④] 此外，因大米短缺，当允准某些中国船前往东南亚贸

---

① 刘建韶：《福建通志政事略》卷 14，第 22a 页，哈佛－燕京图书馆藏稿本；《世宗实录》卷 81，雍正七年五月辛酉，第 20b～21a 页；《明清史料·庚编》第 6 本，第 504 页。

② 该督那苏图还上奏，为还击东印度荷兰人虐待华人之恶行，朝廷应暂禁与巴达维亚之贸易，其他东南亚国家仍准往来，因其与中国一直保持着密切的贸易关系。《高宗实录》卷 176，乾隆七年十月庚寅，第 6 页。（据资料原文，似并非专指"厦门商船"。——译者注）

③ 光绪《漳州府志》卷 33，第 64a～65a 页。

④ 林春胜·林信笃编、浦廉一解说『華夷變態』下册、2988 页。例如，1723 年，一艘前往长崎贸易的中国帆船向奉行报告，去年行抵暹罗时，当地恰值大米丰收。

易时，雍正帝确曾展现出务实态度，意在购入粮食。① 1725 年，
他恩准厦门船出洋贸易，条件是返航时需按目的地和船只大小
酌量带回大米。表 5 – 1 正是随后实施的方案，昭示了带回大米
的不同数量。往暹罗之猪亚、洛坤、宋卡，马来半岛之丁加奴，
南洋群岛之苏禄，及安南贸易的中船，各船带米 100 石。② 这些
洋船一入福建海关，地方官即查验、注明大米数量，若有多余，
一并造报，并准许按正常时价发卖。如不足数，及有偷漏情弊，
官府将按接济奸匪例治罪。

表 5 – 1  1725 年厦门洋船运回大米数量

单位：石

| 前往贸易之地 | 大船 | 中船 |
| --- | --- | --- |
| 暹罗 | 300 | 200 |
| 巴达维亚 | 250 | 200 |
| 吕宋 | 200 | 100 |
| 柬埔寨 | 200 | 100 |
| 柔佛 | 200 | 100 |

注：往吕宋大船、中船带米原文分别记为 250、200 石，据刘建韶《福建通志
政事略》改。——译者

资料来源：刘建韶《福建通志政事略》卷 14，第 29 页。

1728 年，福建总督高其倬奏言，雍正五年十月至六年三
月，地方官至少批准 21 艘商船从厦门出洋前往东南亚贸易；当

① 王庆云：《石渠余纪》卷 6，第 12b 页。
② "石"作为大米体积单位时，与"担"不同。作者在书中将两者均译为 picul
（担），实不妥。据前人研究，前者应译为 shih。为严谨起见，译者根据史
料，或译"担"，或译"石"。详参 Han – sheng Chuan and Richard A. Kraus,
*Mid – Ch'ing Rice Markets and Trade：An Essay in Price History*. Cambridge, MA：
Harvard University Press, 1975, pp. 79 – 98. ——译者注

年六月末至七月季风到来时，其中 12 船已回厦，共计载米
11800 石（或平均每船 983 石），余系燕窝、海参、苏木、牛皮
各货。1726 年，福建巡抚毛文铨上奏，福建有甚多洋货行从事
海外贸易，彼等与外国商人声息极通，而这进一步证实了厦门
船的贸易活动。①

除此之外，高其倬等官员常常上奏朝廷，使其支持中国东
南沿海民众持续不断进行海外贸易的政见直达天听。时人蓝鼎
元撰文批驳了禁止东南亚贸易的错误论调，认为此举危及沿海
居民之生计，而中国米、船卖与国外之说并不属实，因为外国
船只比华船更坚固，造价也更低廉，而在 1717 年禁止东南亚贸
易之前，吕宋时常运米前来赈济福建。② 因此，在最终说服朝
廷改弦更张，摒弃隔绝外国立场的过程中，这些官员发挥了应
有的作用，功不可没。

归根结底，1720 年代至 1760 年代这一时期中暹贸易的重
生，大部分归功于中国东南之进口暹罗大米，此乃独一无二的
关乎第二次海外游历、贸易禁令废除最具体之要素。

## 大米短缺与人口增长

从国外进口粮食是清廷承认并正视国内经济困境的表现。
18 世纪初期数十年，中国东南的大米短缺问题严重，而清廷将
洋米视为重要的赈济来源。随着人口的增长，18 世纪初高昂米
价本身的波动问题变得越来越明显。雍正、乾隆年间，相关的
奏报数不胜数。根据德怀特·珀金斯（Dwight Perkins）的研

---

① 《高其倬（三）》《毛文铨》，《雍正朱批谕旨》，第 14 函第 5 册，第 126b ~
127a 页；第 2 函第 5 册，第 56b 页，乾隆三年内府活字朱墨套印本。
② 蓝鼎元：《论南洋事宜书》，《鹿洲初集》卷 3，第 3a ~ 5a 页，雍正十年刻本。

究，18世纪和19世纪初期，在中国的粮食运销模式中，东南沿海的广东、福建，及江苏南部、浙江北部（长江口）是主要的长期缺粮之地。[①] 虽然上述地方缺粮的原因多种多样，但它们无一例外都面临如下现实问题：人口压力，水稻种植方面的自然条件限制（包括适宜土壤的缺乏、饥荒和其他自然灾害等因素），及"不事生产"之非农人口的大量存在（如大批驻防的八旗军、绿营兵）。而大米短缺及粮价昂贵最根本的原因，实为18世纪中国的人口激增。有学者估计，1721年中国人口为1.05亿，1794年达3.13亿，增加了两倍；对比同时期俄国的人口数据，1722年1400万，1795年2900万，仅增加一倍而已。[②] 历经半个多世纪的乱世后，自清廷平定三藩之乱至雍正朝末年（1681～1735），其时国家安宁祥和、繁荣兴旺，故人口增速最快。雍正帝注意到大米问题，认定米贵主要因户口日增，粮食生产供不应求而起。[③] 其子乾隆帝继位后同样重视国内人口增长对大米供给的影响。实际上，在前工业社会，因实际状况如大米（中国东南和其他地区的主食）生产日益恶化，而当时尚不具备对其加以改善的技术，故人口增长问题不容小觑。

### 福建

福建或许是缺米最严重之地，特别当我们考虑到福建只有内地8府，不包括台湾岛（1684年才成为福建的一部分）时

---

① Dwight H. Perkins, *Agricultural Development in China, 1368 – 1968*. Chicago: Aldine Publishing Company, 1969, p. 144. 其他缺粮之地乃是京津地区。

② Louis Dermigny, *La Chine et l'Occident: Le commerce A Canton au XVIIIe siècle, 1719 – 1833*. Paris: S. E. V. P. E. N., 1964, pp. 66 – 67.

③ 罗尔纲：《太平天国革命前的人口压迫问题》，《中国社会经济史集刊》第8卷第1期，1949年1月，第44～45页。

更是如此。该省山多田少，其沙土不适宜种植水稻，更利于栽培根茎作物，如番薯。相对而言，邻近省城福州的某些地区较为富庶，而其他地区，尤其是闽南漳州、泉州二府种植水稻的土地不及半数。即使风调雨顺的丰稔之年，大米收成通常也不够半年食用，因此两府居民一般不得不依赖从海外进口粮食。[①]

此外，雍正年间，沿海土地海潮泛滥成灾，以至于当地饥荒长年累月存在。例如，雍正四年、五年，漳泉两府饥荒严重，饿殍遍野，百姓不得已多以树皮为食（乾隆年间也发生了类似的饥荒）。18 世纪初，福建人口已超 200 万（时人西川求林斋所记其时福建人口为 182 万、51 万户；显然他引用的是官府赋税记录之数据，而为了接近真实情形，我们增加了 10%）。到 1761 年，福建人口已超 800 万，增加了三倍，而耕地维持在每平方英里 174 人。尽管在某种程度上，每英亩土地的生产力可有所提高，但土地开垦并不能与此相符。雍正年间，福建人均耕地面积最少，为 9.1 亩（湖北最多，达 120 亩）。人口增长使耕地的缩水趋势有所加剧，而大量"寄生于"闽省大米供给的"不事生产"者的存在让这种形势雪上加霜。因闽南的战略位置重要，故从 17 世纪开始，一支庞大的军队便驻扎于此。雍正朝以前，全省绿营水陆官兵及驻防旗兵不下 10 万人。他们仰赖福建内地若干地区，亦即延平、建宁、邵武、汀州、兴化供给军粮。此外，这五府还需以余粮协济省内其他缺米之地。结果，内地大米根本不能满足军队的需要。除南澳外，其他地区的驻军通常只能征得一半米粮。从康熙朝末年至雍正朝，厦门地区大米供给不足之问题尤其突出，因该地颇具战略价值，供养着

---

① 成田節男「泰國華僑と米」『東亞論叢』第 4 輯、1941 年 4 月、313 頁。

大批驻军。① 18 世纪二三十年代，福建米价的总趋势是，漳州、泉州两地最贵，台湾最低，福州居中。②

## 广东

广东是中国少数能在一年之内种植双季稻的地区之一，③且人均耕地面积比福建多。④ 不过，这些优势已被各种各样的不利因素消弭于无形，而与福建大同小异。该省富饶的粮仓坐落在三角洲地区，包括高州、雷州等府。雍正朝初期，这些府千方百计地贮存了 30 余万石大米。然而，他们需供给本省其余大部分缺米之地。此乃千钧重负，困难重重，因为一则交通网作用甚微，运输不便；二则他们需顾及本地发生自然灾害（如水灾）的可能性。

---

① 安部健夫「米穀需給の研究—『雍正史』の一章としてみた」『東洋史研究』第 15 卷第 4 号、1957 年 3 月 31 日、163 頁；西川求林齋『增補華夷通商考』滝本誠一編『日本經濟大典』卷 4、299 頁；全汉昇、王业键：《清雍正年间（1723—35）的米价》，《中央研究院历史语言研究所集刊》第 30 本上册，1959 年 10 月，第 179、180 页。考虑到当时的技术水平和条件，9.1 亩乃在最低生活水平之下，其时全国人均耕地面积为 27.1 亩。道光《厦门志》，标点本，第 185 页；高崎美佐子「十八世紀における清タイ交渉史 - 暹羅米貿易の考察を中心として」『お茶の水史学』第 10 号、1967 年 12 月 15 日、32 頁注。

② 有学者分析，1723～1735 年，福州米价每石 0.9～2 两，台湾一般低 2 钱，漳州、泉州则高 2 钱至 1 两。安部健夫「米穀需給の研究—『雍正史』の一章としてみた」、173 頁。这反映出当时及后世福建大米供给的总体情况。厦门米价每石 1.4～2.3 两。《高其倬（三）》，《雍正朱批谕旨》，第 14 函第 5 册，第 63 页。至 1796 年，漳州米价每石 2.8～3.3 两。光绪《漳州府志》卷 47，1964 年台北影印本，第 43b 页。

③ Perkins, *Agricultural Development in China*, p. 163.

④ 23.7 亩（福建 9.1 亩），只是仍在全国人均面积 27.1 亩之下。18 世纪初，广东丁口至少 220 万，1720 年代约 250 万。全汉昇、王业键：《清雍正年间（1723—35）的米价》，《中央研究院历史语言研究所集刊》第 30 本上册，1959 年 10 月，第 179～180 页。

　　粤省每年产米 400 余万石，但只够供给半年之用。特别是广州、惠州、肇庆、潮州四府乃最缺米之地，其中潮州的情形或许最为棘手。例如，1727 年，潮州遭遇饥荒，潮阳县米价飞涨至每斗 1000 文。在此之前三年，潮州及其府属南澳的米价升到每石 2.8~3 两。① 全汉昇和王业键认为，雍正年间，广东米价以惠州、潮州为最贵，高州、雷州、廉州和琼州最廉，广州居中。其时，全省米价每石为 0.47~2.85 两，波动甚大。② 如在 1726~1727 年的饥荒年份，广州米价每石为 1.2~2.85 两，是平常价格的两倍。相对而言，广州的运销体系较为发达，其米价并未剧烈波动；而省内其他地区未能幸免，米价曾激增至平常价格的七倍甚至更高。然而，广州的形势依旧不容乐观，尤其是当广州城内及周边地区有大量"不事生产"的非农人口（兵士、贸易商、工匠）生活时更是如此。例如，佛山镇是一个蓬勃发展的商业区，对广州居民生计的维持至关重要，当地人主要从事棉纺织业、铸铁业和贸易。此外，广州每年必须向清廷上缴漕粮 120 万石（另加漕盐 2 万石），其中 3.2 万石（盐8000 石）截拨给驻防粤省的八旗军、绿营兵。③ 德怀特·珀金斯认为，18 世纪广东的米价大幅波动，因此一个倚赖经济作物的农民将失去积蓄和土地，而没有土地为抵押以获得贷款的农

---

① 安部健夫「米穀需給の研究―『雍正史』の一章としてみた」『東洋史研究』第 15 卷第 4 号、1957 年 3 月 31 日、165、162、191 頁。

② 全汉昇、王业键：《清雍正年间（1723—35）的米价》，《中央研究院历史语言研究所集刊》第 30 本上册，1959 年 10 月，第 160、164 页。约略同一时期，琼州府米价大概每石 1 两。

③ Captain Alexander Hamilton, *A New Account of the East Indies*, Vol. 2. London: C. Hitch and A. Millar, 1744, p. 238. 据汉密尔顿记载，这些漕粮通常由地方官府按照平粜制度，以每石 5 钱的价格出售，而非运至北京或其他地方。

民（过半是如此），要么栽种番薯，要么抱着谋生的一线希望逃往城市，抑或留在原地等死。[1]

## 浙江

尽管邻近江西富饶的稻米产区及交通大动脉长江，但18世纪初期数十年，浙江省仍然面临严重的缺米问题。[2] 1713年，据称浙江桐城米价每石3.3两，比福建、广东高得多。1717年，在一定程度上因当地华人从福建往吕宋、巴达维亚"猖獗"地走私大米，同时出于缓解浙江日趋严峻的缺米问题的需要，康熙帝严格限制浙江的出洋食米量。雍正初年，往长崎贸易的南京及他省船只都向奉行报告，本省大米短缺，且价格高昂。之后的乾隆年间，总体情况并未改善，甚至因长期饥荒而进一步恶化。1743年，据说江右之民取泥充饥，名曰"观音粉"。[3]

浙江大米短缺的原因与福建、广东相差无几，人口压力加剧了这一问题的严重性。浙江的土地已主要用于麻、棉花和桑树（养蚕）的种植，而它们显然比水稻有利可图得多。[4] 由此，我们不难理解粮食的大众消费与社会需求之间的微妙平衡，而人口骤增及自然灾害极易打破这种平衡。

在浙、闽、粤三省，官府通常用三种方法应对缺米问题：

---

[1] Perkins, *Agricultural Development in China*, p. 164.

[2] 如最晚回溯至1709年，绍兴就一直是缺米之地。王之春：《国朝柔远记》卷3，第9b页。

[3] 冯柳堂：《中国历代民食政策史》，进学书局，1970，第233页；林春胜·林信笃编、浦廉一解说『華夷變態』下册，2942、2988、2985、2983、2931页；道光《厦门志》，标点本，第476页。

[4] 安部健夫「米穀需給の研究—『雍正史』の一章としてみた」『東洋史研究』第15卷第4号、1957年3月31日、168页。

截留漕粮、禁止出口大米、设置常平仓。① 然而在缓解粮食危机方面，以上举措仍不够。显然，三省需发掘外部供给来源，以弥补国内之缺。官府遂转向两种外部来源——省际赈济和海外进口。虽然从长远来看，省际赈济对解决东南三省长期的大米危机至关重要，但海外进口亦是必不可少的补充。相对而言，后者是缺米之地更新，却更艰难的大量购粮之法。让我们先简要检视一下省际赈济。

## 省际赈济

　　福建经由水路寻求大部分省际大米赈济，而这种赈济有两个来源：长江和台湾岛的稻作区。江西的大米从陆路运来供给福建，但陆运不及水运盛行。早在 18 世纪初期，四川、湖广（湖南和湖北）、江西的米船便沿长江顺流东下，运抵苏州。而数万石大米由此地转运到福建沿海港口。苏州是长江流域最重要的粮市。到清代中期，对福建、浙江而言，苏州乃是举足轻重的大米集散中心，或因其地处长江口，而其时长江流域是中国首屈一指的大米产区及最大的大米出口区。1727 年饥荒时，福建官船和商船从苏州买回大米数万石。②

---

① Perkins, *Agricultural Development in China*, p. 164. 官府希望以截留定量漕粮的方式缓解省内的缺米问题。

② 全汉昇、王业键：《清雍正年间（1723—35）的米价》，《中央研究院历史语言研究所集刊》第 30 本上册，1959 年 10 月，第 183 页；全汉昇：《清朝中叶苏州的米粮贸易》，《中央研究院历史语言研究所集刊》第 39 本下册，1969 年 10 月，第 74~76 页；全汉昇：《乾隆十三年的米贵问题》，《中国经济史论丛》第 2 册，香港中文大学新亚书院新亚研究所，1972，第 554~555 页；《陈时夏》，《雍正朱批谕旨》，第 2 函第 3 册，第 39 页。（篇名原作《毛文铨》，据全汉昇《清朝中叶苏州的米粮贸易》第 76 页注二改。——译者注）

　　但是，这一来源本身可谓杯水车薪。为了荒年急需之时实行平粜，[①] 福建开辟更远的大米供给来源实属必要。1721 年，康熙帝下令从浙江运米 3 万余石至厦门，最终为福建全省所用；数年后，雍正帝也下令运米 2.4 万石分贮厦门、漳州、泉州、福州。[②] 是故，从浙江进口大米似乎主要是权宜之计。

　　福建收贮的绝大部分赈济米粮来自台湾，两地帆船航程仅有一天。因靠近缺米的漳州、泉州，故而台湾向闽南乃至福建全省供给大米看起来合情合理。但清廷施行的诸多限制之策，阻碍了不同时期台湾大米的顺利流动。第一，1683 年平定台湾后，清廷规定台米军用，因此其民用功能退居次席。清廷还进一步规定，其时台湾商船自台往厦，每船所带大米不得超过 60 石。第二，康熙末年，在一定程度上因台湾又爆发民变，清廷惊慌失措，遂采纳一些官员的建议，严禁台米出口，以稳定台湾米价。1717 年，清廷下令，不许台米出口，除非闽南饥荒之年不得已时才特许运送补给。福建总督、巡抚的职责在于确定所需米石数，然后通报台湾知府。米船由水师战船护送至厦门收贮，且最终粜卖。与此同时，地方官需对粜卖加以监管，并将交易详情呈报总督。伴随着这一限制政策，在康熙朝末期及雍正朝，运抵福建的台米基本上是兵米，至 1720 年代每年达 8.5 万余石；1739～1745 年，每年向福建驻军输送的台米达 8万～10 万石。不过，在大米极度短缺的年份，尽管难免时断时

---

①　平粜是粮食生产不足时传统的赈济之法，遵循存七粜三的原则，亦即官府出粜常平仓存粮 30%。至乾隆时期，出粜比例增至 50%。因常平仓设置于人口稠密的行政中心，故此法主要让城镇居民受益。事实证明，奸商与主管官员常常暗中勾结，滥用平粜制度，或囤积居奇，或中饱私囊。冯柳堂：《中国历代民食政策史》，第 110、253～256 页。

②　道光《重纂福建通志》卷 32。

续，但台湾商船仍运来若干大米赈济民众。例如，1729 年，台船带回 12 万余石台米售予闽省居民。[①]

1746 年，福建巡抚周学健奏请乾隆帝，允准商船将台米运往闽省各地官仓。此乃商运台米之嚆矢。次年，台湾岛正式成为福建管辖之地，民间商人又获准于每年十月起至次年一月止，领取官府执照前往台湾买米，若值台湾荒歉需米之年，商购与商运仍行暂停。[②] 当年，福建进口台米总计 20 万石。

但在 18 世纪，福建一直受大米短缺的困扰。到康熙朝末年，在耕地缩水、人口压力、饥荒、官府政策及落后的陆运方式等现实因素的共同作用下，这一问题越来越严重，福建也不得不将目光投向海外，拓展大米额外的供给来源。

同一时期，广东偶尔收贮长江流域余粮之地赈济的大米，但该省（特别是广州）主要依靠邻省广西。不同于长江下游的商业区，广东在歉收之年不能依靠长江上游富庶的稻米产区，只能退而求其次，寄希望于人口稀少而有一点点余粮的广西。诚如 1726 年广东巡抚杨文乾向雍正帝所奏，主要问题在于，陆运翻山越岭，输挽维艰，行程缓慢。不过，广东确实需要广西大米接济，故地方官必须完成这件苦差事。据 1737 年所奏，即使广东丰收时（有点靠不住），广西每年也向广州和珠江三角洲其他大城市供给大米一二百万石。从 1727 年一名广州官员的奏折中，我们可以窥见当时广州及其周边地区每年消耗大米情

---

① 王世庆：《清代台湾的米产与外销》，《台湾文献》第 9 卷第 1 期，1958 年 3 月，第 18、20、26、27 页；安部健夫「米穀需給の研究—『雍正史』の一章としてみた」『東洋史研究』第 15 卷第 4 号、1957 年 3 月 31 日、172 页；道光《厦门志》，标点本，第 185 页。

② 冯柳堂：《中国历代民食政策史》，第 234 页。

况之一斑，内言广州已从广西调运大米 30 万石，以弥补粤米
之缺。①

诚然，广西并非完全令人称心如意的粮食供给来源，可
以满足邻省广东日益增长的大米需求。一则按照荒歉时期确
保粮食储备的传统观念，将米粮逐年大量地增加运往他省，
广西对此绝非心甘情愿、毫无怨言。二则陆运成本高、风险
大。山路崎岖难行，野兽、盗匪出没，凶险非常，这些都让
大米运输成为问题，更别说长途陆运的平均耗费约比水运多
两倍。②

然而，广东其他缺米地区，尤其是粤东北的惠州、潮州较
少直接依赖广西大米。一方面，潮州帆船从琼州（海南）运回
大米，后者本身虽非有余粮之地，但可相对实惠地从高州、雷
州，及台湾、东南亚等富饶的粮仓采购大米。另一方面，潮州
从邻近的闽南尤其漳州府籴买大米以维生。闽南所买台湾大米
一般先贮存于厦门。1726 年严重缺粮之时，大量潮州人与总计
数万的福建内地民人一道前往厦门买米，由此越发抬高了本已
日益飞涨的米价。③ 所以，至少整个雍正朝，相比所能获得的
供给，潮州的大米需求无疑更高。潮州不得不从闽南购求大
米，而闽南本就急需大米——这说明，无论如何，中国东南沿

① Perkins, *Agricultural Development in China*, pp. 148、163；《杨文乾》，《雍正
朱批谕旨》，第 2 函第 1 册，第 39a 页（篇名、正文人名皆作"毛文铨"，
实为杨文乾。函、册为译者所增。——译者注）；安部健夫「米穀需給の
研究―『雍正史』の一章としてみた」『東洋史研究』第 15 卷第 4 号、
1957 年 3 月 31 、193 頁；《杨尔德》，《雍正朱批谕旨》，第 6 函第 6 册，
第 4b 页。

② Perkins, *Agricultural Development in China*, p. 141.

③ 安部健夫「米穀需給の研究―『雍正史』の一章としてみた」『東洋史研
究』第 15 卷第 4 号、1957 年 3 月 31 、164－165、192、172 頁。

海缺米之地的民众仍得以设法寻求邻近地区最低限度的接济
（幸亏水路可通行）。尽管优势明显，但在饥荒之年，粮市常
常不堪一击，以至于粮价猛涨。广州也紧邻水路，情况与此
相同。

浙江在一定程度上比广东、福建幸运，但无论满意与否，
也需依赖外部赈济。江西、安徽和湖广的粮船把米运到苏州，
成为浙江输入大米的主要来源（这一点显然类似福建）。荒歉
危急时期，浙江还从邻省福建（主要是台湾和福州）调拨大
米，1720 年代每年达数万石。这些米石乃是经皇帝恩准，为赈
济饥荒和平粜而运送。①

## 鼓励大米进口

面对长期大米短缺的黯淡前景，清廷出台了一系列措施以
控制局势。它鼓励民众开垦耕地，种植玉米、土豆和花生，此
为长久之计。而雍正、乾隆两朝，朝廷同时采用两种方法作为
短期举措——管控大米外流和鼓励进口洋米。

1683 年对外贸易首次获准进行时，清廷已制定条例，禁止
中国商船装载大米 50 石以上贩卖，违者没收其超额之米。之
后，清廷还规定了船员的食米量，每人每日准带大米 1 升，并
余米 1 升，以备恶劣天气或其他自然因素所致延期时食用。②
整个 18 世纪，这些官府条文都有效。1717 年，清廷再度施行
往东南亚贸易和游历的禁令。这一禁令持续了十年，表面上意
在抑制向吕宋、爪哇的帆船、大米走私，却反映出清廷日益关

① 《黄国材》，《雍正朱批谕旨》，第 3 函第 2 册，第 18a ~ b、20a、25b ~ 26a、
28a ~ b。
② 冯柳堂：《中国历代民食政策史》，第 233 页。

注东南沿海愈演愈烈的大米短缺，及由此而来的控制大米外流问题。

大约此时，中国人开始购求洋米。17 世纪末，如 1697 年，浙江、南京和潮州船只仍将大米运至长崎出售，并向奉行汇报当地粮食之丰收。[①] 但 18 世纪初的人口骤增使上述景象迅速成为过去。不过，据记载，直到 1710 年代，洋米才进入中国，系商人从吕宋带来，且主要运往福建。17 世纪晚期，陈懋仁在所著《泉南杂志》一书中言道："泉地……所借以裕地方者，全在海商。若一减价，商必走他郡趣厚利。"[②] 据当时的官员蓝鼎元所云，广东产米不多，福建"每岁民食，半借台湾，或佐之以江浙。南洋未禁之先，吕宋米时常至厦"。[③]

清廷首次提及进口暹罗大米是在 1722 年，亦即康熙朝最后一年。当年，全中国似乎都已笼罩在大米普遍短缺、米价惊人攀升的阴影中。[④]

早在 1670 年代，中国史料已记载暹罗稻米充裕。[⑤] 1679 年，英国东印度公司职员乔治·怀特评论道："该国（暹罗）是毗邻之地的大粮仓，世界上任何地方的大米都不如它丰裕，每年供应邻近的马来亚沿海，远至马六甲，有时甚至到爪哇，

① 林春勝・林信篤編、浦廉一解説『華夷變態』下册、1887、1892 頁。
② 转引自福田省三『華僑經濟論』巖松堂書店、1942、17 頁注。
③ 蓝鼎元：《论南洋事宜书》，《鹿洲初集》卷 3，第 4b ~ 5a 页。早在 1720 年代，菲律宾华人当中就已经有米商行会。Edgar Wickberg，"Early Chinese Economic Influence in the Philippines, 1850 – 1898," *Pacific Affairs*, Vol. 35, No. 3（Autumn 1962），p. 282.
④ 当时，停靠长崎的中国各港船只都向奉行报告中国米价昂贵。林春勝・林信篤編、浦廉一解説『華夷變態』下册、2931、2933 頁以降。
⑤ 王之春：《国朝柔远记》卷 2，第 14a 页。

亦即 1676～1677 年，荷兰人和他国之人到此装运大米。"[1]　17
世纪下半叶，归国的华人也提及暹罗盛产大米。例如，1690
年，暹罗唐船的华人船员向长崎奉行汇报，暹罗大米非常丰富。
他们解释说，因每年都有洪水，故暹罗人不需要担心下雨。水
稻如此易种，米价自然较其他国家低得多。[2]

　　早在 17 世纪末或 18 世纪初，暹罗人每年也用王船满载大
米前往长崎贸易。[3]　但到 1722 年，接到暹罗贡使的禀报后，康
熙帝显然才听说暹罗大米价廉。他随即允准，暹罗人可将稻米
30 万石，分运至广州、厦门、宁波贩卖，且不必收税。[4]　由于
内地商人往东南亚游历、贸易的禁令仍然有效，因此他下旨，
稻米需由暹罗船运来，并用内地斗量、银钱计算。载米到时，
他进而施恩，每石给价 5 钱，且免税。[5]　其时，中国的平均米
价每石最高约 1.8 两，最低 1 两。对于中方来说，采购暹米确
实是一笔赚钱的好买卖。

　　当暹罗人积极响应清廷首次提出大量运米的要求时，暹王

---

① James C. Ingram, *Economic Change in Thailand since 1850*. Stanford: Stanford
University Press, 1955, p.23. 一般说来，只有暹廷允准后，大米才能从暹
罗出口，因为大米是暹罗的主食。สงา กาญจนาคพันธุ์, ประวัติกานะค้าของประเทศไ
ทย, หน้า230.

② Ishii Yoneo, "Seventeenth Century Japanese Documents about Siam," *Journal of
the Siam Society*, Vol.59, Part 2（July 1971）, p.170.

③ 西川求林斋『増補華夷通商考』瀧本誠一編『日本経済大典』巻 4、
332－333頁。据西川氏记载，暹罗运至日本的大米都是精米。

④ 《圣祖实录》，转引自高崎美佐子「十八世紀における清タイ交渉史－暹羅
米貿易の考察を中心として」『お茶の水史学』第 10 号、1967 年 12 月 15
日、19 页。Paddy，源自马来语 padi（稻田），指的是未去壳的稻谷，即暹
罗人所称的 khao pluek。按照 19 世纪时的估计，1 石稻谷约相当于 0.7 石
精米。若这种算法也适用于 1722 年之例，那当时 1 石暹罗精米 2.85～4.25
钱，加上运费后可达 3～4.5 钱。不过，稻谷的保存时间比糙米更长，因此
更适宜帆船装运。

⑤ 梁廷枏：《暹罗国》，《海国四说·粤道贡国说》卷 1，第 68～69 页。

立即利用这一时机，恳请清廷允准，暹罗人有权在例贡使团之外从事两国之间的贸易。对此，康熙帝唯有准其所请，大批暹罗商船遂开始前往中国进行贸易。①

上述康熙帝之允准，开暹罗运米来华之先河。此后数十年，清廷收购了大量暹米。这一时期，中国市场对暹罗大米的需求名副其实，而暹罗本身国泰民安（通常与大陆东南亚国家的情形不同），暹罗诸王性情温和、平易近人，这些都表明暹罗堪当重要粮食供给者之重任。詹姆斯·英格拉姆（James Ingram）估计，1850 年，暹罗稻田总面积 580 万莱，大米总产量约 2320 万石，平均每莱约 4 石。假设主要耕种技术的变化微乎其微，且 18 世纪上半叶稻田总面积约为 1850 年的一半，那我们可以推测，当时每年的最高产量可达 600 万石。因当时的人口比 1850 年少得多，故暹罗每年向中国出口大米数十万石，这一点毋庸置疑。②

雍正时期，官府对暹米的兴趣不减，甚至进一步推动这项贸易。③ 康熙帝影响深远的定例施行两年后，广东巡抚年希尧奏报，暹罗已运米到粤，并入贡稻种。雍正帝赞赏暹罗此

---

① 高崎美佐子「十八世紀における清タイ交渉史——暹羅米貿易の考察を中心として」『お茶の水史学』第 10 号、1967 年 12 月 15 日、19、30 頁。此外，康熙帝下令，两艘暹罗船前因康熙五十六年（1717）禁洋被留，准交在广州的贡使带回。光绪《钦定大清会典事例》卷 511，第 52b~53a 页。

② Ingram, *Economic Change in Thailand since 1850*, pp. 8 – 9. 英格拉姆还估计，1850 年前后，暹罗每年人均食米量为 2.4~3.4 石。

③ 笔者这一观点与马克·曼考尔的论断，即"1722 年底皇帝（康熙帝）的驾崩，标志着百余年来对外贸易领域的试验和鼓励政策的终结"，有所不同，特别当曼考尔所指乃康熙帝进口暹罗廉价大米的试验时更是如此。Mark Mancall, "The Ch'ing Tributary System: An Interpretative Essay," in John K. Fairbank, ed., *The Chinese World Order: Traditional China's Foreign Relations*. Cambridge, MA: Harvard University Press, 1968, p. 89.

举，谕令地方官照广东时价，将米石速行发卖。① 在上谕中，雍正帝对此事另有表态。他下令，嗣后暹罗暂停运米，俟有需米之处，候其降旨遵行。② 这道谕旨似乎反映出，对于是否不定期依赖暹罗大米，雍正帝一时难以决断。尽管必定已意识到进口洋米的重要性，但如同此谕旨其他表态所昭示者，采取"等着瞧"的观望态度，或许是他保持选择自由的一种策略。

上述变动的原因可能有三：首先，雍正帝担忧，大米长途运送可能落入海盗及其他反清势力之手，他们仍出没于中国东南水域。③ 其次，雍正帝可能对依赖外国粮食的普遍看法半信半疑，这才暂停公运或官府制下的大米进口。最后，地方海关官员和其他省级高官或亦对不能让他们中饱私囊的公运大米之制颇有微词，尤其是当这些官员需定额进献朝中的恩主（特别是海关监督需时常"敲诈勒索"商人，以确保每年足额进呈京师恩主）时更是如此。④

虽然有上述谕令，但雍正帝提到，暹罗船只随带之压舱货物，正常情况下本应征税，此次恩准一概免征，而大米应立即

---

① 梁廷枏：《暹罗国》，《海国四说·粤道贡国说》卷 2，第 72 页。雍正帝写道："不许行户任意低昂。所奏每米一石，定价五钱，则贱买贵卖，甚非朕体恤小国之意。着行文浙、闽，此次已到之米，与该国现经发运续到者，皆照粤省一体遵行。"

② 梁廷枏：《暹罗国》，《海国四说·粤道贡国说》卷 2，第 72 页。

③ 安部健夫「米穀需給の研究─『雍正史』の一章としてみた」『東洋史研究』第 15 卷第 4 号、1957 年 3 月 31 日、192 頁。

④ 例如，1728 年，所运大米抵达厦门，地方海关违背朝廷颁行之暹罗大米免税的诏令，试图按每石 2～4 分或 20%～40% 的比例，征取大米进口税（根据内地运粮之税率，米每石征税 2～4 分，杂粮则每担征税 1 分 1 厘即 11%）。梁廷枏：《暹罗国》，《海国四说·粤道贡国说》卷 2，第 72 页；冯柳堂：《中国历代民食政策史》，第 246 页。

售卖。最后，对暹王不避艰险，长途运米来华，雍正帝深为嘉悦，故而法外开恩（与管控移民和海外雇用华人的定例相反），包括船长徐宽在内的96名华人船员可随船返暹，无须遣回中国原籍。雍正帝赋予此事以合理性，认为他们留居暹罗，历经数代，各有家室、亲属，实难勒令迁归。①

与此同时，雍正帝又谕令，对管理暹罗贡使之规定进行补充，亦即今后暹罗贡船的船长、番梢（外国船员）将各自参照与进京使团通事、从人同等之例，有权得到清廷的赏赐。虽然船长地位不能与贡使相比，但他载运米粮远来，应赏给绸缎10匹（1匹即40尺或约14.3米），再加赏布10匹。② 从上述谕旨我们了解到，尽管雍正帝下令暂停继续运米（仅维持数年），但他显然支持进口暹米的政策。其间最重要的事实在于，他承认大米贸易是朝贡贸易不可或缺的一部分。

暂停运米的诏令一施行，其不堪一击可谓一目了然。在接下来的两年中，福建、广东仍面临严重的饥荒，而暹罗显然正值丰收之季。在这样的情况下，清廷实难阻止暹米来华。1726年，暹罗两艘探贡船将大米运至中国售卖。虽先前有谕旨，但雍正帝采纳暹罗的解释，即二船由该国起行时尚不知悉此旨——这乃是无中生有的谎言，因为两年前谕旨已颁行，而中暹两国的航行时间最多只需数月。随后，考虑到二船航海远来，

---

① 梁廷枏：《暹罗国》，《海国四说·粤道贡国说》卷2，第72~73页。
② 梁廷枏：《暹罗国》，《海国四说·粤道贡国说》卷2，第74页。暹罗贡船船长经由广东巡抚感谢雍正帝优待之恩典。《史料旬刊》第7期，1930年8月1日，第天246b页。

雍正帝允准其卸下大米。[1]

1726 年，雍正帝下令，暂停公运暹米。[2] 但次年，他又招徕暹罗人及其他情愿者运米来华。雍正帝改变态度的缘由不难理解。前一年，福建刚遭受了一次严重的饥荒，而次年这一危机丝毫不减。福建及邻省广东的地方官（尤其福建总督高其倬）纷纷上奏，大米短缺急如星火。在表明邻省运米必然劳民伤财后，高氏向雍正帝建议，恢复东南亚大米进口可使大量米粮来华，同时给当地带来税源，因为东南亚市场将再次被征税。再者，在 1742 年的一份奏折中，两广总督回想起 1727 年广州地方官引述人口稠密、过剩的问题，成功奏请重开广州港，以便东南亚运米前来。[3]

雍正帝表明其支持恢复暹米进口的想法后不久，两广总督孔毓珣上奏，一艘暹罗帆船进入港口，其向船长言道："我天朝原无借尔国米石，皇上加惠远人。"暹罗人便回禀，因风色不顺，他们不得已驶入广州，来船三艘，两艘外洋漂失，运米利润有限，但他们深感皇恩浩荡。[4]

这份奏折的一些言外之意值得品味。首先，雍正帝欲继续从暹罗进口大米，即使他清楚地意识到免税让暹罗人受益。中方无须依赖暹罗的大米供应，只不过想彰显天朝之怀柔远人而

---

[1] Ishii Yoneo, "Seventeenth Century Japanese Documents about Siam," *Journal of the Siam Society*, Vol. 59, Part 2（July 1971）, p. 170；光绪《钦定大清会典事例》卷 510，第 44a 页。显然，中国是理想而潜在的巨大米市，这让暹廷热衷于大米出口。

[2] 光绪《钦定大清会典事例》卷 510，第 44a 页。

[3] 《史料旬刊》第 7 期，第天 248b ~ 249a 页；道光《厦门志》卷 7，第 3a 页；《高宗实录》卷 176，乾隆七年十月庚寅条，第 6a ~ 8a 页。

[4] 高崎美佐子「十八世紀における清タイ交渉史 – 暹羅米貿易の考察を中心として」『お茶の水史学』第 10 号、1967 年 12 月 15 日、19 頁。（此处实参考《史料旬刊》第 7 期，第天 248b ~ 249a 页。——译者注）

已。其次，暹罗船长提到，只运米前来，总是无利可图，故而有必要随船搭载其他货物（如极其畅销的苏木）用于销售，这样方能抵偿运费，有所余利。不过，只要中国的需求庞大，大米就仍是令人满意的商品。最后，船长也言道，其所运大米每百斤3钱，比1722年每石2~3钱高得多。18、19世纪，大米贸易瞬息万变，米价依暹罗的境况和中国市场的需求而定。暹罗稻米的丰歉之年，不论中国的需求多么大，米价都可能有天壤之别。其时，特定的运米明显并不顺利。看起来，大米已较易为中国人接受，由此反映出当时大米在中国东南的需求程度。

雍正帝允准暹罗运送大米态度的改变，促使次年（1728）另一船运米至厦门。清廷利用这一时机，重申1722年康熙帝诏告之管理暹罗运米定例，也宣布暹米免税将成为通行政策。[1]官府对税收特惠的认可，推动了暹米的进口。同年，礼部议奏，福建巡抚疏言，暹罗国王诚心向化，遣该国商人运载米石、货物直达厦门，请允其在厦免税发卖。该部建议，嗣后暹罗运米商船来福建、广东、浙江者，应一体对待，即不必上税。对此，雍正帝下谕，米谷免税，但其他随带货物须缴税。[2] 至乾隆朝初年，这一政策依然有效，只是在日益严峻的大米危机之下，免税额有所调整。

1728年，暹王（泰沙）另遣一船运米至广州。而1729年，另一艘载米的暹罗船抵达厦门，在港口所购返程的压舱货物获准免税。[3]

---

① 光绪《钦定大清会典事例》卷510，第44b页。
② 梁廷枏：《暹罗国》，《海国四说·粤道贡国说》卷2，第76页。
③ 梁廷枏：《暹罗国》，《海国四说·粤道贡国说》卷2，第76~77页。事实上，该船获准返程压舱货物免税（与前一年所颁行的除大米外，所有货物均须征税的政策相悖），只因其驶往厦门途中遭风。故而，免税可能是一种宽仁之举。

次月，暹罗朝贡使团来华，受到中方盛情接待，获赏厚礼，并获准购买（暹廷）喜欢的任何物件，包括马数匹（因具备军事价值，一般限制出口）。①

1730 年，暹米继续输往福建。因中国东南的大米需求日益增加，且暹米的丰产引人注目，所以直到雍正朝末年，暹罗人连续不断地派遣米船前来。② 估算雍正朝 13 年间暹罗运至中国的大米数量几无可能，毕竟缺乏可用的数据。一些学者推测，根据康熙帝 1722 年所提运米 30 万石至广州、厦门和宁波的要求，这个数量可能维持在一年至少 10 万石。如果我们赞同詹姆斯·英格拉姆所估计的 1850 年前的情况，即如果暹罗稻米丰收，暹王乐意运米，且附近国家（包括中国）有大米需求，那么暹罗每年可能出口大米数十万石，或可能多达 100 万 ~ 150万石，整个雍正朝时期的总数可能至少达到 100 万石。假设每艘船平均运米 5000 石（暹罗船通常较大，装载量不下 1 万石），那帆船总数约 200 艘，或每年平均 13 ~ 14 艘。虽然一年内官府只将数次暹罗海运记载在册，但上述数字似乎较为可信。19 世纪中叶，魏源言道，从康熙朝末年开始，每年有数十万石暹米运至福建、广东，以济民食。③

至少乾隆朝前十年（1736 ~ 1745），暹米持续流入中国，即使 1740 年荷兰人屠杀东印度的华人，清廷最初考虑重新对中国与东南亚的贸易施行海禁。广东、福建的地方官似乎反对再次推行这一政策。例如，两广总督庆复认为，中国可从东南亚

① 梁廷枏：《暹罗国》，《海国四说·粤道贡国说》卷 2，第 78 ~ 82 页。
② 梁廷枏：《粤海关志》卷 21，第 13b 页。亚历山大·汉密尔顿船长的观察与此相同。Hamilton, *A New Account of the East Indies*, Vol. 2, p. 160.
③ Ingram, *Economic Change in Thailand since 1850*, p. 24；魏源：《海国图志》卷 8，第 4 页。

购得大量大米，不应以此事件（通称"红溪惨案"）为由，完全禁止与该地区的贸易，因为不少广东商民依赖这一贸易。其时，东南亚米多价贱，据说每石仅 2.6 ~ 3.6 钱，许多商人带回数百石至数千石在广州粜卖，获利颇丰。每年外国船只也运来米粮，大大缓解了广东的粮食短缺状况。清廷又承认，中国东南急需余粮，东南亚可供应之。该政策继续鼓励东南亚诸国到中国贸易时运送大米前来。1742 年，乾隆帝谕令，为便利大米流动，所有东南亚米船将享受特定的关税优惠。①1743 年，当制订另一个计划以招徕海外大米进口时，清廷所展现的对所有暹罗米船的宽大之典达到顶峰。当年，有感于暹米持续流入福建、广东，乾隆帝下谕，自 1743 年开始，嗣后凡遇外洋货船来闽粤等省贸易，带米 1 万石及以上者，只收正常船货税的一半；带米 5000 石及以上者，只收 70% 。他还允诺，中国官府将料理此事，确保运来的大米照市价公平发粜。若在特定时间民间米多，不需粜买，官府将收买，以补常社等仓，或拨给沿海各标营，作兵粮之用，或二者兼而有之。朝廷将直接行文地方官，并宣谕暹王知之。②

1743 年，福建又逢歉收之年，地方官不得不前往米贱省份竭力采办米粮。③ 这或许是乾隆帝支持暹罗和东南亚其他地区运米来华的正当理由之一。不过，新的指导方针通常代表乾隆帝所鼓励之洋米进口规模的扩大。

---

① 《史料旬刊》第 22 期，1931 年 1 月 1 日，第天 804 页；《福建通志政事略》卷 14，第 29b 页；梁廷枏：《粤海关志》卷 8，第 10a ~ 12b 页。

② 梁廷枏：《暹罗国》，《海国四说·粤道贡国说》卷 2，第 91 ~ 92 页。尽管王锡祺所辑《小方壶斋舆地丛钞》（第 9 帙，第 4a 页）将船货税定义为"出口货物税"，但其同时指的是出口和进口货物税。

③ 冯柳堂：《中国历代民食政策史》，第 234 页。

1744 年，新政策让暹米继续运至厦门成为可能。①乾隆帝甚至做出更大的让步，以展现对暹罗运米的怀柔之典。例如 1746 年，福州将军兼管闽海关事务新柱上奏，当年七月，有暹罗商人方永利（华暹混血商人）一船载米 4300 石，又蔡文浩（也是华暹混血商人）一船载米 3800 石，并各带有苏木、铅、锡等货先后抵达厦门。新柱认为，两船因所载米石皆不足 5000 石之数，不符合关税宽减之特例，故应适当缴税。然而乾隆帝下令，两船航海运米远来，尽心竭力，慕义可嘉，其船货税应减免至少 20%，梁头税则减免 1/4，以示中方优恤、感谢之意。②

当然，如此特惠，清廷并未随意授予，而乾隆帝本人会对运米少于规定石数的船只进行核查。例如，就华暹混血商人王元正之米船停靠厦门一事，新柱上奏，该商船队由王氏管驾，还载有苏木、锡、铅等物，应征梁头税 1000 两，船货税 1100 两。然而王氏禀称，从前方永利、蔡文浩、薛士隆等船（总共 5 船），清廷均按减免两税的方式给予特别优待。后他们返回暹罗，将此事汇报国王，国王遂继续下令官运更多大米到福建粜卖，并恳请中方减征梁头税和船货税。因王氏运米来华，乃受此前清廷谕令之招徕，故其应有权享受类似的特惠待遇。新柱奏请乾隆帝，王氏所载米石数过少，因此根本不应得到减免税

① 高崎美佐子「十八世紀における清タイ交渉史 - 暹羅米貿易の考察を中心として」『お茶の水史学』第 10 号、1967 年 12 月 15 日、20 页。乾隆帝此时也留意到，暹罗船只源源不断地定期给福建供应粮食。魏源:《海国图志》卷 7，第 7b 页。（原作卷 5，核实后改。——译者注）

② 道光《重纂福建通志》卷 270，第 5131 页；《史料旬刊》第 14 期，1930 年 10 月 11 日，第天 508b～509a 页。与此类似，1740 年代，薛士隆（另一名华暹混血商人）一船所带米石少于 5000 之数，也受到清廷的优待。

收的照顾。① 乾隆帝准其所奏。

上文提到的从 1722 年开始的所有暹罗米船都与暹王之名紧密相连，也就是说，这 20 年内暹船的运米均已获暹王允准。看来，暹王和若干福建商人（留居暹罗或经常赴暹贸易）已充分利用清廷对大米进口的鼓励政策，且提出一种机制，以便福建商人以暹王的名义，将大米及其他货物运到广东、福建进行贸易（往浙江运米正式开始于 1729 年，重要性不及闽粤两省）。商人、国王可各分得一杯羹，或国王给予所雇商人报酬。

在正常情况下，官府向驶入厦门的外国船征收非常高额的税款。由于雍正帝、乾隆帝都制定了一系列免税、减税之策，因此他们肯定希望展示朝廷对参与解米粮供应燃眉之急的暹罗人的怀柔之典。当然，在这种机制下，我们无法准确计算暹罗人节约的成本，不过所得利润无论多少，明显给暹米或多或少连续不断向中国东南的流入提供了强大的动力。

1740 年代末，进口暹米似乎逐渐新增了一个维度：福建、广东和浙江华商的参与日益增多。中国的官方记载（地方官呈递的奏折和皇帝的谕旨）较为频繁地提及内地商人的作用；而与此相反，其间有关暹罗官商参与的信息则较少。有学者将此现象解释为，在供应暹米方面，暹罗人的作用相比华人黯然失色。② 但是，对于日益拓展的暹罗与中国的大米贸易而言，它并非预示着暹罗人的失势，而是意味着新增了一个维度，因为相对日益严峻的粮食形势来说，中国东南的需求有所增加。

1748 年后，中国各地尤其长江流域的米价高昂（主要因

---

① 《史料旬刊》第 14 期，1930 年 10 月 11 日，第天 508b ~ 509a 页。据王锡祺所辑《小方壶斋舆地丛钞》（第 9 帙，第 4a 页）所云，1729 年，清廷下令，外国船运米不足 5000 石，不须缴纳进口税，但须缴出口税。

② 在研究 17 世纪中暹大米贸易的论文中，高崎美佐子讨论了这一问题。

为人口增长）。1748 年，江苏、福建（厦门）等省因常平仓不能满足米粮需求发生民众暴动。全汉昇也说，与康熙、雍正年间相比，乾隆朝 1748 年后的米价昂贵得多。[①] 1748 年前，暹米（1722 年每石 3 钱，低于乾隆朝）一直保持实惠价（仅 2 钱左右），这无疑保证了暹米进口的持续增长。

从 1722 年康熙帝招徕 30 万石官运，至 1729 年雍正帝又允准内地商人赴东南亚贸易（由此废除了 1717 年康熙帝制定的海禁之策），其间暹罗运米的总体特征在于，所有合法的大米进口均由暹罗船完成（尽管实际由华人船员经营）。1727 年，中国首屈一指的港口厦门正式重开，内地商人得以经该港前往东南亚贸易。然而，厦门商人似乎较少涉足大米贸易，其中一个明显的原因是，官府并未对内地商人之运米来华给予类似的特惠。相比暹罗的华暹混血商人，这自然使厦门商人处于不利地位。在发轫时期，缺乏官方全力的支持或许是更为重要的原因。从 1743 年乾隆帝下诏给予运米而来的暹罗船只税收特惠开始，官方支持的缺失在某种程度上已显而易见。在诏令中，他也表达了对内地商人可能滥用这一制度的关切。为表明对华商的忧虑，乾隆帝道：“第恐内地奸商，希图宽免货税之利，将来偷漏出洋，复借此夹带货物，转载至口，捏称该国（暹罗）运来米石。”[②]

基于此，乾隆帝告诫地方官，应实力巡查，严核出入，以防内地商人钻朝廷给予运米来华之外国人税收特惠的空子。这种明显针对内地商人的“歧视”，与清廷的总体对外贸易政策有异曲同工之处。然而，清廷发现自己无力阻止内地商人从事

---

① 全汉昇：《乾隆十三年的米贵问题》，《中国经济史论丛》第 2 册，第 547 ~ 552、566 页。

② 转引自高崎美佐子「十八世紀における清タイ交渉史‐暹羅米貿易の考察を中心として」『お茶の水史学』第 10 号、1967 年 12 月 15 日、21 頁。

海外贸易，部分原因在于，大米短缺要求重开港口进口大米，并给民众提供谋生机会。另一个原因纯粹是清廷对机敏圆滑的中国东南商人，及中饱私囊、贪污腐败的地方官的纵容。结果，一段时间之后清廷不得不妥协。在这种对对外贸易周期性严厉警告的背后，是清廷以挑选、颁给执照、定期查验出海贸易船只的方式，管控内地商人活动的"良苦用心"（或许也是地方官"敲诈勒索"商人的一种策略）。1727年，官府授予若干厦门行商往东南亚贸易的垄断权。

尽管这些限制性条例迟早变成一纸空文，但清廷之"东南亚贸易鲜有或完全没有内地商人涉足"的政策，无疑阻碍了后者帆船贸易的正常发展。许多内地商人遂转而受雇于东南亚的金主，尤其是暹罗国王。

1739年，福建地方官上奏乾隆帝，东南亚大米丰裕、廉价，内地商人回国，买米压载与否，均听从商便。18世纪四五十年代，鼓励内地商人参与暹米运载的其他条件出现了。首先，1740年代初，厦门商人发现，暹罗盛产木料，易于建造远洋帆船。①福建巡抚陈大受上奏清廷，自乾隆九年（1744）以来，

---

① 事实上，17世纪的记载已留意到暹罗乃理想的帆船建造之地。1687～1688年，西蒙·德·拉卢贝尔提到，该国所产木料可用于建造中国式帆船、桅杆。Loubère, *A New Historical Relation of the Kingdom of Siam*, Vol. 1, p. 12. 1694年，英国东印度公司代表说，实际上，暹罗船只皆为华人所造。Anderson, *English Intercourse with Siam in the Seventeenth Century*, p. 22. 18世纪初期数十年，中国官员评道，包括暹罗在内的东南亚的帆船造价比中国低廉5～10倍。在中国，建造一艘普通大小帆船的耗银不下1万两；而在东南亚，一艘大船的耗银仅2000～3000两。除此之外，相比中国，东南亚造船，其材质更好，受到的限制更少。根岸佶『合股的研究』、485－486页。因此，1740年代厦门商人在暹罗所"发现"者，乃是对中暹贸易而言一直颇有发展前景的一种产业（即造船），且许多商人明显利用于运米至福建的商业活动中。

内地商人前往暹罗造船，并买米运回厦门，获利甚巨。事实证明，这种经营活动比暹罗本国商人运米前来更为便利。因此，他敦促朝廷，允准给内地商人从暹罗带回的新造船只颁发执照。[1] 意识到从暹罗进口大米的重要性，他还建议，内地商人往暹罗造船，不载大量暹米返回者应罚以重税。考虑到上述因素，对内地商人而言，运载暹米似乎是一项非常有利可图的商业活动。陈氏进而补充到，虽然暹罗产米甚多，但到此时为止，因获利甚微，内地商人鲜有兴趣。毫无疑问，他们未获税收特惠，根本不可能与获此特惠的外国船只竞争。[2] 起初，清廷将中国人的海外造船视为非法。但因福建、广东急需暹罗大米，清廷有条件地恩准了陈氏的奏请。[3]

就内地商人对暹船的经营和对暹米的运载，乾隆帝并未采纳闽海关监督的建议，后者认为内地商人用暹船运暹米是件好事。[4] 很明显，对于鼓励私商从事这一有利可图的贸易，乾隆帝仍心存疑虑，因为他接连收到内地商人猖獗走私、囤积大米的奏报，其间并未提到后者钻造船空子的可能性。这些活动在一定程度上是造成米价持续飞涨的元凶。

---

① 《高宗实录》卷285，乾隆十二年二月丙戌条，第6b~7a页。田汝康认为，华侨选择暹罗作为海外造船中心，原因有二。其一，暹罗盛产麻栗木，这是理想的造船木料。他参考19世纪初的估计，确定该木料的福建价格是暹罗的两倍。其二，华人与暹廷的互利共生关系，使其得以执暹罗造船业之牛耳，而这为华人的贸易事业营造了一个理想的发展环境。

② 《高宗实录》卷285，乾隆十二年二月丙戌条，第6b~7a页。

③ 次年（1748），福建巡抚潘思榘重申，福建商船往东南亚贸易，回棹时向例准其带运米石，进口发卖。当年六月和七月，16艘厦门船返厦，随带大米每船200~300石。闽南龙溪县船商何景兴往暹罗，买米1000石运回。潘氏称，所有大米都在厦门分发卖卖，于民食颇有裨益。然而，他并未提及赴暹贸易的内地商人是否带回新造帆船。《史料旬刊》第24期，1931年1月21日，第天878a页。

④ 冯柳堂：《中国历代民食政策史》，第234页。

在这种不确定性当中，沿海省份福建、广东的部分地方官公开主张借由官运经营与暹罗的大米贸易。1743 年福建歉收时，官府曾用这一模式，运送周边省份的大米用于赈济。因担忧大米走私出洋及其他流弊，清廷只许官船贩运，不准私商参与。① 其时，一些地方官认为，此法同样适用于暹米的运送。1751 年，福建巡抚潘思榘将此议上奏乾隆帝，言及福建、浙江需米孔殷，官府经营暹米运输，实际上可能更有益于民众生计。但乾隆帝担心，官办计划或将引起外国人的疑虑，暹罗人可能会乘势囤积居奇，或行敲诈勒索之能事，如此必致米价日益昂贵。他命闽浙总督喀尔吉善等，仔细斟酌考量此问题，一一详筹奏闻。② 不久喀尔吉善等奏称，暹罗幅员甚狭，人口稀少，余米无多，官府前往采买，难免直接居奇昂价，建议允准内地私商（而非官府）自行买运。③

对于官运大米的可行性，福建地方官的观点分为两派，明显代表各自的既得利益。乾隆帝本人更倾向于喀尔吉善所持之立场，亦即大米贸易继续由商人经营。其担忧主要在于，官运的滥用有碍于暹米贸易的开展。在官运反对者眼中，暹罗人乃机会主义者，随时准备以高得离谱的米价勒索中国地方官。但到 1753 年，乾隆帝似已下定决心，完全打消官运的念头。当年，暹罗使团来华进贡，而转任两广总督的喀尔吉善奏言，近年有商船带回暹米，有助于弥补当地的大米短缺。为补充常平仓，官府须派委专员前往直接买运暹米；但若招买商船所载海外之米，只可随到随粜，不能日久贮仓。因此，他及广东其他地方官断定，与其官买补仓，不如允准内地商人继续采买、运

① 冯柳堂：《中国历代民食政策史》，第 234 页。
② 梁廷枏：《暹罗国》，《海国四说·粤道贡国说》卷 2，第 96~98 页。
③ 《高宗实录》卷 396，乾隆十六年八月癸卯条，第 15a~16b 页。

载，随其多寡，皆有济地方民食，此举更有益、更实用。①

事实上，上溯至 1751 年，乾隆帝已指示福建地方官，应鼓励内地商人赴暹罗运米：其所运米数在 2000 石以上者，应给予奖励。乾隆帝认为，官运的代价确实过高，而暹罗人经营可能反复无常，难以信赖，故而鼓励内地商人赴暹贸易是最佳选择。不久之后，喀尔吉善上奏了一个方案，旨在招徕内地（福建）商人前赴暹罗，运米回闽，接济民食。带回特定米石数者，朝廷将赏给若干职衔。② 此议正合乾隆帝之意。1754 年，他批准了进口东南亚（直言即暹罗）大米的议叙之例（表 5 - 2）。

#### 表 5 - 2　1754 年福建议叙暹米进口之例

单位：石

| 运米量 | 对生监的奖励 | 对商民的奖励 |
| --- | --- | --- |
| 1500 ~ 2000 | 吏目职衔 | 九品顶戴 |
| 2001 ~ 4000 | 主簿职衔 | 八品顶戴 |
| 4001 ~ 6000 | 县丞职衔 | 七品顶戴 |
| 6001 ~ 10000 | 州判职衔 | 把总职衔 |
| 10000 以上 | 督抚酌量奖励 | |

注：所列实为乾隆三十年（1765）闽浙总督苏昌所奏变动后的福建议叙之例，1754 年议叙之例见本页注 2。《明清史料·庚编》，第 6 本，第 532b ~ 533b 页。——译者注

资料来源：冯柳堂《中国历代民食政策史》，第 226 ~ 227 页。

---

① 梁廷枬：《暹罗国》，《海国四说·粤道贡国说》卷 2，第 99 页。
② 生监运米 2001 ~ 4000 石者，赏给吏目职衔；4001 ~ 6000 石者，赏给主簿职衔；6001 ~ 10000 石者，赏给县丞职衔。总督也提出商民之例。商民买运 2001 ~ 4000 石者，赏给九品顶戴；4001 ~ 6000 石者，赏给八品顶戴；6001 ~ 10000 石者，赏给七品顶戴。高崎美佐子「十八世紀における清タイ交涉史 - 暹羅米貿易の考察を中心として」『お茶の水史学』第 10 号、1967 年 12 月 15 日、23 頁。

两年后，即 1756 年，邻省广东引入了类似的方案。其时，两广总督杨应琚上奏，粤省民众也需从海外运米粜济民食，故有权像福建一样获得奖励。乾隆帝遂下令，嗣后粤东商民自备资本，前往安南、暹罗等国运米回粤，按表 5-3 所示方案奖励。此外，运送超过所定最多米石数者，广东地方官可自行酌量另加奖赏，无须加给职衔、顶戴。各商运米到粤，即按市价出粜，不得囤积居奇。

表 5-3  1756 年广东议叙暹米进口之例

单位：石

| 运米量 | 对生监的奖励 | 对商民的奖励 |
| --- | --- | --- |
| 2000 以内 | 督抚酌量分别奖励 | |
| 2001~4000 | 吏目职衔 | 九品顶戴 |
| 4001~6000 | 主簿职衔 | 八品顶戴 |
| 6001~10000 | 县丞职衔 | 七品顶戴 |

资料来源：《明清史料·庚编》第 8 本，第 736b~737a 页。

我们可观察到一个共同的特征：纵观这一时期，在有关海上大米运输的议题上，清廷对福建的"优待"似乎多于其他省份（包括广东）。上述议叙之例表明，就进口类似米石数而言，福建商人比广东所得奖励更高。福建的大米需求更为急迫，自然更需奖励，在某种程度上这便是两省奖励差异的原因。[①] 然而同时，我们须考虑福建对 1720 年代初以来大米贸易的重要性。厦门是中暹大米贸易的中心，事实上也是两国一般贸易的中心。基于此，福建开政策、诏令之先河，

① 实际上，闽粤两省议叙之例并无差别。上文所引福建议叙之例有误，致使作者此处所言亦误。——译者注

乃是意料中之事。福建南部涉足国际贸易的商人和地方官必定积极地推动政策出台，以便利他们做生意。

议叙之例公布后，内地商人进口米石数的记载较少，但通过可资利用的史料，我们可获得新政策总体效果方面的大致观感。例如，福建巡抚奏报，1757 年，内地商人从东南亚共运回大米 52000 余石。①

1754～1758 年，福建商人买运大米进口，每年自 9 万余石至 12 万余石不等，这无疑是闽省民食的主要赈济来源。闽浙总督 1765 年评论道，大米贩运源源不断，有增无减，且确有相当成效。② 溯至 1759 年，闽浙总督杨廷璋上奏朝廷，强调议叙之例的必要性，认为此例有利于大米平稳流入中国。从这一奏折中我们也了解到，冒险前赴暹罗运米的内地商人须先领取官府执照。船只回棹厦门之日，海关及守口员弁将盘验米石数，并转报总督，后者随即檄行福建布政使饬照时价，就厦粜卖，以赈济漳州、泉州民食。不过，杨氏并未提及涉足大米进口的生监。

所以，至 1750 年代中期，亦即官府议叙之例生效仅数年后，内地商人进口洋米数已突破 10 万石大关。但是，如其快速上升一样，1757～1758 年后，运回米石数骤然下降，每年进口量从 9 万余石至 12 余万石不等，减少到 6 万余石至 1 万

① 其中商人庄文辉运米 3900 余石，赏给九品顶戴；而另一个商人方学山运回 5200 余石，赏给八品顶戴。《明清史料·庚编》第 6 本，第 525b～526a 页。福建巡抚进而上奏，1759 年，内地船只返回厦门，共运米 21200 余石，其中一人获赏九品顶戴。该船属船户金德春所有，叶锡会出资购米运回。《明清史料·庚编》第 6 本，第 528a 页。从厦门地区前往东南亚贸易的中国船只都以"金"为名。

② 《明清史料·庚编》第 6 本，第 532b 页。几艘船明显载米 2000 石以内，也获得了福建地方官的奖励。《明清史料·庚编》第 6 本，第 525b 页。

余石不等。到了 1759 年，如闽浙总督杨廷璋所奏言，大米贸易的衰落已显而易见。他便试图说服乾隆帝扩大议叙之例。1760 年代中期，闽浙总督苏昌上奏，洋米进口量已相当少，以至于不能满足闽南漳州、泉州二府民食的需要。尽管清廷规定，采购台湾大米赈济内地（此乃每年福建大米一半左右的供应源）的各船只准载 200 石，而采购东南亚大米运回者则不受数量限制（议叙之例增加所致），但东南亚洋米的经营已变得难以捉摸。①

苏昌分析了大米贸易衰落的原因。第一，东南亚产米各属年岁丰歉不齐，米价波动、增昂。第二，资本饶裕，从国外运米而来的少数商人已做成其生意，并已适时邀得议叙。其余资本不多的小商人买运有限，不得仰邀议叙，遂不热衷于投身大米贸易。因此，1759 ~ 1765 年，福建并无奏请议叙洋商之案。苏氏认为，相对而言，第二个原因是洋米进口下跌更为重要的因素。②

接着，苏昌奏称，大米至关重要，尤其漳州、泉州沿海之地较腹内更为紧要，需设法进一步鼓励进口洋米，否则大米短缺必将引起当地米价大幅上涨。他进而说道，1765 年，东南亚产米各国皆获丰收，米价平减，故应抓住时机，让当地民众从运米中受益。因此，他建议，若将 1754 年各商带运米石按数议叙之例，量为更定从优（亦即调低），那大小商人将踊跃筹措资本，并竭尽所能赴东南亚购买大米运回粜济。他也提议，在原定各职衔、顶戴外，商民加赏把总职衔，而生监加赏州判职衔。③

最后，苏氏建议，因洋行（开展海外贸易的商行）皆在厦

---

① 《明清史料·庚编》第 6 本，第 525b ~ 526a、532b ~ 533a 页。
② 《明清史料·庚编》第 6 本，第 532b ~ 533a 页。
③ 《明清史料·庚编》第 6 本，第 533 页。

门，故往东南亚贸易的福建船只皆起航、回棹厦门。其他港口不准收泊从事东南亚贸易的船只，唯有省城福州发挥东洋贸易集散地的作用。福州户口殷繁、田地无多，为维持居民生计须开放贸易，也急需大量进口洋米。[①] 乾隆帝批准了此议，以推动福建当地民众对东南亚大米进口之经营。

从1756年广东获准采用类似福建的议叙之例开始，当地大批商人也前往东南亚采购大米。因仅存部分记载可资利用，故以此方式进口粤省的确切米石数也不得而知。不过广东地方官奏报，1758年，商民自暹罗、柬埔寨及荷属东印度等共运回洋米24776石。表5-4所示即当年照议叙之例奖励的各商。

表5-4　1758年对广东洋米进口商的奖励

单位：石

| 商民 | 运米量 | 奖励 |
| --- | --- | --- |
| 南海县江珽 | 3840余 | |
| 南海县陈成文 | 3010 | |
| 南海县邱毓堂 | 2710余 | |
| 南海县陈观成 | 2300余 | 九品顶戴 |
| 南海县叶简臣 | 2660余 | |
| 南海县林孔超 | 2220余 | |
| 三水县郭俊英 | 2330余 | |

注："江珽"原作"江王廷"，运米量原作3110；郭俊英籍贯原作"南海"，核实后改。——译者

资料来源：《明清史料·庚编》第6本，第526b~527a页。

两广总督李侍尧奏称，除上述商人经营的7艘船外，尚有9艘帆船运米俱在2000石以内，所属各商获地方官酌量奖励

① 《明清史料·庚编》第6本，第533a页。

（并未给予顶戴）。粤海关及守口文武员弁仔细盘验运回米数，转报总督，后者随即檄行广东布政使，转饬各商，依照时价，就近粜卖，接济民食。据称，所有涉足其中的商人均自备资本，冒风涛之险购运。① 表 5 – 5 所示即另一组内地商人 1767 年运米回粤的有价值的数字，系由广东布政使司呈报清廷。

**表 5 – 5　1767 年对广东洋米进口商的奖励**

单位：石

| 商民 | 运米量 | 奖励 |
|---|---|---|
| 番禺县陆赞 | 2857 余 | 九品顶戴 |
| 南海县谢紫岗 | 2521 余 | 九品顶戴 |
| 澄海县杨利彩 | 2700 | 九品顶戴 |
| 澄海县（监生）蔡志贵 | 2200 | 吏目职衔 |
| 澄海县蔡启合 | 2200 | |
| 澄海县林合万 | 1800 | |
| 澄海县蔡嘉 | 2600 | 九品顶戴 |
| 澄海县姚峻合 | 2200 | |
| 澄海县陈元裕 | 2200 | |

注："谢紫岗"原作"紫岗"。——译者
资料来源：《明清史料·庚编》第 8 本，第 736b ~ 738b 页。

朝廷和地方官府都对这些奖励持赞成态度。他们都认为，大米进口甚有裨益，官方理应通过奖励自备资本从事贩运之商民的方式加以鼓励。广东显然不符合修订 1765 年朝廷所定福建议叙之例的条件，但正如 1754 年福建首次议叙之例，广东地方官也对运米 2000 石以下的商民给予奖励。②

如果上述内容可代表广东商人进口东南亚大米情况的话，

---

① 《明清史料·庚编》第 6 本，第 526b ~ 527a 页。
② 《明清史料·庚编》第 8 本，第 736b ~ 738b 页。

那么耐人寻味的是，起初绝大部分粤商来自广州城周边的南海县；至 1760 年代，广东东部的潮州（尤其澄海县）商人才开始经营大米贸易。1756 年广东地方官奏请仿效福建议叙之例时，其表面之意在于让广东东部商人受益。毕竟相比同省其他地区，广东东部的大米短缺问题更为严重。其时，在大米贸易中，广州商人更积极，参与度更高。原因或许是，广州市场更具备大批量调配大米的能力，尤其当所运大米一抵港口便须速行发卖时更是如此。我们自然不难发现，粤省主要的国际贸易中心广州会聚了更多腰缠万贯、投资贸易的富商大贾。不过，从 1760 年代开始，在与暹罗的大米贸易中，澄海商人发挥了越来越重要的作用；最终，他们接续成为暹罗华商的中流砥柱。据说，至 1760 年代初，澄海船开始到暹罗贸易，而这直接推动了潮州人移徙暹罗的历史进程。

广东的大米进口量似乎比福建少一些。更紧要的米粮需求，厦门商人在东南亚贸易中的实际主导地位，更大规模、更有效的筹资等因素，使得福建能够进口更多大米。然而，1760 年代后，东南亚向福建的大米出口趋于衰落，这归因于福建对外贸易开放政策的寿终正寝。相反，当广州成为中国独一无二的国际贸易港时，大米继续流入广东（短期中断后）。

另一点也值得注意，欲在东南亚输入广东的大米中清晰辨别哪部分来自暹罗，简直是痴人说梦。然而，我们可以得出结论，1767 年大城陷落之前，暹罗一直是福建、广东商人重要的大米进口来源。只是在 1760 年代中期后的数十年间，主要受国内战争的影响，暹罗仅发挥次要作用。相比暹罗，中国史料提及安南、柬埔寨更频繁。在此期间，广东洋米的供给中心可能是安南，而福建日益依赖吕宋、巴达维亚。直到 1780 年代后，广东进口暹米的记载才又出现在中国史料中。其时，安南卷入旷日持久的内战，新势力已崛起，影响了广东商人进口东南亚大米的模式。

在分析官府为内地商人所定议叙之例的作用时，我们须留意到内地商人与暹罗商人经营大米贸易的基本差异，这种差异乃是清廷政策所致。诚如我们所见，官府给予中国东南的暹米进口商许多特惠（包括各种各样的减税），名义上是怀柔远人、绥服藩属之举。尽管内地华商投资大米进口，本质上也对福建、广东的饥荒赈济有所贡献，而清廷已表明若干鼓励其商业活动的意向，但内地商人从未能无拘无束地发展大米贸易。官方给出的标准原因可能是真实的，即内地商人大米进口的衰落是地方资本缺乏的结果。中国官府制定的议叙之例确实有助于大米进口，但官府高瞻远瞩支持的缺失，阻碍了任何积累起充足资本投入大米购运的可能性。乾隆帝也遵循其父雍正帝的政策，不给内地商人减税。

一道1752年回应两广总督阿里衮先前奏折的上谕，反映了乾隆帝对给予内地商人所运大米免税相关问题的态度。尽管这道上谕推行两年后，官府便出台了奖励内地进口商职衔、顶戴的特定议叙之例，但纵观18世纪，所颁布的政策明显一成不变。从本质上说，此谕反映了乾隆帝对允准广东、福建商人享有中国海上贸易过多自由、过大影响的担忧，及地方官对紧抓其生财之道（亦即借助特权"敲诈勒索"）不放的戒备。上谕指出，若本港洋船载米回粤，"照外洋船只之例，一体减免货税"，那偷漏隐匿情弊将滋生，大量税收将流失。给予随带米石的外洋货船税收特惠，乃是招徕、鼓励大米进口的需要。最后，上谕申明，设立海关的本意就是向商人征税。①

---

① 《高宗实录》卷424，乾隆十七年十月己亥条，第20b～21b页。

当中国东南的局势依旧不明朗时，鼓励大米进口之例充其量只是权宜之计。康熙末年将进口暹米付诸实践；雍正帝进而以给予暹方特殊优惠，鼓励其出售更多大米的方式依赖大米贸易；乾隆帝继位后，延续其父政策的同时，也允准内地商人参与其中。是故，议叙之例是乾隆帝采取的务实之策，旨在解决中国东南的粮食问题。这些政策虽然彰显出雍正帝、乾隆帝父子对当时经济状况做出实事求是反应的能力，但也反映了他们在允准羽翼已丰的华商参与的些许矛盾心理。不过，18 世纪初期数十年的大米贸易，显然是中暹贸易发展历程中必不可少的重要一环。

## 18 世纪晚期 19 世纪初的大米贸易

1767 年，缅军攻陷大城。此后的十年间，暹罗的粮食短缺非常严重。战争自然打断了大米生产。甚至郑信崛起成为新暹罗的统一者后，暹缅战争及郑信与其他地方割据势力（声称效忠以前的阿瑜陀耶王朝）的战事仍在继续。屋漏偏逢连夜雨，1769 年，暹罗大旱，饿殍遍野。蒂尔潘（F. Henri Turpin）参考其时留暹的法国传教士的记载写道："（1767 年后暹罗的）米价已飙升到如此程度，以至于大米不再是畅销商品。树根和竹笋成了暹罗人的日常主食。"①

事实上，因蒂尔潘对郑信所苛待的法国传教士持同情态度，故一些学者认为他有失偏颇。即使如此，暹罗编年史家仍为其记述增添了真实性。"泰国历史之父"丹隆·拉查努帕（Damrong

---

① F. Henri Turpin, *History of the Kingdom of Siam and of the Revolutions that Have Caused the Overthrow of the Empire up to A. D. 1770*, tr. by B. O. Cartwright. Bangkok: American Presby Mission Press, 1908, p. 178.

Rajanubhab）亲王写道，郑信即位时，大米匮乏，为此他不得不派船远赴河仙（港口）运米，以每桶 3 ~ 5 铢（至少 0.75 ~ 1.25 暹两，或相当于中国银 1.2 ~ 2 两）的价格在吞武里粜卖，并分发给穷人。最终，米价上涨到每担 2.3 暹两（即中国银 3.7 两，1.15 英镑，比 1720 年代至 1750 年代中国东南粮荒年代的米价高昂得多），郑信遂往南派遣更多的船只购求其他储粮。① 至 1770 年，吞武里仍须从遥远之地进口大米。② 好在暹罗拥有得天独厚的自然条件，可迅速恢复丰裕的粮食生产。约翰·柯尼希（Jean Koenig）医生对 1779 ~ 1780 年暹罗大米的丰产描述为："这些地区（吞武里及其邻近地区，或所谓的中央平原）的土壤非常肥沃，尤其适宜种植水稻……一般一年收获两季，首季在 12 月……湄南河两岸有宽 100 ~ 1000 英尺的大片树林，枝繁叶茂、郁郁葱葱，而穿过树林，映入眼帘的是一望无垠的稻田。"③ 随着社会政治局势的正常化，暹罗又可以出产更多的大米了。

与此同时，福建（1761 年人口增至 8063671 人，每平方英里 174.09 人，同期广东为 6797597 人，每平方英里 68 人）④ 地方官继续鼓励本地进口暹米。1774 年，官府再次修订议叙之例，增加规定：已加至把总职衔（运米 6001 ~ 10000 石）又购运米石数多的内地商人，应酌量另加奖赏，毋庸再加职衔；除

① กรมพระยาดำรง ราชานุภาพ, พระราชพงศธรฉบับพระราชหัตถเลขา, Vol. 2, Part 2, กรุงเทพฯ, ค.ศ. 1952, หน้า2.

② ประยุทธ์ สิทธิ์พันธุ์, ราชล้านักไทย, หน้า169.

③ J. G. Koenig, "Journal of a Voyage from India to Siam and Malacca in 1779," tr. from his ms. in the British Museum, *Journal of the Straits Branch of the Royal Asiatic Society*, Vol. 26（January 1894）, pp. 161 – 162.

④ 全汉昇、王业键：《清代的人口变动》，《中央研究院历史语言研究所集刊》第 32 本，1961 年 7 月，第 156 页。

厦门外，带回的米石准在福州继续发售。[1]

然而我们有理由怀疑，从此时开始，在经营暹罗（及东南亚其他地区）大米进口方面，福建商人的地位已衰落。其中的主要原因可能是，1758 年，厦门终止了外国人的贸易，此举对限制领照与东南亚贸易的洋行有直接影响。厦门仍开放之时，《厦门志》提到，外国船只从海外载货入口获利甚丰。但是，此时获利大降，洋行发现越来越难以满足每年进献地方官的要求。故至 1796 年，厦门洋行数跌至 7 家。[2] 结果，一个新地区——潮州府澄海县的商人兴起，攫取了中暹大米贸易及后来其他贸易的领导权。这一地理区位的变换将对整个中暹贸易产生重大影响。

从 1807 年两广总督吴熊光的奏折中，我们得知，1760 年代至 19 世纪前 40 余年，广东官府允准澄海商民驾船赴暹罗运米回粤。在此期间，这些船只虽一直稳定接济内地民食，但回棹者不过十之五六。再者，回棹之船实际所载米石又与原报数目不符。由此地方官推断，来船可能与盘踞广东高州、雷州的海盗相互勾结。吴氏遂提议，应停止给往暹罗运米的内地商人颁发执照。嘉庆帝担心捏词影射，滥用免税之策，毫不迟疑地予以准行。[3]

此奏揭示了，在 18 世纪下半叶，澄海人明显掌控了中暹大米贸易。据中国官府的说法，这种主导地位持续了 40 年，始于郑信时期，郑氏本人即来自澄海。到了拉玛一世统治时期，这

---

① 刘建韶：《福建通志政事略》卷 14，第 29b ~ 30a 页。

② 道光《厦门志》，标点本，第 180 页；根岸佶『支那ギルドの研究』斯文书院、1932、60 - 61 页。

③ 《仁宗实录》卷 185，嘉庆十二年九月丁未条，第 10a 页。成田节男评论道，这些澄海人，许多实际上是半商半盗之辈。成田節男『華僑史』螢雪書院、1941、227 页。

些澄海商人定居在今曼谷唐人街和商业区一带，据说已占据吞武里的主要商业地位。[1]

拉玛一世时期，暹罗的大米生产在某种程度上有所恢复。至 1780 年代，暹米向中国的出口已重新开始，尽管数量仍旧较少，毕竟暹罗本身也有大米需求。[2] 1790 年代，攻取西贡后，阮福映（越南皇位的争夺者）告知暹廷，西贡大米短缺，召请暹罗商人运米前去支援其战事。这是嘉隆及随后的明命朝（1802~1841）越南人一系列运暹米请求的肇始。在 18 世纪最后 25 年间，暹罗处于周期性的饥荒和洪灾之中。例如，1794 年，洪灾毁坏了大片农田，米价上涨至每可央（koyan）[3] 20 暹两（每磅 0.72 便士，或郑信时期最高价的 1/3）。基于此，田务部[4]认为开仓赈济实属必要，遂奏请暹廷，将大批公仓余粮分发给百姓。[5] 总体而言，暹罗的大米生产尚未完全恢复。

18 世纪最后 20 年，除自然灾害所致大米短缺的数年外，暹罗似乎又一次堪当大规模出口大米之重任。拉玛一世时期，暹米往广州、厦门、宁波的出口继续推进，同时米船载回大量砖石和建筑材料，用以修建新都曼谷。[6] 其时，清廷颁行招徕

---

[1] 这也道明了直至现在，暹罗大米贸易一直由澄海帮控制的原因。

[2] 有学者提及，1787 年，若干华船从暹罗运米至中国。其中一艘为阮福映（后世之越南嘉隆皇帝）所扣，以支援其争夺越南皇位之战。Klaus Wenk, *The Restoration of Thailand under Rama I , 1782 – 1809*, tr. Greeley Stahl. Tucson：The University of Arizona Press，1968，p. 113.

[3] 每可央为 40 担。——译者注

[4] 原文 Krom Na or Department of Agriculture，前为"田务部"，后为"农务部"，本处取前者，以便与本书第二章相关内容对应。——译者注

[5] เจ้าพระยา ทิพากรวงศ์, พระราชพงศาวดารกรุงรัตนโกสินทร์รัชกาลที่หนึ่งรัชกาลที่สอง ฉบับหอสมุด แห่งชาติ, กรุงเทพฯ, ค.ศ. 1962, หน้า176–177, 95.

[6] 曾建屏：《泰国华侨经济》，第 8 页。

之例，旨在增加进口至广东的洋米来源。1786 年、1795 年，朝廷谕令，长期以来粤东米价昂贵，外国商人情愿载米来广州发卖者，准免其梁头税和进口税。[①]

1780 年代至 1806 年，因所有运米到广州的外国船只都获准免税，且吕宋、马尼拉等地输入之大米每石仅 3 ~ 4 钱，故广州河上米船云集，数量与其他类型船只相埒。1806 年，两广总督吴熊光提议，嗣后外国商人运米来黄埔、澳门，枭竣后空船回国，绝不准装载货物。其他随米船所带之货物应缴税，且恢复征收梁头税。在魏源看来，这种政策变动乃是广州地方官暗中阻挠大米进口的表现（尽管他们一直大讲特讲大米进口的所谓益处），因为早前给予洋米运载的免税特惠尚未使官府受益，而这也道明了其提议背后的动机所在。[②]

然而，广州地方官有办法利用当时的定例，达到他们满意的程度。上述提议施行了一段时间。1826 年前，虽未获清廷诏准，但两广总督仍推行限制政策，以至于外国船只将 4050 石大米运至广州。[③] 这种不切实际的限制之策，并不意味着会被生搬

---

[①] 梁廷枏：《粤海关志》卷 8，第 39a ~ 40a 页。这 20 年，清廷的衰落日益明显。我们观察到，1790 年代，社会动荡使本已极为严峻的民食问题更为恶化。除白莲教起事，长江、黄河洪灾外，嘉庆帝也关注东南沿海猖獗的海盗问题。在广东的大米短缺地区，如潮州府，海盗问题最为严重。不过，考虑到这些地区依赖海运而来的大米，嘉庆帝并未禁止有利于民众生计的海外贸易活动，而是选择加强南澳岛（南北航道上的潮州出海口）驻防部队的实力。此举反映了朝廷政策有所改变，以应对中国东南越来越严峻的粮食问题。陈鸿墀、梁廷枏等纂修《广东海防汇览》卷 34，第 15 页，道光十八年刻本。

[②] 道光《广东通志》第 3 册，中华丛书编审委员会 1959 年影印本，第 3311 页；梁廷枏：《粤海关志》卷 8，第 39a ~ 40a 页；魏源：《海国图志》卷 8，第 4 页。参见雍正朝初年的类似举措。

[③] "Import of Rice," *The Asiatic Journal and Monthly Register for British India and Its Dependencies*, Vol. 21, No. 122 (February 1826), pp. 242 – 243.

硬套地执行，而是一种敲诈勒索的手段。无论如何，1826 年，官府废除了这一规定及此前的建议，且另颁条文，不征收广州满载大米船只的梁头税。

在急需大米之年，地方官随时准备重施奖励之策，以推动梦寐以求的洋米的大量进口。例如，1806 年，两广总督和粤海关监督都非常关心大米的涨价问题（每石 4~5 西班牙银元，且逐渐上涨，恐怕会引发粮食暴动），遂奏请从孟加拉进口大米。作为一项招徕政策，粤海关监督免除了所有港口税费，而行商茂官、沛官和昆水官每人心甘情愿地认捐 2.5 万西班牙银元，以便往孟加拉采买大米。①  英国人回应道，由港脚船②及东印度公司船运米 30 余万石（2 万吨）至广州。③ 1809 年，总督又一次询问从孟加拉进口大米的问题，并准予大米全部免税，米船免除梁头税。次年，总督重提这一议题，但因英国东印度公司的广州商务代表两次都坚称，除非公司同意运送前先获得令人满意的最低米价保证，否则中方的实际购米无从谈起。④

鲜有可资利用的关于 19 世纪最初 20 年中国进口暹米的史料，故欲推知其中情形，实为不易。不过，有一点可以确定，

---

①  Morse, *The Chronicles of the East India Company Trading to China*, Vol. 3, p. 37. ［认捐者茂官即卢观恒，沛官即伍秉鉴，昆水官即潘长耀；此外尚有潘启官（第二）认捐，即潘有度（商名致祥）。——译者注］

②  港脚即 "country" 的音译，是获得英国东印度公司所颁特许状的印度来华船只。——译者注

③  Morse, *The Chronicles of the East India Company Trading to China*, Vol. 3, pp. 37 - 38.

④  Morse, *The Chronicles of the East India Company Trading to China*, Vol. 3, pp. 104 - 105. 从这一实例中，我们可察觉到洋米进口的另一重隐患，即订购与运抵之间米价的剧烈波动。在此情况下，1806 年中国官府和商人下订单时，商定每包大米重 164.5 磅，价格为 4 西班牙银元。然而，大米运到广州时，价格已降至进口商投入的成本以下。后经反复的争论和不断的坚持，中方才最终让步。Ibid., Vol. 3, pp. 37, 38.

拉玛一世统治后半期，暹米运华确已成行，因其时广东、福建的人口快速增长（1787～1812 年两省人口增长约 30%，而同期全国平均增长率仅 24%）。[1] 尽管面临中国可依赖的其他米源（如孟加拉）日益激烈的竞争，[2] 但期待继续有利可图也是合理的；大米需求本身日益扩大，足以消耗所有进口洋米。主要问题在于：自然灾害所致之大米短缺（如 1811 年，据说暹罗须从越南进口大米），[3] 使得在某些年份中，暹罗作为供给来源可能无米出口。此外，广州地方官贪得无厌的管理，特别是终止施行招徕外国米船之例的谕令，对大米输入中国产生了消极影响。[4]

从拉玛一世时期生产恢复起，暹米在中国颇受欢迎，甚至今天中国人仍将其视为最优品种。1810 年代，有英国人观察到，暹米风行一时，部分有赖于其极具竞争力的价格。他说："据我所知，没有一地的米价会像爪哇一样低廉，不过暹罗除外，暹米出口价低至每可央（26 暹担）10 西班牙银元，亦即爪哇米价的 1/3。故而帆船将大量暹米出口至中国。"[5] 对于利润丰厚的爪哇大米贸易，约翰·克劳福德（John Crawfurd）增补了一条饶有趣味的记述。他说，在广东市场上，售卖爪哇大

①　罗尔纲：《太平天国革命前的人口压迫问题》，《中国社会经济史集刊》第 8 卷第 1 期，1949 年 1 月，第 33 页。

②　1825 年，美国船只也进口约 5 万石大米（约值 10 万西班牙银元）至广州。Morse, *The Chronicles of the East India Company Trading to China*, Vol. 4, p. 118.

③　张登桂等：《大南实录正编第二纪》卷 16，第 13b 页，庆应义塾大学语言文化研究所 1973 年影印本。1820～1822 年，据称暹罗大米匮乏，米价昂贵。

④　"Retrospection, or a Review of Public Occurrences in China during the Last Ten Years, from January 1st, 1832, to December 31st, 1841," *The Chinese Repository*, Vol. 11, No. 1 (January 1842), pp. 17–19.

⑤　John Crawfurd, *History of the Indian Archipelago*, Vol. 3. Edinburgh: Archibald Constable and Co., 1820, p. 347.

米可获利润率为 150% ~ 200%。① 也可以说，售卖暹米在广东
所获之利润，至少与此不相上下，甚或更多，因为到 1847 年，
从出口至新加坡的大米中（当时新加坡特别依赖进口大米），
暹罗贵族所获利润率高达约 320%。②

据说，在拉玛三世统治初期，暹罗的大米非常丰富，而这
与清廷让中国东南恢复进口更多大米的想法不谋而合。1824
年，广州地方官再次试图调整规定，以鼓励洋米大量进口。其
时，针对广东持续的大米短缺问题，两广总督（阮元）、广东
巡抚、粤海关监督联名上奏道，向例满载大米来粤的船只免征
梁头税，但大米粜竣后，不准运走任何压舱货物。近年来，外
国地广人稀，产米丰饶，只是运米远来，放空回国，远涉重
洋，无货压舱，实有"风涛之险"（又无多利可图），外国人
罕愿载运，是故米船来粤者少。因此，这些地方官建议，政策
应有所变通，外国米船进口时照旧免税，所运大米按市场时
价粜卖，返航时准其装载货物，与其他出口的外国船一体照
例征收货税。他们据理言道，如此明定章程，洋米将源源贩
运而来，且以出口货税抵算免征之进口税，核计仍有盈余，
可补税课之失，且于当地民众、外国人均有裨益。道光帝恩
准此议，同时提到，在此过程中，因外国米船抵达广州、澳
门时大多运米 300 至一两千石，故上述所奏方案显然不会影响

---

① Crawfurd, *History of the Indian Archipelago*, Vol. 3, p. 348. 克劳福德著作所
提帆船，很可能大部分归暹王、暹廷及留暹华人所有。19 世纪初，中国官
府下令，禁止给赴暹运米的内地商人颁发执照。许多澄海商人受此限制，
遂移徙进入暹罗，以便继续参与对华大米贸易。

② Wong Lin Ken, "The Trade of Singapore, 1819 – 1869," *Journal of the Malayan
Branch of Royal Asiatic Society*, Vol. 33, No. 4 (December 1960), p. 144.

关税的征收。①

　　数年后，魏源将此视为地方官以向外国进口商征收出口货税的方式，敲诈勒索洋米进口的又一举动。为了鼓励大米进口，此时新政策允准免征米船税及港口费，不过这一时期外国人所运米石并未明显增加。大米是唯一免税的贸易品，其中有原因数端，包括波动不止的米价（需求难料所致）。况且，因官府对中国沿海的严格管控，外国进口商发现，出售货物（包括大米）甚难——可牟取暴利的货物除外，如鸦片，中国人甘愿冒险购买吸食。运米遂成为外国商人输入鸦片的幌子。② 在其他实例中，外商用走私的鸦片在广州城外交换大米，随后将获准免税的大米转卖到城内，诚如马士转引之 1826 年一份英人函件所云："有一些事同时发生，即船上所载大米，系中国所产，而从澳门和附近小岛走私运到伶仃洋的船上，最后运入黄埔，因而获准免收港口费。"③

　　1830 年代，即使运到广东东北部人口稠密之地及福建西部几乎贫瘠荒芜之区，大米也销路不畅，无利可图。如何应对地方官是外国商人反复遇到的问题。该问题甚至让外商在运米方面更加踌躇不前。官府议定的对专门进口大米船只免税的政策，在绝对意义上从未彻底推行。事实上，明言合法及实际非法的规费仍旧为官府所需。就此议题，在为约瑟夫·汤普森（Joseph Thompson）

①　故宫博物院辑《清代外交史料》第 2 册（道光朝），成文出版社 1968 年影印本，第 117～118 页；王锡祺辑《小方壶斋舆地丛钞》，第 9 帙，第 77 册，第 3b 页。

②　魏源：《海国图志》卷 8，第 4b 页；William C. Hunter, The "Fan Kwae" at Canton before Treaty Days 1825－1844, 2nd ed.. Shanghai, Hongkong, Singapore and Yokohama: Kelly and Walsh, Limited, 1911, p. 100；林则徐译《华事夷言》，王锡祺辑《小方壶斋舆地丛钞》，再补编第 11 帙，第 3b 页。

③　Morse, The Chronicles of the East India Company Trading to China, Vol. 4, p. 107.

所著《关于对华贸易的思考》一书撰写的书评中，一名《中国丛报》的英国人通讯员评论道："关于豁免专门进口大米之船所有港口费的评述，乃是在汤普森先生展现给英国公众的'事实'中，其信息多么零散的又一证明……然而事实在于，'专门进口大米'之船仍须缴纳税费，无论其合法与否……毫无疑问，清廷谕令'各国夷船来粤，如有专运米石，并无夹带别项货物者'，不再缴纳'船钞'，但因未明言出口'税课'，故也须征收；此举可视为广州地方官遵循清廷绥服远人谕令模式的一种典型。"①

1830 年代，外国船只专门进口大米者，免征梁头税（通常300 吨重的船只收税约 650 两白银，1200 吨重的船只收税 3000西班牙银元），交部分"规礼"②（一般为 2223 西班牙银元），及通事、买办费。然而，1833 年 5 月清廷诏令颁行后，这些船只仍须缴纳法定的出港出续费（广州"水道放行"）及粤海关监督供给粮食的费用，按比例共计约中国银 620 两。除了上述法定费用，朝廷严禁地方官征收其他规费。但是，米船上缴的形形色色的非法费用总计约 1000 西班牙银元。③ 此外，招徕之例一施行，下级地方官吏就深表不满。例如，通事们向广东巡抚抱怨，尽管从进口的米船处一无所得，但他们仍须给不摒弃常费的海关官员（须买官）缴费。据马儒翰（J. R. Morrison）云："巡抚实际上赞同免税方案，并已适时晓谕外国人，难以

---

① "Review: Considerations respecting the Trade with China by Joseph Thompson (1835)," *The Chinese Repository*, Vol. 4, No. 12 (April 1836), pp. 544 - 545.

② 原作"cumsha"，源自广东话"金沙"（或闽南话"感谢"），亦作"kumsha"，意为礼品、赏钱、规礼、陋规银、礼金，此处译为"规礼"。——译者注

③ John Phipps, *A Practical Treatise on the China and Eastern Trade: Comprising the Commerce of Great Britain and India Particularly Bengal and Singapore With China and the Eastern Islands.* London: Wm. H. Allen, and Co., 1836, pp. 142, 143 - 144.

收回成命。因此，他谕示海关员弁，应满足于收取一半费用，而为了补齐余款，广州的保商只好认捐银 150 两。即使如此，款项仍显不足，通事们须另缴一部分。结果，米价之外，行商尚能盈亏相抵，而通事没有财源，不得不以其他船只增加的利润来弥补损失。"①

广州官府对此做法有所察觉，因为 1833 年，广东巡抚（及其他地方官）致函行商，申明因广东急需洋米，他们已"仰恳恩准，令各国夷船，如有专运米石来粤，并无夹带别项货物者，进口时照旧免其丈输船钞。所运米谷，由洋商报明，起贮洋行，按照市价粜卖，粜竣准其原船装载货物出口，与别项夷船一体照例征收货税……似于裕课、边民、绥远均有裨益"。② 清廷批准此议。但是，1832 年停靠广州港的米船并不多。而广东巡抚担心，现有的敲诈勒索和违法收税阻碍了"夷人贸易"的发展，遂谕令行商料理此事，米船"根据朝廷既定的关税"缴纳出口税；若胆敢不遵此谕，商人将"受罚、究办，并被放逐"。谕令言道："米船入港，及经过海关，令其粜竣，并由行商、铺户报明，于民有益。然则铺户粜卖少者，宜限于粤省之内，不准其出口。尔等应谨遵此特谕，不得轻慢。"③

---

① John Robert Morrison, *A Chinese Commercial Guide, Consisting of a Collection of Details and Regulations Respecting Foreign Trade in China*, 1st ed. . Canton: The Albion Press, 1834, pp. 23 – 24. （正文此处无注，据其博士学位论文补。——译者注）

② "Retrospection, or a Review of Public Occurrences in China during the Last Ten Years, from January 1st, 1832, to December 31st, 1841," *The Chinese Repository*, Vol. 11, No. 1, p. 17. ［引文据《清代外交史料》第 2 册（道光朝），第 117～118 页回译。——译者注］

③ "Retrospection, or a Review of Public Occurrences in China during the Last Ten Years, from January 1st, 1832, to December 31st, 1841," *The Chinese Repository*, Vol. 11, No. 1, pp. 17 – 19.

虽有上述阻碍因素，但在 1830 年代，确有一些洋米运抵中国。1833 年，仅美国人运至广州的大米就不下 12.5 万担，而英国人、西班牙人、荷兰人和葡萄牙人的进口大米数则约 27 万担，总计进口洋米达 5300 万磅。1830 年代末，林则徐写道，中国产米不敷民食，故须部分依赖洋米进口，近年来美国人、英国人主要由新加坡、巴达维亚和马尼拉运米而来。暹罗已将大量大米运到新加坡，而西方人定会转运其中一部分至中国。①

整个 1830 年代，暹罗大米持续丰收。拉玛三世统治时期，未经暹廷明确同意，稻谷和糙米均不得出口，因为暹廷遵循以往的先例，且除非国家公仓至少有三年的储粮，否则禁止大米出口。② 法兰克福特（O. Frankfurter）分析了这种古老政策的根据所在：“如同其他远东国家一样，（在暹罗）流行的经济观念确实反对大米出口，因总是担忧会出现大米短缺，故而（暹廷）规定，绝对禁止大米出口。”③ 对法兰克福特之言，我们可补充如下实情：华人历来受到暹罗人的青睐，而暹王常涉足对有利可图之中国市场的出口贸易。由于暹罗大多数时节盛产大米，且热带气候一般不适宜粮食的长期储存，因此国王延长了

---

① "Rice: Its Varieties; Mode of Cultivation; Reaping, Thrashing, Husking, and Bolting; Public Storehouses, and Foreign Importation," *The Chinese Repository*, Vol. 3, No. 5 (September 1834), p. 234; 林则徐译《华事夷言》，王锡祺辑《小方壶斋舆地丛钞》，再补编第 11 帙，第 2b 页。1830 年，暹罗出口至新加坡的大米价值 79095 印度卢比。Captain Henry Burney, *The Burney Papers*, Vol. 3, Part 1. Bangkok: The Vajirañāna National Library, 1912, p. 188. 据说，1830 年代的洋米价格相当可观，平时每担 1.75 ~ 2.25 西班牙银元，缺米时节上涨至每担 2.75 ~ 3 西班牙银元。John Robert Morrison, *A Chinese Commercial Guide*, 3rd ed.. Canton: The Office of the Chinese Repository, 1848, p. 162.

② Wales, *Ancient Siamese Government and Administration*, p. 207; ผ่องพันธุ์ สุภัทรพันธุ์, การศึกษาทางประวัติศาสตร์เกี่ยวด้วยเรื่องพระคลังสินค้า, หน้า177.

③ O. Frankfurter, "The Mission of Sir James Brooke to Siam," *The Journal of the Siam Society*, Vol. 8, Part 3, 1911, pp. 29 – 30.

不给西方人出口的年限，以满足中国市场不断增长的需求。

可能除 1831～1832 年之外，[1] 暹王仍时常允准大米出口。[2]
赴暹贸易的中国帆船通常带回大米，以作返航之货。毕竟相比
暹罗另一种常见的出口商品——苏木，大米的出口税低得多。[3]
1830 年代初，郭实猎观察到，暹米非常受欢迎，中国帆船回航
时，船员们都会给国内家人带回数袋。[4]

至 1840 年代初，广东、福建的大米问题依然如故，两省不
可避免地会继续依赖洋米。其时，福建与东南亚的大米贸易又
变得举足轻重。中国帆船从厦门（重要的鸦片走私中心）驶往
暹罗及其他地区进行贸易，并带回大米。暹罗米价极贱，每石
仅 3 钱。福建商人及留居曼谷、在广州港外从事非法贸易的华
人，将大量暹米运往福建。进口之暹米量非常多，以至于台湾
大米的粜运显著减少，虽然后者作为福建主要粮仓的重要性不
变。1850 年代初，水稻显然是暹罗的主要农作物，不过其首屈
一指的地位已受到甘蔗的挑战，1830 年代甘蔗的产量实际已在大
米之上。1850 年，暹罗产米丰裕，不但可供当地食用，而且出口

---

① Ingram, *Economic Change in Thailand since 1850*, p. 24.
② Edmund Roberts, *Embassy to the Eastern Courts of Cochin - China, Siam, and Muscat during the Years 1832 - 3 - 4*. New York: Harper & Brothers, 1837, p. 251. 然而 1831 年，暹罗发生旱灾和洪灾，朝廷不得不购求外国大米，而民众以服徭役偿付购米之款。กรมพระยาดำรง ราชานุภาพ, ตำนานการเลิกบ่อนเบี้ยและการเลิกหวย, ประชุมพงศาวดารฉบับ ห้องสมุดแห่งชาติ, กรุงเทพฯ, ค.ศ. 1964, ตอน 17, ฉบับ 5, หน้า455.
③ จดหมายเหตุมิชชันนารีอเมริกัน, ประชุมพงศาวดารฉบับห้องสมุดแห่งชาติ, ตอน 31, ฉบับ 7, กรุงเทพฯ, ค.ศ. 1964, หน้า580.
④ Charles Gutzlaff, *Journal of Three Voyages along the Coast of China, in 1831, 1832, & 1833, with Notices of Siam, Corea, and the Loo - choo Islands*. London: Frederick Westley and A. H. Davis, 1834, p. 85. 1836 年显然是暹罗大米高产之年，估计所产大米达 1696423 可央，价值 215589. 5 暹两（即 107794. 75 英镑）。

至中国，足以供养稻米歉收时的中国东南民众。同时，暹罗贵族与留居曼谷的华人合作，运米至新加坡，利润率高约320%。① 1855 年"包令条约"签订前，英国商人渴望涉足有利可图的暹罗至新加坡的大米贸易，只是华商拥有垄断权，英商难望其项背。

马洛赫（D. E. Malloch）所记暹罗 1850 年代初的米价，如表 5 - 6 所示。据说，每年出口到中国的不同等级大米达 20 万担（8000 可央），价格为每可央 18 印度卢比，总价值 3.6 万暹两（1.8 万英镑）或 5.76 万中国两。②

表 5 - 6　1850 年暹罗米价

| 每可央(25 石) | 最高价 | | 最低价 | |
| --- | --- | --- | --- | --- |
| | 暹两 | 英镑 | 暹两 | 英镑 |
| 一等 | 8 | 4 | 7 | 3.5 |
| 二等 | 7 | 3.5 | 6.5 | 3.25 |
| 下等 | 5 | 2.5 | 4.5 | 2.25 |

资料来源：Malloch, *Siam*, p. 42.

---

① 例如，道光帝授权广东巡抚允准孟加拉港脚船到广州贸易，尤其 1842 年 9 艘港脚船造访广州，内载米 3 万余石时更是如此。《筹办夷务始末》道光朝，卷 26，第 36b～37a 页，抄本，故宫博物院，1930；徐继畬：《瀛寰志略》卷 1，第 29a 页，同治癸酉揽云楼校刊本；王世庆：《清代台湾的米产与外销》，《台湾文献》第 9 卷第 1 期，1958 年 3 月，第 23 页；冯柳堂：《中国历代民食政策史》，第 253 页；Akin Rabibhadana, *The Organization of Thai Society in the Early Bangkok Period, 1782 - 1873*, Southeast Asia Program Data Paper, No. 74. Ithaca, NY: Cornell University, 1969, p. 9; Wong Lin Ken, "The Trade of Singapore, 1819 - 1869," *Journal of the Malayan Branch of Royal Asiatic Society*, Vol. 33, No. 4 (December 1960), p. 144.

② D. E. Malloch, *Siam: Some General Remarks on Its Productions*. Calcutta: J. Thomas at the Baptist Mission Press, 1852, pp. 42 - 43. 马洛赫还说道，大米产量是所播撒稻种量的 40 倍。［原文总价值为 14.4 万铢，按 1 暹两 = 4 铢折算，即 3.6 万暹两。——译者注］

最后，暹罗国门的打开也对暹米的出口产生了有利影响。
自由贸易（"包令条约"所规定）的作用在于，其为大米贸易
的进一步扩大做好了准备，而大米贸易的扩大反过来又让华人
中间商声名鹊起。华人无拘无束，直接走到暹罗农民中购粮，
并直接卖给碾米商。中间商也提供贷款、预付粮款、租赁土地
及出售进口货。霍曼·范·德·海德（Homan Van der Heide）
给我们提供了"包令条约"签订后，拉玛四世时期暹罗大米出
口的详细数字（表 5-7）。

表 5-7　"包令条约"签订后 5 年暹罗大米出口情况

| 年份 | 数量 | |
| --- | --- | --- |
| | 担 | 百万磅 |
| 1857 | 60000 | 7.0 |
| 1858 | 70000 | 7.3 |
| 1859 | 50000 | 6.7 |
| 1860 | 95000 | 12.7 |
| 1861 | 128000 | 15.0 |

资料来源：J. Homan Van der Heide，"The Economic Development of Siam during the
Last Half Century," *The Journal of the Siam Society*，Vol. 3，Part 2（1906），p. 82 note.

然而，詹姆斯·英格拉姆的估计明显与上述不同。他推测，
1857~1859 年暹米出口量为 99 万担（约 1.33 亿磅），平均每
年 33 万担；1860~1864 年为 184 万担（约 2.4 亿磅），年均
36.8 万担。[①] 英格拉姆的数据或许可信度更高。

中国依旧是暹米最重要的市场。1850 年代及 1860 年代初，
除中国东南周而复始的人口压力和自然灾害外，全国都处在太
平天国战争及其他战事（如捻军和回民起义）的影响之中。

_____

① Ingram，*Economic Change in Thailand since* 1850，p. 38.

1856 年，太平军夺取了长江中下游的控制权，大米运往福建及漕米运往华北的传统路线被切断，由此引发了大面积饥荒。清廷乱作一团，拼命寻求大量进口洋米以赈济民食，同时指定广州作为集散中心。咸丰帝谕令两广总督叶名琛，采买洋米至少数十万石（可能购自东南亚）。其时，暹米对华出口让暹罗赚得盆满钵满。至 1870 年，中国仍旧是暹米的主要市场，不过暹米也销往日本、东印度群岛，甚至澳大利亚。供出口的水稻种植面积的快速增长，使暹罗能够满足大部分进口国日益增长的大米需求。仅就中国而言，同治年间每年进口暹米总数不下1000 万担[1]。1850 年代末，仅那坤巴统（佛统）一地就有多达三四百间碾米厂；而 1855 年后，在暹罗大米业及大米贸易中，诸如婆罗洲（1885）、帕克（J. S. Parker，1856）、马克瓦尔德（Markevald，1858）、皮肯帕克·蒂斯（Pickenpack Thies）、雷米·施密特（Remi Schmidt，1858）等公司也站稳了脚跟。1858 年，美国人设立的美利坚蒸汽碾米公司开了在暹罗运用蒸汽机碾米的先河。[2] 然而随着时间的推移，华人终究又得以执暹罗大米业及大米贸易之牛耳，这一情势延续至今。

---

[1] 据冯柳堂《中国历代民食政策史》（第 230～232 页），同治九年（1870）至宣统三年（1911），中国每年进口洋米（并不全是暹米）超过 1000 万担者，仅光绪二十一年（1895）、三十三年两年；同治九、十、十一、十二、十三年，分别进口洋米 141298、248394、658749、1156052、6294 担。作者仅据该书第 231 页"每年进口洋米超过一千万担"，就直言同治年间每年进口暹米不下 1000 万担，似不确。——译者注

[2] 冯柳堂：《中国历代民食政策史》，第 228、231 页；George B. Bacon, *Siam*: *The Land of the White Elephant as It Was and Is*. New York：Charles Scribner's Sons，1881，pp. 89，317；杨汉铮：《近百年来暹罗米业概述》，《暹京米商公所卅周年纪念刊》，曼谷，1949，第 59 页。

# 第六章　18世纪和19世纪初中国东南的贸易组织

　　学界鲜有对前现代中国贸易组织的研究，部分原因在于可资利用的相关文字记载较少。前往东南亚贸易的商行尤其如此，因它们缺乏组织，规模更小，而变动却很大。清廷废除第二次海禁后，福建总督高其倬于1728年上奏，地方官应严查福建、广东两省商船之造册登记和船员数。拥有三艘以上船只的商行，每艘船出海，须遵照连环保制度（旨在应对走私和非法迁徙），出具返航之切实保结。此外还规定，船只进出口之处，闽省归厦门，粤省归广州，别处口岸，一概严禁。最后，这些船须照原定航程回棹，以便查验。限制之策以如下方式起作用：内地船只可随东北季风，初春驶往东南亚，并随西南季风，最迟第二年夏季回航。往来厦门，遭风无意间漂入广州的福建船只，获准选取另一个季节进行贸易。此即适用于所有内地船只的所谓"三年为限"之例。①

　　随着厦门的重新开放，1728年年底前，赴东南亚贸易的内地船只总数不下20艘。当年（雍正六年）十二月至次年三月，

---

①　道光《厦门志》卷5，第28页；《高其倬（三）》，《雍正朱批谕旨》，第14函第5册，第100页；《世宗实录》卷74，雍正六年十月己卯条，第2a~3a页。

有商船 25 艘具报前往。① 《厦门志》对其时厦门的贸易形势评论道："厦门贩洋船只，始于雍正五年，盛于乾隆初年。……服贾者，……外至吕宋、苏禄、实力、噶喇巴，冬去夏回，一年一次。初则获利数倍至数十倍不等……舵水人等借此为活者，以万计。"②

1720 年代，第二次海禁废除。此后数十年，广东船只重启对东南亚的贸易。广东商人将织绣、茶叶、瓷器、金属器具、棉布带往东南亚，并运回胡椒、药材、象牙等。根岸佶记述道，尽管事实上当时中暹交往极为不便，但在厚利驱动下，广东商人纷纷前往暹罗贸易。苏绣之类商品的 100% 利润率（转手出售的价格则是江苏原价的三倍），足以吸引大批商人冒险南下暹罗。

两广总督庆复的奏言，进一步证明了 1730 年代中国东南海外贸易的迅速壮大。他说，每年出港船只，所载船员、商人等为数甚多。广州正北方诸港之帆船须经过虎门。他注意到，福建、浙江、江南等省许多船只起航赴东南亚。仅广州一地，就有"数万艘船"从事各种对外贸易。因中国与东南亚海上交通的快速发展，清廷规定，1731 年后，浙江、福建、江南、广东船只均需有官方标记，以利辨认。故而，往暹罗贸易的福建船用绿油漆饰船头，俗称"绿头船"；浙江船用白油漆饰，俗称"白头船"；广东船用红油漆饰，俗称"红头船"；江南船用青油漆饰，俗称"青头船"。③ 1740 年代，据地方官估计，仅厦门、广州与东南亚进

---

① 《高其倬（四）》，《雍正朱批谕旨》，第 14 函第 5 册，第 31a 页。
② 道光《厦门志》卷 5，第 30b 页；卷 15，第 5b 页。
③ 《史料旬刊》，第 22 期，第天 803b ~ 804b 页；《福建省例》，台湾银行经济研究室编辑、标点，《台湾文献丛刊》第 199 种，台湾银行，1964，第 625 页。（此处翻译还参考了道光《厦门志》卷 5，第 17 页。——译者注）

行贸易的帆船就有百余艘，值银数百万两，而内地商人在两港积聚的货物也相当于银数百万两。[①]

从中国东南驶往东南亚的内地船只是一个包括商人、资本家、海员、水手和官员在内的复杂组织，他们齐心协力，推进航行，开展贸易。如同以前一样，这一时期华人的海上贸易建立在互相合作的制度基础上。从某种意义上来说，该制度让华商得以在最恶劣的环境中生存下来。地方官的敲诈勒索和破产的如影随形，常常使得某种出于自保目的（当然也服务于互相牵制的官方目的）的互助组织的持续存在成为必要。

19世纪，帆船贸易的经营模式基本未变。因造船和贸易投资的成本极其巨大，需费数万金（且只有极少数具备如此雄厚财力的华商，才愿意投资这种风险重重的事业），故田汝康估计，1804年前后，一艘不到1000吨的帆船，常由100多个小商小贩合资购置；1000吨以上的帆船，则需200~300人参与运营。在广东，象牙雕刻匠、画匠、铁匠、金银匠在船上各有舱位，存放其用于出售的特制商品，货物则往往借钱采购。[②] 约翰·克劳福德曾获知1810年代末一艘帆船的货物配置情况：中国帆船的载货并非私人财产，而是多人的财产；业主在船上有自己的舱位，并拥有独一无二的控制权；一个家族（部分居于

---

① 光绪《漳州府志》卷33，第64a~65a页；光绪《漳浦县志》卷22，第28页，光绪十一年刻本，哈佛-燕京图书馆藏。其时，中国与东南亚贸易的繁盛，与西方商人在广州、厦门遭遇的失意形成了鲜明的对比。例如，1733年，只有5艘英国船、3艘法国船和4艘荷兰船驶往广州贸易。除此之外，英国船从未驶抵厦门进行贸易。

② 田汝康：《17—19世纪中叶中国帆船在东南亚洲》，第27页；田汝康：《十五至十八世纪中国海外贸易发展缓慢的原因》，《新建设》1964年第8、9期合刊，第87页。

中国，其余居于东南亚）共同经营主要的贸易。①

除了筹资安排，这种合资经营制度盛行一时的原因之一是清廷不予支持和故意蔑视。他们对与外国的贸易不屑一顾，这也不利于帆船贸易发展大量、长期的资本投入。19 世纪早期英国人所写的如下报告，精辟地总结了这个悬而未决的问题："乾隆帝即位之初，确实颁布诏令，允准其臣民前往外国港口，尤其是为了采购大米。尽管皇恩浩荡，但是一个从印度归国的商人可能因通番叛国之罪名，而受到官府审判，并被处以死刑。"②

广东、福建和浙江有几个以地域和方言为基础区分的主要商人团体，即世人所知的"帮"。福建有尤其引人注目的泉漳（泉州和漳州）帮、福州帮，浙江有宁波帮，广东则有广肇帮、潮州帮。所有商帮都建立了真正的贸易团体，或以同时指代船只、会馆（船只和商行出于互助目的而联合起来的一种组织）的"行"而闻名的行会。有时，"行"被称为"郊"。尽管行的发展前景和目标主要是经济性的，但它对会员的籍贯有所规定，而会员的职能常常包括类似家族、地区团体的人情往来在内。

---

① 克劳福德收集到若干有关中国赴暹贸易帆船的船员酬金的一手资料：①船主，没有固定工资，但有 100 担位，并可将走道、隔间提供给乘客居住，其价值为 150～200 西班牙银元，并可获得售卖船货纯利润的 10%；②火长（引水人），每次航行 200 西班牙银元，外加 50 担位；③财副，100 西班牙银元，外加 50 担位；④舵工，15 担位；⑤司碇、择库，每人 9 担位；⑥水手，每人 7 担位。他说道："这些配额适用于 6000 担位的帆船，不过较大或较小的帆船与此大同小异。" John Crawfurd, *Journal of an Embassy from the Governor - General of India to the Court of Siam and Cochin China*, 2nd ed., Vol. 2. London：Henry Colburn and Richard Bentley, 1830, pp. 160 - 161. [据道光《厦门志》（卷 5，第 29 页），火亦作"伙"，火长掌船中更漏及驶船针路，财副司货物、钱财；择库负责清理船舱。——译者注]

② "A Dissertation upon the Commerce of China"（written circa 1838）, in Rhoads Murphey, ed., *Nineteenth Century China：Five Imperialist Perspectives*. Ann Arbor：Center for Chinese Studies, The University of Michigan, 1972, pp. 36 - 37.

像中国其他行会一样，这些中国东南的组织缺乏资金储备，大部分所收会费仅作"非生产性"之用。行会的权利缺乏法律保障，这使它们丧失了独立性，且长年累月受官府的摆布。因此，行会面临官府持续不断的干涉骚扰、敲诈勒索，不愿且不能经由投资，真正建立雄厚的经济基础，而这又反过来削弱了它们与官府讨价还价的底气，使它们挑战官场习气、维护其独立性化为泡影。如此一来，便形成了一种恶性循环。随之而来的是，在中国的环境中，如同西方城市行会，真正自由和合作经营的贸易组织渺无踪影。18 世纪时，在暹罗的华人居民中，任何正式的经济组织也不可能存在。可以断定的是，直到 19 世纪下半叶，华人行会才形成。在此之前，家族之外任何类似的有组织经济活动都以寺庙为中心，不过海外贸易通常不在其列。所以，其时留暹华人似乎是逐步开展海上贸易的私人资本家。①

　　清廷重新开放对东南亚的贸易后，各种商行如雨后春笋般涌现。就对暹贸易而言，厦门和广州的商行似乎至关重要。在最初数十年中，当厦门商人在东南亚贸易中占据主导地位时，厦门地区于 1727 年设立的以"洋行"著称的商行几乎专门经

① 根岸佶『中国のギルド』、231、235 頁；D. J. MacGowan， "Chinese Guilds or Chambers of Commerce and Trades Unions," *Journal of the China Branch of the Royal Asiatic Society*， New Series， Vol. 21， Nos. 3 & 4 （March 1887），pp. 135 – 136；Naosaku Uchida， *The Overseas Chinese*：*A Bibliographical Essay Based on the Resources of the Hoover Institution*， 2nd printing. Stanford：Hoover Institution on War， Revolution， and Peace， Stanford University， 1960， p. 37；Norman Jacobs， *The Origin of Modern Capitalism and Eastern Asia*. Hong Kong：Hong Kong University Press， 1958， pp. 38 – 39；《泰国福建会馆简史》，《泰国福建会馆成立五十周年暨新址落成纪念特刊》，第 44 页。1869 年，暹罗首个福建人行会成立于曼谷，它可能是暹罗最早的华人行会。梁寄凡：《馆史》，《泰国海南会馆新厦落成纪念特刊》，泰国海南会馆，1958，第 1 页。

营中遏贸易。此前，从未有人明确提及厦门有这类维持与东南亚贸易关系的有组织的商行。虽然根据英国东印度公司的记载，早在1684年，厦门的贸易已有序展开，且17世纪末18世纪初，商人领取执照制度（马士将其视为广州公行制度的前身）已在充分发挥其效用。然而，这种商行与洋行究竟是什么关系，尚须查考，即使领照制度为公行制度的组织开创了先例。① 我们知道，当时在福建、广东、浙江主要贸易中心的大多数领照商人是闽南人。② 不同于1760年前广州的商行，厦门洋行同时经营驶往东南亚的船只，及东南亚至厦门的贸易。③

洋行的一个重要职能是管理赴东南亚贸易的内地船只（列为"洋船"一类）。船户，包括以厦门作为对东南亚贸易始发港的外地船户在内，须寻求洋行的合作，而洋行则负责办理连环保手续，并为船只缴纳必要的关税。此外，行会对官府所给予的贸易垄断权承担部分义务，每年需向海关监督及福州将军进献，包括一定数量的燕菜（燕窝？）和黑铅。1755年，官府将所谓的"洋规"裁减了五成，但行会仍需上缴银4000两，以作修造水师战船之用。④

1727年，福建巡抚常赍首次明确奏请，对厦门船只实施连环保制度。此奏与官府试图控制福建内地民众偷渡台湾有关。不过，在中国的历史舞台上，某种相互牵制的形式早已存在，即出海贸易的船只需由国内商业行会出面担保。17世纪，时人注意到，福建帆船成群结队（虽然并非集聚的船队）驶往马尼拉从事

① 平瀬巳之吉『近代支那經濟史』、116－117頁；Morse, *The Chronicles of the East India Company Trading to China*, Vol. 1, pp. 56, 125, 128, 132.

② 一般说来，相比其北部或福州的贸易商，闽南商人更为富有。Uchida, *The Overseas Chinese*, p. 7.

③ 根岸佶『支那ギルドの研究』、51頁。

④ 道光《厦门志》卷5，第29b页。

贸易。这显然是中国海运规制的一部分，强调互相担保。① 中国地方行政管理之制——保甲制的相互牵制概念部分与此相同。

　　在正常情况下，前往暹罗贸易的厦门船只都是三桅船，排水量从数千担至万担以上，由财东出资建造，并置办部分货物。② 这些人也被称为"出资者"，乃是组成包括洋行在内合伙者（合股）的商民。然而，真正负责管理航运、贸易的人是一群单独的经营者，其中包括船主（称呼较多，有船主、船长、船头等，也是商人）、海员，有时最大的财东也会令其养子或女婿监督船只的运营。不久之后，船只经营者亦获准携带私货出国发售。不过，其时"行者入海，居者附资"（经营者出海，出资者居乡）的习俗颇为盛行。③ 这种经营模式，亦即上文提及的合伙制度，在17世纪的日本已风行一时（当地称为"投银"），同时在暹罗和东南亚各地广为流传。

　　经营海外贸易帆船的业务，不可避免要与地方官打交道。第一，财东须将20%～40%的投资进献给地方衙门的"恩主"，以求全面的"庇护"。第二，船主登岸后，须经船只捎客（主商）进行交易，后者为官府监管贸易。交易员（市伙）附属于

---

① 《高其倬（三）》，《雍正朱批谕旨》，第14函第5册，第86b～87b页；William Lytle Schurz, *The Manila Galleon.* New York：E. P. Dutton & Company, Inc., 1939，p.71.

② 根岸佶『合股の研究』、494页。

③ 苏清淮：《福建沧桑史话》，《泰国福建会馆成立五十周年暨新址落成纪念特刊》，第97页。这种情况可与16世纪末万丹的华人贸易做比较，范勒尔对此描述为："富商通常居家不出。当一些船只准备起航时，他们会借给随船出海者一笔钱。这笔钱或多或少依据航程长短而定，须双倍偿还。出海期间，借钱者有职责在身。若航海顺利完成，那出资者按合同收款；若因某种不幸事故，借钱者无力还款，那他必须以妻子、孩子作抵押，直至债款还清为止。若船只失事，那富商所借出的钱款就打了水漂。"van Leur, *Indonesian Trade and Society*，p.204.

海关或县衙，经常确定所收税费，而捐客加倍收取，中饱私囊。① 商船的经营并非简单的差事，因为除了造船的巨额成本，尚有船员和置办的开销。厦门帆船运营的完整架构可用图 6-1 展示。

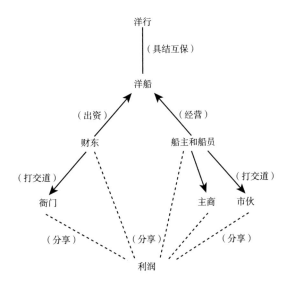

**图 6-1　厦门帆船运营的完整架构**

厦门财东经营"金"字商行。② 但在厦门周边的漳州、泉州二府，明显有其他名称的商行也从事对东南亚的贸易。例如，在距厦门港不远的同安县，其船只以"顺"字冠名，前往暹罗和其他地区贸易。③ 不过，就中暹贸易而言，"金"字号商船的

---

① Wakeman, Jr., "The Canton Trade and the Opium War," a draft of chapter 4 in John K. Fairbank, ed., *The Cambridge History of China*, Vol. 10, pp. 11 – 12.

② 18 世纪，华商通常用商号指代商行和自身；"金"字号船只常抵暹罗，这说明了厦门商行参与中暹贸易的程度。根岸佶『中国のギルド』、226 页。

③ 嘉庆《同安县志》卷 5，第 27b ~ 29a 页，嘉庆四年刻本。

数量似乎最多。

雍正年间和乾隆朝最初数十年，有十几个洋行较为活跃。[①]
它们充当福建往东南亚贸易的所有内地船只的担保人、捎客，
及停靠福建的东南亚船只独一无二的联系人，并从中获取高额
利润。当时，这些外国船正大量前来厦门。[②]

洋行和内地船只徜徉于与东南亚繁荣兴旺的贸易关系中，
随着时间的推移，繁荣本身恰好成为它们衰落的重要原因。它
们的垄断那么有利可图，不久即引发走私和非法贸易。按照朝
廷定例，只有被称为洋船，且严格由洋行担保的船只，才能前
往东南亚贸易。然而，很快名为商行的行会开始与洋行竞争，
也为商船做担保，并专门经营国内及省际的沿海贸易。它们与
商船暗中勾结，将货物运至广州和其他地区，再转运至大船，
驶往东南亚或直接出售给外国商人。回棹时，这些商船通常载
运无甚价值之货，以免引起怀疑，规避可能的盘验，而需从海
外采买的贵重之物则常由陆路运回。1750 年代，这种非法贸易
显然极其猖獗，以至于严重阻碍了洋行的发展。[③]

1750 年代，官府的一系列举措加速了经由洋行而推行的
管制贸易制度的解体。1755 年，乾隆帝提高了厦门、宁波的
关税，紧接着于 1757 年谕令，将对外贸易限制于广州一口。
此举主要旨在阻止厦门、宁波的对外贸易，使之转而集中于
广州一地。这种限制之策也是广州地方官努力的结果，他们

---

① 根岸佶『支那ギルドの研究』、60-61 頁。
② 另一方面，英国人对厦门市场颇感失望。1735 年，英国船"霍顿号"
（Houghton）发现，厦门既无有名望的商人，又无足量的存货。此外，货物
的价格昂贵，每次采购需要五六个月（广州通常只需三四个月）。这种意
外的发现也许证明了厦门洋行在东南亚贸易中的独有地位。Morse, *The
Chronicles of the East India Company Trading to China*, Vol. 1, p. 232.
③ 道光《厦门志》，标点本，第 180 页。

对清廷有相当大的影响力，希望借助公行的进一步集中而垄断对外贸易。清廷和地方官也决心结束与外国（西方）商人无休止的争吵，英国人在"洪任辉事件"中试图前往舟山、宁波贸易便是典型案例。① 或亦可言之，对商业主义的根本蔑视和自给自足的固有观念，也对皇帝的决策发挥了作用。

虽然这种闭关政策并未直接阻止内地船只驶往东南亚，但它影响了厦门及经营对外贸易的中国商行的未来走向。18世纪下半叶和19世纪初期，厦门的内地贸易逐渐转向吕宋、巴达维亚，乃至最终到达新加坡（1819年后）。据《厦门志》记载，直到1796年，仍有洋行8家、商行30余家，领照洋船1000余艘以厦门为对外贸易进出港。② 不过，除了不正当竞争问题，③ 因资金基础薄弱，洋行所受财政动荡的困扰可谓司空见惯（与西方贸易打交道的广州商行比它们大，且诚如下文所见，即使这样的"巨无霸"也常常陷入破产）。当然，这种状况部分由官府的敲诈勒索造成。洋行需每年为闽省军队采购所用物资，并向总督、巡抚和福州将军进献当时所称之春、秋两贡。除此之外，官府常要求洋行首领致送

① 侯厚培：《五口通商以前我国国际贸易之概况》，《清华学报》第4卷第1期，1927年6月，第1248页；Morse, *The Chronicles of the East India Company Trading to China*, Vol. 1, p. 297；Earl H. Pritchard, "The Crucial Years of Early Anglo - Chinese Relations, 1750 - 1800," *Research Studies of the State College of Washington*, Vol. 4, Nos. 3 - 4, Pullman, Washington, 1936, pp. 385 - 386. （洪任辉即James Flint, 时为英国东印度公司大班。1757年，他不顾清廷禁令率船北上宁波、天津，此即"洪任辉事件"。——译者注）
② 道光《厦门志》，标点本，第180页。
③ 1813年仅存的一家洋行呈请厦门地方官，在福建、广东沿海广泛用于秘密运送货物的所有驳船应置于其监管之下。四年后（1817），因走私猖獗，闽浙总督最终采取行动，对此加以限制，但是否奏效不得而知。

其他规礼。例如 1796 年，厦防厅要求他们每年捐银 2 万两，充作缉捕走私犯和其他违法者的经费；1825 年，鉴于财政困难让外贸组织焦头烂额，款项减少到 7400 两。官府五花八门的限制之策，使厦门对外贸易的利润率大大降低。例如，当 1728 年厦门作为国际港重新开放贸易时，洋行获准运茶出海。1817 年，因担忧茶叶这种有利可图的商品会大量流向海外，清廷禁止其出口（尽管内地船只仍能运茶至江南、天津和其他沿海地区）。[1] 厦门洋行衰落的另一个决定性因素在于，18 世纪下半叶，华人居民经营的暹罗船只越来越多地出入中国各港口，故而部分取代了从事海外贸易的内地船只的地位。如下文将言，这些内地船只不能充分参与竞争，因为官府采取种种限制之策，且建造、置办海外贸易船只的成本较为昂贵。1820 年前后，中暹贸易已完全落入留暹华人之手，这意味着洋行、洋船的直接作用黯然失色，此乃对厦门管理式贸易的重大打击。

　　据说，厦门当时只有一家洋行仍然开业；1820 年，洋行数增至 3 家；但到次年，所有洋行已关门停业，厦防厅令金源丰及其他 13 家商行承办洋行之事。当外国船只为逃避重税，绕过

---

[1]　道光《厦门志》，标点本，第 180～181 页。约翰·克劳福德曾提及中国官府对各种出口贸易货品加以限制的奇怪态度，这种态度意在突出上述所施行的有关厦门茶叶出口的政策："中国人确实将重商主义原则发挥到了极致……他们尤其钟情于获利似最为丰厚的对外贸易，且他们禁止钱币出口。他们也禁止所有可用之物出口，这个匪夷所思的民族认为，某些货物具有一种似是而非的价值……虽有诸多限制之策，但我们并不能据此断定这些违禁货物并未进入贸易。中国官吏的贪污腐败无所不用其极，使律例所定之走私货得以自由进口、出口，而对于如何逍遥法外，地方巡察使和商人彼此心照不宣。因此，这种秘密制度唯一的恶劣影响在于，不可或缺的行贿、受贿提高了货物价格，故而限制了消费。"Crawford, *History of the Indian Archipelago*, Vol. 3, pp. 171–172.

厦门而秘密驶往如诏安等较小港口时，新制度之下的贸易又再度衰落。1832～1833年，厦门商行数已跌至五六家。①

像福建一样，1729年重新开放贸易后，浙江也建立了管理本省对外贸易的行。其时，许多福建商人活跃于浙江，尤其是该省的丝绸贸易。显然，他们造船同时与东南亚、日本贸易。王之春曾注意到，一个总行会或总商成立于宁波，其职责之一是盘验出海贸易的内地船只，并管理前来浙江开展的对外贸易。② 此外，有关当时浙江在东南亚贸易中作用的资料，可资利用者实属鲜见。从某种意义上来说，资料的缺乏反映了存在于浙江与东南亚之间的贸易状况。17世纪末之后，史料极少提到浙江商人往暹罗贸易或暹船来浙江贸易。③

从尚可喜掌权开始，广州就总是有形形色色的领照商人。起初，因不同的地方官激烈争夺、间接经营有利可图的对外贸易，贸易制度非常混乱。1710年代，随着总行会即十三行的组建，某种秩序得以建立。十三行专门经营广州的对外贸易，确保税收源源不断地流入清廷和地方官府，且有利于官府加强对外贸的控制。④ 据马士的分析，公行的组建旨在防止广州形成连官、晏官对外贸的垄断，他们是当时广州最有影响力的商人，

---

① 道光《厦门志》，标点本，第179、180页。

② MacGowan， "Chinese Guilds or Chambers of Commerce and Trades Unions," *Journal of the China Branch of the Royal Asiatic Society*， New Series， Vol. 21， Nos. 3 & 4 （March 1887）， p. 145；王之春：《国朝柔远记》卷4，第4b～5a页。

③ 顺着这一思路，值得一提的是，即使18世纪上半期，据说厦门已成为中国对东南亚贸易最重要的港口，可资利用的些许相关资料也基本上来自一种史料，即道光《厦门志》。

④ Wakeman， Jr.， "The Canton Trade and the Opium War," a draft of chapter 4 in John K. Fairbank， ed.， *The Cambridge History of China*， Vol. 10， p. 29.

且一贯为地方官所支持。① 然而不同于厦门的洋行，在最初的
数十年中，广州公行并非直接与前往东南亚贸易的本省商人
打交道，而只是管理包括暹罗贡船在内外国船只进港后的贸
易。作为与对外贸易直接相关的独立发展组织，公行"最好
称为一个管理公司"，一小撮有头有脸的行商完全控制对外
贸易，"较小的商人可从他们手中领取到同外国人贸易的执照。
公行并无共同资本（设立于1779年的行用除外，此外尚需偿
还某些债款，及预备致送皇帝和地方官的规礼），各商以其资
本单枪匹马地与外国人进行贸易。公行有一个名义上的首领，
但它总不能在合作买卖和统一固定价格的政策上协调一致……
尽管组织松散，但公行能有效落实其要求……因为外国商人须
依靠它"。②

　　在初创阶段，广州公行由许多来自闽南的福建人组成，据

---

① Morse, *The Chronicles of the East India Company Trading to China*, Vol. 1,
p. 163. 对于公行组建的确切年份，学界争论不休，莫衷一是。西方学者一
般认定是1720年，而中国、日本学者则坚持认为并非如此。稻叶岩吉在其
论文「清代の廣東貿易」中认为是1760年，而梁嘉彬在所著有关广州公
行的书中则主张是1685年，同时吴晗（《书籍评论：广东〡三行考》）勉
强接受1682年之说。彭泽益在《清代广东洋行制度的起源》一文中推定，
粤海关监督设立后，公行即于1686年成立。据他分析，面对广州对外贸易
的快速增长，两广总督和粤海关监督深感创设新的贸易垄断制度的必要。
以前，经营国内贸易、国外贸易的地方商行并无分别；在那之后，它们被
划分为金丝行和洋货行，专营国内、国外贸易。在《十三行与屈大均广州
竹枝词》一文中，汪杼庵提出了第六种观点，坚称1684年公行便已存在。
1724年，抚院商人保官捐纳银2.4万给巡抚，包揽广州全年的对西方贸
易。然而，英国人及其他中国商人对此坚决反对。梁嘉彬：《广东十三行
考：鸦片战前广东国际贸易交通史考》，第65页。此外，1726年，两家商
行试图垄断对外贸易，广东巡抚杨文乾予以支持。佐佐木正哉「粤海関の
陋規」『東洋學報』第34卷第1—4号，1952年3月、143页。

② Earl H. Pritchard, "The Crucial Years of Early Anglo - Chinese Relations,
1750 - 1800," *Research Studies of the State College of Washington*, Vol. 4,
Nos. 3 - 4, Pullman, Washington, 1936, p. 140.

说其比例几乎已达90%。根据马士的说法，这些商人主要从泉州来，颇有商业头脑，在一定程度上促进了广州外贸的发展，公行受到福建商人相当大的影响。[1]

直到1736年，即乾隆元年，广州的对外贸易并未把东南亚和西方区分开来。广州的对暹贸易可能由公行内的商行管理，因为在此之前，中国史料提到，洋货行打理暹罗人的朝贡贸易（广州的公行有时称为外洋行）。广州贸易地域差异化的缺失，反映了厦门进行的东南亚贸易占主导地位。随着厦门的衰落，直到1760年，一个专门经营中暹贸易的行会才开始在广州出现。广州城外，尤其广东东北部的潮州府有一个经营对暹罗贸易的商行，它以金为名，与厦门行会同名。据屈大均《广东新语》一书记载，17世纪晚期，粤省数地已在积极推进与东南亚的贸易。因此，这样的行会出现于潮州，并在后来的中暹贸易中发挥了重要作用。[2]

我们注意到，1736年，一个由8家商行组成、名为海南行的新行会在广州城外的会城成立。不过其起源尚难完全厘清。彭泽益认为，新行会实际上是以前金丝行（1686年定其管理国内贸易，而定洋货行管理对外贸易）的一个分支，只是改名而已。[3] 然而，魏斐德（Frederic Wakeman, Jr.）主张，海南行既经营国内沿海贸易，又从事东南亚贸易。显然，它是由当地商人，特别是由潮州府商人组建的行会，也开展对暹贸易。但是，

---

① Morse, *The Chronicles of the East India Company Trading to China*, Vol. 2, p. 1；梁嘉彬：《广东十三行考：鸦片战前广东国际贸易交通史考》，第66页。1720年后，广州有影响力的商人多达90%是福建人。武堉干：《中国国际贸易史》，商务印书馆，1928，第63～64页。

② 道光《广东通志》第3册，第3311页；《明清史料·庚编》第6本，第577页；屈大均：《广东新语》卷15，第34a页。

③ 彭泽益：《清代广东洋行制度的起源》，第16～17页。

它不可能直接参与暹罗人在广州的朝贡贸易，因为公行似乎早已将后者纳入其经营范围。尽管如此，海南行很有可能是一个专门负责管理赴暹贸易的广州领照私商的组织（虽然其规模可能比厦门洋行小）。海南行是与广州国内外贸易发展相适应的商行垄断制度进一步专门化的象征，这一点毋庸置疑。可惜我们对其知之甚少，殊为憾事。1757 年外国人来广州贸易的"本地化"，对原有行会随后的改组产生了直接影响，促进了所谓"广州体制"的形成。而经由官府行动，逐渐加强贸易垄断，正是该体制的特征所在。1760 年，两广总督下令组建另一个公行，以巩固广州行商的地位。① 于是，20 多家公行和 8 家海南行（包括 1745 年成立的 5 家保商行，主要目的是防止交易中违约的出现）获准改组。次年，同文行潘振承（即潘启官，原籍泉州府的广州大商人）② 及其他 8 家商行的首领呈请设立一个新公行（外洋行），专办西方贸易事宜。③ 他们亦禀请将海南行更名为福潮行，管理潮州和福建商人贸易之货物及关税。④ 与此同时，另一个名为本港行的商行也获准成立，专门经办暹罗的

①　Wakeman, Jr., "The Canton Trade and the Opium War," a draft of chapter 4 in John K. Fairbank, ed., *The Cambridge History of China*, Vol. 10, pp. 67 note, 43.

②　Dermigny, *La Chine et l'Occident: Le commerce A Canton au XVIIIe siècle*, pp. 339 - 340. 根据 1685 年施行的旧例，外国人只准与专门的领照商人进行贸易。1745 年，广州地方官为外洋行甄选数名身家殷实、地位尊崇的商人，令他们在监管外国船只船员、交易活动之余，担保广州对外贸易的税饷。这些保商直接对粤海关监督负责。该制度真可谓"对外国人进行敲诈勒索、征收税款，并加以控制的绝佳手段"。Wakeman, Jr., "The Canton Trade and the Opium War," a draft of chapter 4 in John K. Fairbank, ed., *The Cambridge History of China*, Vol. 10, p. 35.

③　平濑巳之吉『近代支那経済史』、185 页。

④　民国《潮州志稿》，大事志二，饶宗颐编集《潮州志汇编》，龙门书店，1965，第28b～29a页。

朝贡贸易和关税。[1]

1800年，粤海关监督佶山上奏嘉庆帝，言道："现有外洋行、本港行、福潮行三项名目……其外洋、本港一切纳饷诸务，乾隆十六年间，俱系外洋行办理……并无本港名目，亦无福潮行名，止有省城海南行八家。迨乾隆二十五年，洋商潘振成［承］等九家呈请设立公行，专办夷船，拟司议准。嗣后外洋行商始不兼办本港之事。其时查有集义、丰晋、达丰、文德等行，专办本港事务，并无禀定设立案据。其海南行八家，改为福潮行七家，亦无案可稽。"[2]

随着新制度的推行，官府对广州外贸的控制趋于严密，因为广州大多数国内外贸易此时已置于真正的集体垄断之下。不过，广州的外贸可能已拓展到需要进一步专门化的程度。道光《广东通志》提到，从1760年起，广州从事对外贸易的船数稳步增长。资本雄厚的商行通常管理外洋行的业务，而财力较小的商行则打理福潮行的事务。最后，三个商行中资本最少的商人一般处理福潮行事宜。[3]

将1720年代至1750年代厦门洋行的作用与广州公行做比较，我们注意到以下两点。第一，厦门的行会几乎专门经营与东南亚的贸易，而广州公行经营西方贸易更为明显，即使它们同时管理暹罗官方的朝贡贸易。由此我们可得出结论，其时厦门在对东南亚的贸易中发挥着举足轻重的作用。第二，厦门的行会既管理东南亚到厦门的对外贸易，又负责厦门船只赴暹罗和东南亚其他地区的贸易，而"广州体制"的主体似已不对广州至暹罗的贸易发挥直接作用。1736年后，海南

---

① 梁廷枏：《粤海关志》卷25，第10b页。
② 梁廷枏：《粤海关志》卷25，第10b、11a页。
③ 道光《广东通志》卷180，第22页。

行可能已对驶往暹罗贸易的内地船只进行担保，但是并无文献加以佐证。随着专营暹罗贸易的本港行的设立，我们倾向于认为，新行会不仅如偕山奏折所云，管理暹罗人在广州的朝贡贸易，还参与对东南亚的一般贸易（因此，其作用更像厦门的外贸行会）。在萧一山看来，除其他小规模的国内沿海贸易活动外，本港行和福潮行都从事对东南亚的贸易。清代官府往来公文也提及，本港行所属船只驶往暹罗、河仙、巴达维亚和柬埔寨进行贸易。① 福潮行可能早已从本港对东南亚贸易的经营中分得一杯羹。这些新行会的运行可能象征着对此前厦门外贸行会所经营的东南亚贸易事务的取而代之。18世纪上半叶，厦门似已专营东南亚贸易，而广州、宁波则分别专营西方、日本贸易。

18世纪下半叶，广州的垄断贸易进一步发展。1760年公行成立后的11年间，外国商人对这一新制度颇为不满，英国人尤其反对。新的垄断制度也加剧了商行破产的老问题：1770～1771年数家公行的倒闭昭示了该制度信用缺失的程度。② 据说，在收受英国人贿赂之银10万两后，③ 两广总督李侍尧奏请暂停新公行，并临时恢复各商行的外贸经营权。④ 所以，1771～1780年，外洋行、本港行、福潮行显然都暂时失势，而暹罗人

---

① 萧一山：《清代通史》第2册（卷中），台湾商务印书馆，1962，第834页；《高宗实录》卷704，乾隆二十九年二月庚寅条，第13b～14a页。

② 梁嘉彬：《广东十三行考：鸦片战争前广东国际贸易交通史考》，第105页。

③ 马士认为，公行暂停乃全得潘振承之力。他向两广总督李侍尧行贿银10万两，英国东印度公司予以偿还。在总督任内，通过收受当地商人的贿赂，李氏获得暴利。Morse, *The Chronicles of the East India Company Trading to China*, Vol. 1, p. 301.

④ 1775年，传闻10名商人在总督的庇护下企图重新组织公行，但终未实现，部分原因在于英国人和潘振承的反对。Morse, *The Chronicles of the East India Company Trading to China*, Vol. 2, pp. 13－22.

抵穗之贸易可能如同西方贸易一样，由各商行管理。但是，1781年，本港行确实又重回历史舞台，因为当年暹罗贡使来华，一个由4家商行组成的总行负责管理对外贸易，它很可能就是本港行。此外，其时福潮行肯定也已恢复运营（文献未提到1770年代两行连同外洋行一并倒闭，不过我们推测，整个公行都受到了影响）。至1782年，公行制度已稳稳地重建起来，并保有以前的全部特权，且被置于粤海关监督的监管之下。①

18世纪下半叶，福潮行、本港行的历史仍存在厦门洋行制度那样的问题：官府的敲诈勒索、破产和秘密经销商的竞争。对于广州的贸易组织而言，资金短缺似已成为其中最棘手的问题。1770年代至1790年代，商行负债之事不绝于耳。1760年，乾隆帝下谕，禁止中国人向外国人或外国人向中国人借贷取利，若中国人借贷则充军伊犁，若外国人借贷则将其没收。尽管谕令已颁行，且有行用可用，② 但因广州的利息过高，与西方人打交道的商行积欠债款400余万西班牙银元。③ 各商行留在本港行和福潮行内的时间并不长，因为在运营的数十年间，商行数量的周期性改变屡见不鲜。1771年，只有3家商行留在本港行内，即以刘如新为首的如顺行，以辛时端为首的怡顺行，及以邓彰杰为首的万聚行；10年后增至4家。到了1790年代，商行

---

① Morse, *The Chronicles of the East India Company Trading to China*, Vol. 2, p. 82.

② 行用设立于1780年，旨在以集体负责制的方式（所有商行共同偿还个别商行的债款）缓解商行持续不断的债务问题。换言之，当某个商行破产时，其他商行以行用合力偿还其债款，这些行用乃是从外商所购货物中征收3%的额外从价而来。

③ Morse, *The Chronicles of the East India Company Trading to China*, Vol. 2, pp. 53-54. 商行负债的原因通常包括官府的敲诈勒索，商人的骄奢淫逸，贷款的高利息、高风险。

的财政不稳已演变成财政危机，这可以从它们向暹罗商人借入巨款得到证实。结果，本港行走向破产。[1] 平濑巳之吉评论道，本港行的财政基础仍较为薄弱，原因之一是暹罗人的朝贡贸易（行会的支柱）尚未充分发展到对行会极其有利可图的地步。[2] 如顺行、怡顺行、万聚行的首领们债台高筑，以至于他们对此束手无策。另一个同样重要的原因是，涉事商人显然顶不住粤海关监督日益加重的压榨，后者向外贸行会索取大量进献，包括用来赈济华北饥荒的 25 万两银。1795～1796 年，随着本港行的倒闭，广州地方官府遂将暹罗人的朝贡贸易事务交由外洋行打理。但此举并不意味着维持暹罗朝贡贸易专营之观念的终结。外洋行最终发现，接管本港行业务获利甚微，与所肩负的大量杂务并不相称，所以它们放弃了这一职责。[3]

1796 年，即本港行裁撤之后一年，福潮行商人向官府建议，公举所属行商陈长绪打理本港行以前所有的事务。不料陈氏一上任，就与福潮行其他商人的意见颇为不合，后者指控其试图垄断暹罗贸易。[4] 他终被革职，不过固有的专门经营问题并未因此而完结。1800 年，粤海关监督佶山上奏清廷，请将暹罗朝贡贸易的管理权交还外洋行，获嘉庆帝允准。此后，专营

---

① 梁廷枏：《粤海关志》卷 25，第 11b～12a 页。

② 平濑巳之吉『近代支那經濟史』、185 页。

③ 根岸佶『支那ギルドの研究』、391－392 页；梁嘉彬：《广东十三行考：鸦片战前广东国际贸易交通史考》，第 118～119 页。仅潘启官一人，粤海关监督就要求他捐献 50 万两。［此处潘启官即潘启官第二，即潘有度（商名潘致祥）。——译者注］

④ 梁廷枏：《粤海关志》卷 25，第 12a 页。那么，其时广州的朝贡贸易及其他形式的中暹贸易都由同一商行经营。

制度就被束之高阁了。① 行商也提出一个新的方案，以真正经营这一贸易。基于此，外洋行的 8 家商行轮流经办，每年由两家商行共同轮值。故而，1801 年同文、广利二行（前者以 1797 年公行主席潘启官第二或潘致祥为首）值年，1802 年怡和、义成二行值年，1803 年东生、达成二行值年，1804 年会隆、丽泉二行值年，周而复始。粤海关监督强调，为避免出现某个特定商行垄断的可能性，轮值之举实有必要，但它反而助长了商行的敷衍塞责之风，并造成了其他困难（如负债）。为此，他提到，暹罗对华贸易的重要性使此举成为必要。②

因此，从 1800 年直到鸦片战争，新制度明显一如既往继续施行，并无多大改变，这也证明其非常适合暹罗朝贡贸易的需要。从 1826 年两广总督阮元向清廷的奏报中，我们便可看到其中的蛛丝马迹。③ 然而 19 世纪上半叶，出现了一件暹罗仍继续使用"本港"之名的怪事——此名明显涉及本港行（暹文音译 Punkang，源于其潮州话或闽南话称呼），而一般认为，它早已寿终正寝。例如，拉玛四世编年史提到 1850 年代广州官府派使者递送给财务兼外务大臣的一份公文，内含如下消息："有两封名为本港，负责对暹事务的铺户（原文如此）的来信。"④ 此处显然是特定年份处理对暹事务的外洋行所属的两家商行，不过它们

---

① 根据英国人的记述，佶山"最为贪得无厌"，不停地寻找新的税源。控制公行和甄选个别行商皆出自其手。Morse, *The Chronicles of the East India Company Trading to China*, Vol. 2, pp. 360, 421.

② 梁廷枏:《粤海关志》卷 25，第 13b～14b 页。

③ 李光涛:《华裔与暹罗》，第 436 页。（此注与下注原文为一注，为便于分清引文出处，据其博士学位论文拆分为二。——译者注）

④ Câwphrajaa Thíphaakorawoŋ, *The Dynastic Chronicles*, *Bangkok Era: The Fourth Reign*, *B. E. 2394 - 2411（A. D. 1851 - 1868）*, Vol. 2: Text, tr. by Chadin (Kanjanavanit) Flood, with the assistance of E. Thadeus Flood. Tokyo: The Centre for East Asian Cultural Studies, 1966, p. 281.

仍保留以前本港行的名称。可惜我们并无相关文献证明，在对暹罗事务的管理中，外洋行获得多少利益。或许，本港行所属商行最终设法获取了一般公行的管理权。

看来，本港行与福潮行之间早有密切的关系，这从后者主要负责短暂恢复前者业务的事实可看出端倪。况且，其时在对暹贸易中，潮州、福建商人最为活跃，而许多私商必定属于福潮行。不过，本港行与外洋行的关系不明显，即使我们注意到，最初于 1760 年呈请设立新公行的潘启官（潘振承）是福建人。1714 年，潘氏出生于泉州附近；1740 年前后，他在广州站稳脚跟，且效力于一家外贸商行；1750 年开设商行。[①]

事实上，专营暹罗贸易商行的维持，说明与外洋行的无差别管理相比，它们的职责有所不同，尽管就对暹贸易而论，专门的商行意味着一种特殊的地位。充当商品交易的担保人、缴纳关税的代理人、朝贡使团的牵线人、外国商人和使节的东道主是它们的本职所在，岁月流转，从未改变。

---

① Dermigny, *La Chine et l'Occident：Le commerce A Canton au XVIIIe siècle*, pp. 339 – 340.

# 第七章　阿瑜陀耶王朝晚期至曼谷王朝初期的中暹朝贡贸易

　　在 18、19 世纪暹罗对中国的朝贡贸易中，贡使有"正式"与"半正式"之分。但他们都是以国王的名义被派遣的，所以皆为官方使团。两者的区别在于，清廷显然不会为"半正式"使团举办例行的进贡典礼，通常是以某个特殊的借口（如皇帝万寿时）被派遣而来。然而，清廷给予半正式使节的待遇与正式贡使大同小异，特别是在贸易特惠（免税、优待官商等）的赐予方面更是如此。

　　1700~1766 年（阿瑜陀耶王朝晚期），暹罗遣往清廷的正式使团数达 12 次，或大约每 5 年 1 次。按照清廷定例，暹罗人需每三年进贡一次。尽管 1708~1720 年暹罗人并未入贡，但乍看起来，上述次数似乎少于所规定者。[①] 不过在正式进贡之间，暹罗已设法另派了 4 次半正式使团。[②] 如果我们将这些使团计

---

　①　许云樵：《中暹通使考》，《南洋学报》第 3 卷第 1 辑，1946 年 9 月，第 26~30 页。

　②　其中 1723 年的贡使被风漂至浙江沿海，1747 年的使节向皇帝入贡异兽，1749 年暹廷也派遣了正式使节，而 1760 年遣使则被拒。光绪《钦定大清会典事例》卷 503，第 43b~44a、40b~41a 页；卷 510，第 45b 页。

算在内，这一时期的使团数将达 16 次，略少于 4 年 1 次。考虑到使团漂洋过海而来，行程险象环生，这种频率本身就引人注目，更不必说经由正式朝贡使团，用以补充这种贸易模式的其他方式了。

以下记载是 1748 年例贡使团经营贸易的模式。暹罗正贡船在护贡船的护送下到达广州。这艘正贡船系刚刚建造，用来代替前一年驶往广州途中因强风而被迫收泊安南之贡船（不过副贡船抵达了广州）。正贡船商为马国宝，护贡船商为方永利，两人均拥有暹罗爵衔。广东布政使赫庆查明，使团与有关船只数量和每艘船船员规模之定例相符。他发现，两船的船员有 186 人，其中有很多华人。然而，他们未被遣返原籍，因为他们已在暹罗居住多年，且在当地有亲属家室。使团最终出发前往北京，而在使团起程进京之日，方氏管驾的护贡船获准返航暹罗。暹罗人购买了 500 斤红铜，并用之铸造铜盘、铜碗和铜烛台（并非违禁物件）。清廷明确谕令，船只所载压舱货物，援照定例，一并免税。那次暹罗人还将两头驯象进贡给乾隆帝。①

在例贡使团中，贸易机会不见得就是暹罗国王的专属。暹罗贵族也参与其间，使团的某些人是他们利益的代表。1708 年，康熙帝下令，外国贡使所带货物，准以任何方式进行贸易，并免其征税；而乾隆《钦定大清会典》（1764）也宣布，使团可免税携带任何数量的商品进入广州——这些都为 18 世纪末加强此举提供了法律依据。这类常见的物品是胡椒和木材，暹罗

---

① 《明清史料·庚编》第 6 本，第 515b～516b 页。

贵族一般从国王赐予的地盘上以税收形式获得。①

半官方支持的贸易，通常由探贡船经营。1729～1766年，他们的活动越来越值得注意。此时，他们的任务不再仅仅局限于向例贡使团问安，其职能已变得无所不包，并注重贸易。例如，1761年，暹罗数件贡物沉失海上，清廷免其补进；次年，暹王复遣探贡船前来广州，呈请代谢天恩。同时，它还获准在广州发卖压舱货物，免征税银。②因清廷意欲鼓励暹罗大米进口，故雍正帝和乾隆帝允准华人经营。中方的这一让步，使探贡船在贸易中的重要性得以进一步凸显。③

事实上，贸易已成为派遣探贡船背后的主要动机。虽然它们出现的频率并不像正贡船那么高，但它们的重大商业意义不容忽视。另外，清廷似乎已正式承认，只有1750年代的探贡船活动处在朝贡贸易关系适当的范围内。除了例贡使团，到1760

---

① 许云樵：《中暹通使考》，《南洋学报》第3卷第1辑，1946年9月，第26页；Fairbank and Têng，"On the Ch'ing Tributary System," in Fairbank and Têng, Ch'ing Administration, p. 144；屈大均：《广东新语》卷15，第32b～33a页。

② 光绪《钦定大清会典事例》卷510，第45b～46a页。

③ 1762年前后礼部上呈的一份奏报，或许是说明这一时期探贡使团及其贸易细微差别的最佳例证："两广总督苏昌……查得暹罗国王遣船商蔡锡望驾船来粤探贡一案。乾隆二十六年，该国遣使……押驾正副贡船二只……进贡……副贡船只照例准其先行回国……业经委员监看下货，于乾隆二十七年……护送出口回国……今次该国王照例令大库给文，遣蔡锡望驾船前来探贡……据南澳、番禺二县通报，奉檄饬查该船压仓货物实有若干……驳运各货起贮泰顺行内……乾隆二十二年，暹罗国王差遣船商吴士锦驾船前来探贡……压仓货物停其征税，梢目、水手照例支给口粮……今该国王遣船商蔡锡望驾船赍文前来探贡，并请代为奏谢天恩，其压仓货物据称阁浅多被霉湿，难以久贮，应令其先行发卖，免征税饷；梢目、水手口粮仍照例以该船到省之日起支，贡使在京回粤之日住支……该商船唐梢人等，据称俱系在暹生长，各有家室，应令其……回暹。"参见《明清史料·庚编》第6本，第529b～530a页。

年代，乾隆帝进一步允准，每年夏季月份，暹廷可以"岁贡"[①]
的形式在广州进行贸易。我们应将此视为清廷所认可之朝贡贸
易规模的显著扩大。

暹罗的朝贡贸易严格经由限定种类的贡船，不仅在广州，
还在厦门和宁波同时展开。这种贸易虽在非进贡时节进行，但
仍被视为暹廷朝贡贸易的一部分。1722 年，在暹米持续不断流
入中国东南至少 30 年之初，暹罗人获准与厦门、宁波进行大米
贸易。据记载，1723～1751 年，数艘米船常到中国东南的上述
三个主要港口从事贸易。[②] 在朝贡贸易的背景下，整个时期，
对于暹罗人采买一般禁止出口货物之请求，清廷也以施恩的方
式，展现出相当大的宽容度，这些通常是战略物资，如红铜和
白银。[③]

1729 年，福建巡抚奏称，暹罗国王令贡使从中国购买若干铜钱
和大量铜线。雍正帝注意到这类物资限制出口，不过仍允其购买带
回。1736 年，暹罗使团又呈请采办铜锭，用于建造一座名为福送寺的新
寺庙，乾隆帝加恩售给 800 斤，同时强调此举与定例不符，下不为例。[④]

---

① 岁贡即例贡，也就是逢贡期的进贡。——译者注
② 高崎美佐子「十八世紀における清タイ交渉史－暹羅米貿易の考察を中心
として」『お茶の水史学』第 10 号、1967 年 12 月 15 日、19－20 頁。
③ Fairbank and Têng, "On the Ch'ing Tributary System," in Fairbank and Têng,
*Ch'ing Administration*, p. 144. 乾隆《钦定大清会典》（1764）严禁出口之
物为铁、铁锅、军器、黄金、铜及铜钱。道光《厦门志》卷 7，第 7b～
10a 页。
④ 光绪《钦定大清会典事例》卷 511，第 54a～b、56a 页；许云樵：《中暹通
使考》，《南洋学报》第 3 卷第 1 辑，1946 年 9 月，第 27 页。[《事例》内
云"铜系造佛送寺之用"，"佛"字《乾隆帝起居注》乾隆元年六月十九
日条，《高宗实录》乾隆元年六月壬午条，《皇朝文献通考》及乾隆《钦
定大清会典则例》均作"福"，且《皇朝文献通考》卷 297 云"每年造福
送寺"，故宜改为"福"。铜斤用于"造福送寺"，并非"建造一座名为福
送寺的新寺庙"之意，作者此处理解恐有误。——译者注]

1748 年，广东巡抚岳濬又上奏，暹罗朝贡使团带来 500 斤红铜，他们想在广州铸造铜盘、铜碗和铜烛台。清廷予以恩准，同时一如既往地告诫嗣后不得援以为例。[①]

阿瑜陀耶王朝晚期，尽管暹罗经由朝贡渠道从中国所获战略物资的数量可能并不多，但事实仍旧是，其时中国是此类物资（尤其红铜）的来源地，暹罗不得不依赖之。日本市场受到限制后，暹罗只能从中国获得红铜；它在云南东川县开采，并在广州销售。[②]

1767 年，缅甸军队洗劫大城，终结了古老的阿瑜陀耶王朝。同年，缅甸直接的武力威胁解除后，郑信所关心者，乃是暹罗政治制度的重振，而作为其中重要的组成部分，他将新都城定在大城以南 60 余千米，更靠近湄南河口之地。新都颇具战略价值，贸易极为便利，与中国的联系也更为密切。[③] 他恢复了对华贸易，以此作为确保国家财政收入的一种方式。这是合情合理之举，因为在他及后来的曼谷王朝拉玛一世、二世统治时期，国家仍未完全稳固，很难向民众征税，从而获得收入。朝廷对全国大部分地区的控制十分薄弱，苛捐杂税的征收会引发民众不安，造成社会动荡，打破微妙的政治平衡。据 1853 年拉玛四世云：“当时，因（朝廷）可保有的权力少得可怜，民众也有造反的倾向，所以并无税收上缴。国家刚刚重建，百废

---

① 《明清史料·庚编》第 6 本，第 516a 页。
② 陈昭南：《雍正乾隆年间的银钱比价变动（一七二三——一七九五）》，第 42~43 页。
③ 吴迪：《吞武里皇朝史》，陈礼颂译，《中原月刊》第 1 卷第 8 期，1941 年 8 月 31 日，第 43 页。霍华德·马尔科姆认为，郑信定都吞武里乃出于贸易考量。Howard Malcom, *Travels in South-Eastern Asia, Embracing Hindustan, Malaya, Siam, and China.* Boston: Gould, Kendall, and Lincoln, 1839, p. 124.

待兴。因此，他们依赖帆船贸易，从中获得的收入用于支付国家开销，并供养王室、贵族和家财万贯的贸易家族。"①

此外，在与缅人及暹罗其他拥兵自重、独霸一方的南北割据势力经年累月的战争中，郑信急需武器和战略物资。事实上，自1759年以来，因与形形色色的缅军不断交战，当地主要出产铁矿、焰硝的矿场已关停或枯竭。是故，他获得这些物资的不二法门，乃是派遣使团及华商到中国，向清廷求取。

郑信虽未得到清廷的正式承认（两广总督李侍尧认为郑信是暹罗王位的篡夺者），②却以缅甸的入侵迫在眉睫为由，向清廷施加压力，并派遣使团恳请购买焰硝③、铁锅（早在1731年，清廷就禁止这两类物资出口）。清廷本身在滇缅边境地区卷入了一场少数民族的对缅战争，故欣然接受了郑氏的请求。

---

① จดหมายเหตุกรุงรัตนโกสินทร์รัชกาลที่สี่, กรุงเทพฯ, ฉบับห้องสมุดแห่งชาติเขียนหนังสือ, ค.ศ. 1853, No. 82.总体而言，暹罗的记载往往忽略了郑信统治时期的贸易，因为它们似乎更关注政治和军事，毕竟郑信与缅甸及暹罗国内其他反对势力的战争进行得如火如荼。在这种情况下，经济因素只能退居次席。ประยุทธ์ สิทธิ์พันธุ์, ต้นตระกูลบุนนางไทย, หน้า 168.

② 在其统治时期，郑信数次尝试寻求清廷的承认。早在1767年，他就派遣华商陈美生，随暹罗使团来华，禀报乾隆帝，他已建立新王朝，请求清廷册封。然而李侍尧拒绝了使团之请。他认为，当时传闻阿瑜陀耶王朝末代君主仍存于世，暹民应找到并恢复其王位。《史料旬刊》第30期，1931年3月21日，第地105b页。四年后，郑信另派以陈俊卿、梁上选为首的使团前来进贡。他们的父亲均是潮州人。对此，清廷仍未承认他为暹罗新王，使团无功而返。尽管如此，郑信锲而不舍，迎难而上。1775年，他让另一位潮州商人陈万胜给清廷带来表文，恳请册封。这次努力又归于徒劳，次年的另一次尝试也遭遇了类似的命运。1777年，郑氏再派出一个由华商杨景素率领的使团。直到1781年，即他在位的最后一年，清廷才最终准备予以承认。《高宗纯皇帝圣训》卷293，《大清十朝圣训》，文海出版社，1965，第3b~4a页。

③ 原文为 salt - petre，即"焰硝"，然据所引著作及相关史料，应为"硫磺"（sulphur），下文亦然。——译者注

为此，他颇受鼓舞，求买了更多的焰硝、铁锅，乃至若干大炮。除此之外，清廷继续赏给其他物资。显然受此激励，1776年、1777年，郑信请求采购其他类似物品。①

随着中缅战争的结束近在眼前，及1770年代末缅甸进贡清廷的恢复，清廷在赐予暹罗人战略物资方面变得不那么"周到"了。这种不情不愿反映在1781年郑信又一次遣使的结局。当时，他恳请采买1000余件铜器、银器，表面上意在宗教之用（他统治时期以铸造大炮闻名，因此这些物件可作军用）。乾隆帝饬驳之，即使四年前他曾指示广东地方官，嗣后若暹罗再求买硫黄、铁锅，仍准其买回。②

不过，朝贡贸易仍然是郑信治下中暹贸易的主要部分。清代朝贡关系饶有趣味的一个方面，是双方所采取的务实态度。中国人充分认识到，除了承认中国的宗主权，朝贡使团来华乃是受利润驱动，因此适用于"厚往薄来"的原则；而对暹罗人来说，贸易是每个朝贡使团不可或缺的部分。③

然而，在相互承认贸易是朝贡使团不可分割的部分的同时，对于这种贸易往来的方式和程度，暹罗人和中国人的态度存在

---

① 谢犹荣：《新编暹罗国志》，译报社，1953，第76～77页。
② 《高宗实录》卷1137，乾隆四十六年七月庚申条，第16b、17b页；จุลจอมเกล้า，พระราชวิจารณ์，กรุงเทพฯ，ค.ศ. 1908，หน้า 135；จดหมายเหตุรายวันทัพสมัยกรุงธนบุรี，ประชุมพงศาวดารฉบับห้องสมุดแห่งชาติ，ตอน 65-66，XL，กรุงเทพฯ，ค.ศ. 1969，หน้า 80-81n，117n；；《高宗实录》卷1036，乾隆四十二年七月乙亥条，第16b～18b页。
③ 李光涛：《明清两代与暹罗》，凌纯声等：《中泰文化论集》，第71页。"厚往薄来"是中方援引的原则，以表明藩属国完成进贡之艰辛。因此，作为回报，清廷理应首先赏赐贵重的礼物，并热情接待来使；其次，允准使团出售其压舱货物，完全免税；最后，给予其他款待。所有这些都反映在乾隆帝回应郑信所遣使团的诏书中。梁廷枏：《暹罗国》，《海国四说·粤道贡国说》卷2，第106～107页。

根本差异。暹罗人不谙礼法，对其贸易利益毫不掩饰，好像"机会主义者"一样专注于"牟利细事"。① 尽管中国人乐于赐予的任何经济利益，皆与由来已久的"羁縻"原则，或控驭"外夷"观念相符，但他们认为，藩属国各守其土，与天朝彼此相安更为重要。朝贡制度的传统与现实相互影响，由此得出了一个显而易见的结论，即千变万化的情势在很大程度上左右了定例之诠释和运用。

郑信1781～1782年派往清廷的使团，不但昭示了一个特定使团的重大经济意义，彰显了进贡的商业价值，而且表明了中暹关系动态发展中的一些经济潜力。

1781年，郑信派遣包括11艘贡船在内的船队来华。② 这是他第一次也是唯一为清廷所接受的成行的官方使团。在呈交乾隆帝的务实表文中，郑信胪列了此次遣使的多重目的，概括如下：①广东巡抚、礼部官员对1766年来华暹罗使团进行敲诈勒索，要求缴交银30斤，③ 以作"接贡"费，而清廷曾限制贡使在京的行动自由，且广州地方官蓄意阻挠贡使乘原船返暹，贡使泣诉时索其银，对此郑信皆提出抗议；②恳请清廷开恩，将暹方解送到北京的若干哀夷战俘送回（他们与两国对缅战争有关）；③禀报暹罗国王对若干失事的中国渔民给予优待，随后送其归国之举；④恳请立即增派9艘船，每3艘船为一队，驶往广州、厦门和宁波，用大米、木材和其他暹罗货品换取中国

---

① 《高宗实录》卷1137，乾隆四十六年七月庚申条，第16a～19b页。
② 《高宗实录》卷1137，乾隆四十六年七月庚申条，第19b页。据两广总督所奏，船队中只有两艘真正的暹罗船，其余皆为广东帆船，它们常赴暹罗贸易，出于贸易目的，随船队而来。
③ 此处"斤"为暹斤，系货币单位，1暹斤 = 20暹两，1暹两 = 4铢，1铢 = 4钱。——译者注

砖石（属"非禁"品）；⑤恳请允准雇用一名华人伙长，以引导两艘暹船从广州前往长崎，采购铜锭；⑥除"正贡"外，向乾隆帝呈进"贡外之贡"。①

除上述呈递乾隆帝表文所提出的要求外，在另两份具申两广总督的公文中，暹罗人还补充了以下内容：恳请给两艘新造的暹船颁发执照；恳求总督代觅一名伙长，暹罗将不惜一切代价雇之（以引导暹船驶往日本）；向总督、四个洋行（本港行下属）的首领和礼部官员致送礼物；请求允准采买千余件铜器、银器；求尚一名清朝公主。②

表文所提抗议似乎并非核心要义，个中原因不言自明。关于第一点，他们实际关心的是，约15年前阿瑜陀耶王朝就曾派遣使团来华。恳请送回战俘的第二点，其重要性也微乎其微，因为1770年代中方便已解决与缅方的争端。优待中国渔民的第三点，也仅仅是为了在乾隆帝面前展现暹罗人的善意。李光涛认为，此举表明郑信忱于向清廷展示自己的良好形象，以期清帝予以册封。值得进一步注意的是，以上三点及求尚清朝公主，可资运用的中国官府往来文书均未言及。③因此，或可认为，其余数点，即所列有关贸易往来的恳请与需求，道明了1781年使团背后的主要动机所在。

---

① 许云樵：《郑昭人贡清廷考》，《南洋学报》第7卷第1辑，1951年6月，第12~14页。

② จุลจอมเกล้า, พระราชวิจารณ์, หน้า 134. 据暹罗文献记载，郑信请求与一名清朝公主联姻。但是，中国史料并未提及这一点。近来郑信的研究者往往怀疑其真实性，不过尚无人拿出具体的证据加以反驳。

③ 许云樵：《郑昭人贡清廷考》，《南洋学报》第7卷第1辑，1951年6月，第12页；李光涛：《华裔与暹罗》，《民主评论》第8卷第18期，1957年9月20日，第438页；《高宗实录》卷1137，乾隆四十六年七月庚申条，第16a~19b页。

根据《钦定大清会典》中的朝贡定例，在进贡时节，广州的贡船不得超过 3 艘。有鉴于此，郑信所遣使团有贡船 11 艘，这一点非同寻常。当我们考虑到贸易成为进贡的实际组成部分时，这一贡船数的重要性不言而喻。

由《钦定大清会典》可知，广东地方官护送暹罗贡使一行进京的同时（如上所述，此行程需耗时数月），其余暹罗船员只有留穗等候其南返。但正如我们所知，这并非历史图景的全部。根据暹罗史料，在 1781 年的使团中，郑信谕令，一旦在广州购得铜、银器具，贡使就派人载运回国，随后各船再及时返航中国，以迎接从北京归来的使节。这一程序（与白纸黑字的明文规定截然相反，但至少自 1684 年以来一直如此）是此次特定使团的重要特征，因为 1782 年 1 月暹罗贡使一动身前往北京，贡船就乘盛行的东北季风返回吞武里，且同年夏季，正好在贡使南归之前，随东南季风回帆广州。暹罗的所有贡船都有权运载官定免税的压舱货物，这是扣除了"贡外之贡"，及馈赠各衙门、行商的礼物后剩余的货物，后者折合币值达 9000 暹两或 14400 中国两。[1]

除贡船（超过定例允准的数量）外，郑信还试图另派 3 支船队，每队由 3 艘船组成，到广州、厦门和宁波进行贸易。然而，乾隆帝未允，并非因为朝贡制度中获准贸易的船只过多，而是因为当时的对外贸易只能在广州进行，且雇用华人伙长断然不可。[2]

使团的贸易价值还可从"贡外之贡"的呈进中进一步体现出来。按照既定惯例，清廷为前来进贡的各藩属国制定了固定

① จุลจอมเกล้า, พระราชพิวจารณ์, หน้า 134, 130.
② 《高宗实录》卷 1137，乾隆四十六年七月庚申条，第 19b 页。

的贡物清单，称为正贡。就暹罗而言，前例已指出，应严格遵守并执行定例。① 因此，乾隆帝顺理成章地明确拒绝了1781年使团的"贡外之贡"，谕曰："至另禀外备……贡外之贡，天朝抚绥万国，一应朝贡多寡，均有定制，岂容任意加增？"② 若非备送皇帝的"贡外之贡"的数量实际可与正贡相媲美，我们也就不会感到讶异。而这引起人们对郑信如此进贡之真正动机的合理推测。郑信希望清廷不假思索地驳回贡外之贡吗？清廷出于现实目的，确实如此行事，③ 但仍允准暹罗人在广州发卖被拒之货物，而非令其将贡物运回暹罗。"藩属国诚心敬恭，恪守臣节，漂洋过海，不远万里而来。"基于此，在乾隆帝看来，带回贡物之举将让其无利可得，实属不公。此疑虑并非完全捕风捉影，尤其当我们注意到"贡外之贡"的价值时更是如此。据暹罗史料记载，其值约37320暹两，相当于59172中国两。④结果，也许正如郑信所预料，乾隆帝拒绝了贡外之贡，但仍允准暹罗人在广州发售这些贡物和其他货物，以示其宽宏大量。他在上谕中说"至所备副贡，若概令赍回，致劳往返，转非所以体恤远人。着传谕……于副贡内只收象牙、犀角二项，同正贡一并送京交礼部……其余所备贡物，准其即在广省自行觅商变价，并将伊等压舱货物，均一体免其纳税"，令礼部"查例加赏，以示厚往薄来之意"。⑤

即使清廷接受了正贡和"贡外之贡"，对暹罗人来说，在

---

① 如可参见1752年之例。《高宗实录》卷433，乾隆十八年二月辛亥条，第12b～13a页。

② 《高宗实录》卷1137，乾隆四十六年七月庚申条，第17a～b页。

③ 乾隆帝只留下了大象，作为"贡外之贡"的一部分。

④ 许云樵：《郑昭入贡清廷考》，《南洋学报》第7卷第1辑，1951年6月，第15页。

⑤ 《高宗实录》卷1140，乾隆四十六年九月辛丑条，第3b～4a页。

这一特定使团中，"贡外之贡"仍是一种明智的投资。首先，这些贡物基本上是暹罗当地特产，暹王耗资较少，因为其中大部分是宣誓效忠的属邦、臣民以贡品形式进献给他的。但更重要的是，通过进贡（在某种程度上被视为一种"税收"），[①] 暹罗人希望获得某些物资（如砖）。郑信在表文中明言求买中国砖瓦，以作建造新都吞武里之用。他还恳请购买铜器、银器，但在得知官方禁止这些物品出口后，他就辩称这些物品用于宗教目的。前朝的暹王（如泰沙王）也曾得心应手地运用同样的借口，以规避清廷对战略物资的出口禁令。[②] 虽然乾隆帝拒绝了这一特定请求（主要原因在于缺乏两广总督的支持），但是暹罗人从中国采办了不少重要物资。[③]

我们不应忽视乾隆帝此次赏赐暹罗人的礼物。丰厚的回赐在以往的进贡中屡见不鲜。对于 1781 年使团，清廷共计赏赐 100 多种贵重的礼品，包括绫罗绸缎和上等瓷器。对此，暹廷尤为珍视。它们可在王室垄断市场上高价售出。[④]

郑信 1781 年呈进的表文显示，两广总督的职权包括按惯例接待、照料来广州的暹罗使团，为贡使最终的进京行程做准备，及给新造的对华贸易的船只颁发执照。总督的另一项重要职责是，翻译暹罗呈递清廷的正式表文，并以奏折的形式意译其内

① 谢清高：《海录》，第 5b ~ 15b 页，道光二十二年刻本；Mancall, "The Ch'ing Tributary System: An Interpretative Essay," in Fairbank, ed., *The Chinese World Order*, p. 84.
② 参见 1736 年之例。《高宗实录》卷 21，乾隆元年六月壬午条，第 7b ~ 8a 页。
③ 《高宗实录》卷 1137，乾隆四十六年七月庚申条，第 18a 页。
④ 例如，1766 年使团就获得了丰厚的赏赐。许云樵：《中暹通使考》，《南洋学报》第 3 卷第 1 辑，1946 年 9 月，第 28 页；许云樵：《郑昭入贡清廷考》，《南洋学报》第 7 卷第 1 辑，1951 年 6 月，第 15 页。

容。因此，反复删改、修订，直到言辞得体为止便在所难免。以1781年使团为例，藩属国风格、语气的改动，及皇帝地位的提升，表文都展现得淋漓尽致。① 此外，毋庸置疑，总督给皇帝呈递者，无论其具体如何，都必定会对清廷的决策产生相当大的影响。如同皇帝以敕谕形式给予暹王的答复那样，这种影响清晰可见。

考虑到这种情况，暹罗人尤其重视总督。奉赠的厚礼，即苏木500担、红木500担，折合币值达750暹两（375英镑），及单独具申的公文，都表明暹罗认识到，他作为皇帝封疆大吏的权位无可撼动。但是，当开始实际经营在广州的贸易时，暹罗人不得不经由本港行的行商，即暹罗人所称之乃行进行买卖。因而，1781年使团馈送四个商行的礼物——苏木、红木各100担，也意味着暹罗察觉到它们的重要性。②

1781年暹罗使团也给北京的礼部堂官呈送礼物：苏木1000担、乌木300担、红木1802.2担，约合1120暹两（560英镑）。③ 这些礼物可能还有某种商业意义，因为乾隆帝明确允准，除边境外，如果愿意的话，暹使也可以在京城贸易。④ 在这样的情况下，监管自然而然就落在礼部头上。不过，因缺乏可资佐证的史料，故1781年使团是否也尝试在京开展贸易，我们难下定论。

由此我们已试图指明，基本上由广州的管理机制铸就的

---

① 嘉庆《钦定大清会典》卷31，第18a页。
② 许云樵：《郑昭入贡清廷考》，《南洋学报》第7卷第1辑，1951年6月，第15页；จุลจอมเกล้า, พระราชิวจารณ์, หน้า136.
③ จุลจอมเกล้า, พระราชิวจารณ์, หน้า135.
④ 光绪《钦定大清会典事例》卷510，第42a、42b～43a页。

朝贡制度与中暹贸易的关联。1781年使团确实展现出中国对暹罗海外贸易的商业重要性，这是18世纪和19世纪上半叶显而易见之理。由于私人贸易本身受到官府限制，因此如上所述，出于外交、商业的双重考量，对华贸易自然需以朝贡贸易的面目呈现。借由广州港，暹罗得以进一步满足其对外国货的部分需求。原因之一在于，尽管朝贡贸易有其限制性特点，但暹罗的需求可与之相互兼容。毕竟暹罗自身在王室垄断制度下进行贸易，在如此互为导向的环境中，供给和需求易于保持平衡。

就中国人而言，如上所云，朝贡制度的双重考量，就是一种运用"羁縻"原则的儒家方式。清廷虽然相对轻视海外贸易之价值，但的确允准藩属国尽享天朝多种多样的商业便利——当然是在一个管理体系之下。该体系常常受到人为因素的影响，不过绝非墨守成规，一成不变。广州实乃朝贡制度的传统与现实相互碰撞、水乳交融的舞台，形形色色怀揣公利、私心的演员轮番登场，好不热闹。

1781年使团进一步彰显了暹罗人按照众所周知的"遇事之贡"原则（清廷认可），对朝贡制度采取的现实态度，这种态度有时近乎一种机会主义的方式。清廷从未正式承认郑信为暹罗名正言顺的君王，但这并不妨碍他对中国贸易机会的利用。在朝贡制度内外，雇用大量华人经营暹罗王室和私人的对华海上贸易，正是例证所在。

1781年，据说郑信深受某种精神错乱折磨之苦。次年，[1]他信重的大将披耶却克里将之废黜，并即王位，建立新的却克

---

① 原文无，据前后文意及学界公认的史实增。——译者注

里王朝（或曰曼谷王朝），史称拉玛一世。对外贸易，[1] 尤其对华贸易的好处，拉玛一世一清二楚。他曾在郑信麾下效力，且留意到华人私商的海量财富，及他们与吞武里朝廷之间的互利共生关系。他的父母还拥有华人血统。[2] 和郑信一样，因未能大量直接征税，拉玛一世不得不依靠中国贸易，以作国家财政收入的主要来源。多年后，拉玛四世阐述道，却克里王朝的建立者借助中国帆船之贸易，寻求王库的收入，一如往昔，这些源自帆船的收益用于支付官府的开销。纵观其统治时期，这一做法贯穿始终。[3]

个别廷臣也从这一贸易中获得部分收入。例如，1796 年，御弟［以曼谷王朝首位副王（Maha uparat）的身份效力于拉玛一世］向王兄抱怨道，因宫中需照料的人丁、属官众多，朝廷所发 2 万暹两（1 万英镑）年俸根本不敷使用，国王遂建议他置办数艘帆船，前往中国贸易，以获得额外的收入。国王也断言，国家自身需借助此，朝廷方能向所有王公贵族发放年俸。[4]

对于与中国贸易的益处，拉玛一世洞若观火。基于此，与中

---

① 西方贸易一直处于停滞状态，尤其拿破仑战争吸引了所有人的注意力时更是如此。1793 年，马戛尔尼使团到访中国。其最初目的也包括通过条约的手段，敲开日本、交趾支那、暹罗和南洋群岛对英国贸易的大门。然而，拿破仑战争的爆发阻碍了马戛尔尼离华之后前往其他地区的行程。Pritchard, "The Crucial Years of Early Anglo – Chinese Relations, 1750 – 1800," *Research Studies of the State College of Washington*, Vol. 4, Nos. 3 – 4, pp. 307 – 383.

② 其父披耶阿颂·顺通萨（Praya Akson Suntonsad）是大城一个华人富豪家族的后代，其母 Yok（"玉"的暹文音译）是一个广东富商的女儿。

③ จดหมายเหตุกรุงรัตนโกสินทร์รัชกาลที่สี่, กรุงเทพฯ, ฉบับห้องสมุดแห่งชาติเขียนหนังสือ, ค.ศ. 1853, No. 82.

④ เจ้าพระยา ทิพากรวงศ, พระราชพงศาวดารกรุงรัตนโกสินทร์รัชกาลที่หนึ่งรัชกาลที่สอง ฉบับหอสมุดแห่งชาติ, หน้า 222.

国的贸易随后充斥着王室和私人帆船的身影。拉玛一世时期的官方编年史记载了当时帆船贸易的惯例："那时的帆船贸易，乃厚利之源。其间用绿油、红油漆饰，宽5~7哇（32.5~45.5英尺）的中式帆船数不胜数。它们为朝廷、贵族、官吏和商人所有，建造于曼谷和各府，每年载货驶往中国贸易，一些只售卖货物，而另一些则同时售卖货物和帆船。这种贸易所获利润惊人。"①

拉玛一世统治时期，暹廷充分利用朝贡贸易的渠道。其时，朝贡贸易已发展到如此程度，以至于清廷对暹方"商业动机的日益增强"焦虑不安，为此制定措施加以限制。1786年，即拉玛一世登基四年后，乾隆帝正式册封其为暹罗国王。同年，因注意到每年暹罗来穗"贡船"的数量逐年增加，粤海关监督穆腾额提议，除一艘正贡船外，朝贡使团的其余船只一律征税。②

从拉玛一世统治时期开始，朝贡使团明显增多。1782~1800年，亦即拉玛一世在位最初20年，正式使团的增多引人注目，总计11次，平均每2年不下1次。1790年，因对暹罗遣使背后的真正动机忧心忡忡，乾隆帝谕令，嗣后暹罗无须遵循三年一贡的定例，而是改为约十年一贡。③暹罗使团丝毫未受影响，继续来华，且除正式贡使外，在广州享受贸易特惠的半正式岁贡使团热度不减，接踵而至。

暹廷至少在特殊之时另派了三个使团：1790年庆贺乾隆帝

---

① เจ้าพระยา ทิพากรวงศ์, พระราชพงศาวดารกรุงรัตนโกสินทร์รัชกาลที่หนึ่งรัชกาลที่สอง ฉบับหอสมุดแห่งชาติ, หน้า 260.

② 张德昌：《清代鸦片战争前之中西沿海通商》，《清华学报》第10卷第1期，1935年1月，第115页。

③ Fairbank and Têng, "On the Ch'ing Tributary System," Fairbank and Têng, *Ch'ing Administration*, pp. 167–168；魏源：《海国图志》卷8，第2a页。（魏源所言乾隆帝定十年一贡，乃是针对缅甸而言，而非暹罗，作者解析有误。——译者注）

八十大寿的万寿贡（同时呈进例贡），1796 年庆贺嘉庆帝登基颁朔之贡，1788 年意在感谢清廷对前一年进京使团慷慨赏赐的谢恩贡。总而言之，这一时期暹廷所遣赴广州的各类正式使团的频率（不含岁贡），实际不到两年就有一次。由此可见，为推进对华贸易，暹廷在强化朝贡媒介的运用方面可谓处心积虑。为此，李光涛对当时暹罗来华贡道之繁忙描述道："前者未还，而后者继，循环络绎，无有消息。"①

拉玛一世力图利用正式进贡，② 以获得清廷规定的主要"违禁"物资，1786 年使团就是一个例证。在表文中，拉玛一世禀报乾隆帝，新王朝刚刚定都，政治动荡不安，战火频仍，贸易处于崩溃的边缘，故暹罗不能呈进定例所列，适用于此前阿瑜陀耶王朝的所有贡物。此外，国王恳请采办 2000 件铜甲，用于防御缅甸人。他提及，自己充分意识到，铜斤例禁出洋，不过仍希望皇帝额外开恩允准。乾隆帝感到诧异，铜质本脆，枪箭易入，远不如铁性之坚，何以该国王欲购铜甲？因料定拉玛一世别有用心，他拒绝了这一请求。③

暹罗坚持不懈地呈请放松战略物资的出口禁令，而直到1780 年代，清廷常常破例，恩准其求买之数量。中方或许是想展现怀柔远人之意，但另有缘由。其时，铜的生产与进口终于

① 李光涛：《明清两代与暹罗》，凌纯声等：《中泰文化论集》，第 67 页；许云樵：《中暹通使考》，《南洋学报》第 3 卷第 1 辑，1946 年 9 月，第 34 页；梁廷枏：《暹罗国》，《海国四说·粤道贡国说》卷 2，第 111～112 页；李光涛：《记清代的暹罗国表文》，《中央研究院历史语言研究所集刊》第 30 本下册，1959 年 10 月，第 553 页。

② 为了进贡和贸易，拉玛一世置备了两艘主船，分别赐名"护送"（Hu‐song）和"送使"（Song‐praratchasarn）。

③ ประชาราษฎร์ ไปเมืองจีน, J. S. 1148, in the Damrong Rajanubhab Files, Department of Hand‐Written Documents, National Library, Bangkok, p. 4；谢犹荣：《新编暹罗国志》，第 80 页。

足以满足国内对铜钱的需求，故而货币情况已经稳定（对比而言，1740 年代至 1750 年代中华帝国面临铜荒）。[①] 虽然暹罗人声称，他们急需铜和其他金属以作防御之用，但在东南亚市场上，这些金属铸造而成的物件具有重要的商业价值。显然在这一时期，暹罗人往往也将从中国进口的若干金属器具熔化，以获得相应的金属成分。

清廷所忧虑者，不仅在于使团的次数，还有暹方设法归并到朝贡贸易范畴的船只数量和种类。如我们所见，正式朝贡使团的船队常由 3 艘船，即正贡船、副贡船和助贡船组成，但事实上，正如 1781 年郑信所遣使团所示，暹廷已将定例置之脑后，公然违反。1786 年，粤海关监督奏称，每年停靠广州的暹罗"正式"贡船不下 10 艘。[②] 除此之外，在正式使团的许可下，大量其他船只也尾随而至。暹罗人常将这些船归类为或称为探贡船，但是一般说来，它们实际归华商所有。最终，清廷着手应对，以便对朝贡制度"杜弊防奸"，进而达致国治邦安。清廷的措施包括两方面：除正式使团所属三艘贡船外，向其余船只征税；禁止暹罗人继续雇用华人经营暹船——清廷认为，此举助长了暹罗歪曲朝贡制度之风。

18 世纪下半叶，尤其 1782 年拉玛一世即位后，探贡船的贸易角色越发凸显，地位越发重要。当年，曾子声奉暹王之命率领探贡使团抵达广州，表面上意在探询郑信 1781 年使团之境

---

① 陈昭南：《雍正乾隆年间的银钱比价变动（一七二三——一七九五）》，第42～43 页。
② 亦参李光涛《记清代的暹罗国表文》，《中央研究院历史语言研究所集刊》第 30 本下册，1959 年 10 月，第 521 页；梁廷枏：《粤海关志》卷 21，第30a 页。

况。① 1785 年，拉玛一世再次派遣曾氏赴华探贡。在进呈乾隆帝的题本中，两广总督富勒浑言道："又暹罗国遣船商曾子声驾船来粤探贡，经前署司等查明，乾隆四十七年暹罗国长差遣船商曾子声驾船前来探贡，业经详奉题准部复……其压仓货物应请照历届之例，免征税饷。"②

该船的压舱货物免征其税，而船员大多为华人照例支给口粮，以船到广州之日起支，贡使从北京南返、解缆回国之日住支，与给予例贡之正贡船的待遇事同一例。③ 此处或许值得注意的是，暹廷似乎特别强调压舱货物的地位。毫无疑问，在暹廷看来，相比其他诸事（包括探询例贡使团境况的所谓遣使），贸易的重要性无以复加。

因探贡船的数量明显增加，加之例贡使团越来越重视商业目的，中国官方的反应终于近在眼前，正如乾隆帝在 1786 年上谕中批复穆腾额奏折，指示他和其他相关地方官谋划应对暹船日益增长的征税之策，其内言："据穆腾额奏称，暹罗国每年正副贡船到关，其随带之船至十余只之多。又有借名探贡船只，俱属内地商船，所带货物甚多。该监督查明应征税银若干，报明该督抚具题。"两广总督和广东巡抚（孙士毅）提议，除了正、副贡船各一艘，其余船只俱按货征税。清廷似乎受该督、抚影响，同意暹罗正、副贡船，理所当然照例具题免税，但其他私船自应征税。在上谕的结尾，乾隆帝责令粤海关监督遵照总督、巡抚的决定，做分内应办之事，不必等候其进一步降旨

---

① 李光涛：《记清代的暹罗国表文》，《中央研究院历史语言研究所集刊》第 30 本下册，1959 年 10 月，第 530～531 页。
② 《明清史料·庚编》第 6 本，第 542b 页。
③ 李光涛：《华裔与暹罗》，《民主评论》第 8 卷第 18 期，1957 年 9 月 20 日，第 437～438 页。清廷进一步允准华人船员随船返回暹罗。

始奉行。督、抚将逐一查明，何为免税之例贡正、副贡船，何为须完全按货纳税之内地私商所属船只。①

清廷采取的这一新立场，与以往相比更为棘手。从广州地方官的奏报中，乾隆帝本人此前已得知，探贡船的船长、船员皆为华人出身，已留居暹罗多年，各有家室，而他每次都顾及暹罗的这一实情。或许由于暹廷"滥用"这一制度，允许华人私商打着探贡的幌子，掩护其贸易，因此清廷才最终采取果断行动。探贡制度已如此商业化，以至于乾隆帝及其官员终于决定限制其活动。此后，因朝贡体系之外的贸易快速兴起，探贡船的地位逐渐衰落。

两广总督吴熊光曾协助清廷制定不给予洋米进口商特惠之政策。1807 年，他上奏朝廷，大意是两艘登记造册于金协顺商行（一个福建商行，其首领是名为金协顺的商人）名下的暹罗商船停靠潮州府东陇港。该督留意到，据称外洋船只定例不准在此港收泊。② 虽然这两艘船最后获准卸货，并可换载一批中国货，但吴氏深感必须采取措施杜绝此类行为。经由澄海县的查复，他进一步发现，数十年来，暹船装载苏木、树皮及其他货物驶来东陇港，且中国官府从未给各船颁发执照。更糟的是，这些船因季风不顺，不能及时开帆回暹，在收到澄海县签发的

---

① 梁廷枏：《暹罗国》，《海国四说·粤道贡国说》卷 2，第 109~111 页。

② 1789 年，两广总督福康安奏称，暹罗与粤东港口向来不通贸易。这显然是误报。梁廷枏：《粤海关志》卷 18，第 5b~6a 页。另一方面，福康安或许已与暹罗人暗中勾结，对朝廷隐瞒真相。作为臭名昭著的大贪官和珅的同党，福康安从 1789 年起出任两广总督，这是一个肥缺，因为广州是海外贸易繁荣之地。恒慕义在其主编的《清代名人录》中写道："他利用职权，进一步谋求升官发财，肆无忌惮，致使声名狼藉，仅次于和珅。"Hummel, ed., *Eminent Chinese of the Ch'ing Period* (1644-1912), Vol. 1, p. 254. ［福康安并非和珅同党，所引《清代名人录》之言实出自毕乃德（Knight Biggerstaff）之手。——译者注］

护牌后，反而常常在江南、浙江装载蔗糖。1796 年，厦门水师提督谕令福建、浙江两省地方官，重申除广州港外，朝廷对外国人赴诸省贸易的禁令行之已久，责令他们应防止夷船前来近海，或短暂停泊。尽管如此，上述船只仍我行我素，继续驶来。①

吴熊光获悉，就在不久前，至少另有三艘登记造册于金聚顺、金广顺商行（潮州的商行）名下的船只，据称因风帆不顺，不能及时返航暹罗而停靠东陇港。随后，它们获颁执照，前往江南、浙江贸易。他考虑到，暹船利用朝廷怀柔远人之意，往来中国沿海进行贸易，须即令停止。尽管这些船与金协顺船一起，获准在广州另置新货，验照回帆，但吴氏接着咨会江南、浙江地方官，告知他们饬令暹船回国，不许再辗转逗留，从事贸易。最后，他怀疑暹罗货船尚不止此数，下令粤海关监督详细查明，分别办理，不致商夷混淆。②

费正清教授认为，暹罗贡物抵达清廷是西方入侵中国的前兆。在他看来，"华商经营的海上贸易的持续增长"是不祥之兆，因为"朝贡制度对商业目的的滥用，似乎已证明了中国的优越感，而当时的中国恰恰亟须摆脱这种优越感"。③

从以上讨论可知，清廷似乎至少意识到暹罗人对朝贡制度的明显歪曲，甚至已明确谕令遏止种种非分之举。不过，主要的问题在于推行这些制度的惰性保守与无能为力。18 世纪末，清廷权势动摇，禁止性政策的执行举步维艰。与此同时，一些

---

① Gutzlaff, *Journal of Three Voyages along the Coast of China*, pp. 183 - 184.

② 《明清史料·庚编》第 6 本，第 561b ~ 562a 页。

③ John King Fairbank, *Trade and Diplomacy on the China Coast: The Opening of the Treaty Ports*, *1842 - 1854*, Vol. 1. Cambridge, MA: Harvard University Press, 1953, p. 38.

地方官公然藐视朝廷谕令，转而从暹罗的"不法"之举中攫取私利。但最重要的是，清廷一直对朝贡制度与时代的脱节置若罔闻，因为它仍然坚信，将贸易控制在很早以前便已创立的狭隘体系之内并非难事。

到了 1810 年代，朝贡制度逐渐让位于重商主义。东南亚的许多地区，即以前中国史料所称之"贡国"，这时被称为"互市诸国"。1818 年版《钦定大清会典》对猜亚、洛坤、宋卡、北大年等地的称呼就是如此。费正清教授认为，个中原因可能是，不再是当地统治者"前来中国，而是中国人前往之"。他把港口名录视为"中国帆船贸易两条重要航线的停靠口岸一览表"。①

朝贡制度与"受限"却"合法"的贸易相伴相生。事实上，从一开始它就从未让进贡诸国（如暹罗）心悦诚服。最终，在所有因素的共同作用下，它仅存的遗迹轰然崩塌。

---

① Fairbank, *Trade and Diplomacy on the China Coast*, Vol. 1, p. 35.

# 第八章　18、19世纪暹罗经济生活中的华人

毋庸置疑，18、19 世纪暹罗与中国之间贸易繁荣兴旺的部分原因在于诸多华人的参与。当时的条件也的确有利于中暹贸易的发展。其一，日本和西方在暹罗影响变小，使对华贸易得以将潜在、真正的竞争对手排除在外；其二，中国市场在很大程度上决定了王室垄断贸易的架构持续存在；其三，因优势互补、互惠互利，务实的暹罗朝廷渴望并乐于利用华商意愿和聪明才智，而华商甚或更乐意效力于暹廷；其四，最契合上述因素的有利的朝贡经济体系；其五，清廷对暹罗雇用华人经营官方、半官方贸易之举的默许，是另一个不容小觑的至关重要的元素。[①]

在官方朝贡贸易中，暹廷雇用华人担任各种职务，从拉达哥萨铁菩提（Rotakosatibodi，负责贸易帆船的置办）到通事、船商、船长和船员。18 世纪上半叶声名显赫的拉达哥萨铁菩提之一便是王兴全[②]（Ong Heng‑chuan，อ่องเฮงฉ่วน，或许是其闽南语发音）。泰沙王委任他每年置办数艘赴华贸易的王室帆船。

---

① 张德昌：《清代鸦片战争前之中西沿海通商》，《清华学报》第 10 卷第 1 期，1935 年 1 月，第 142 页。

② 具体中文名不详。——译者注

在随后的波隆摩阁王（King Boromakot）统治时期，这一差事由其子王来福①（Lai - hu，ไล่ฮู）接手。王来福还奉命负责对来大城贸易的外国船只征收梁头税。② 这一时期，探贡船明显由华人专门经营，对此我们可从蔡锡望、吴士锦和曾子声使团的例子中管窥一斑。

不过在贡期之外，华人也代表暹廷从事官方贸易。1720 年代和 1730 年代初，王兴全名噪一时，无人能出其右。中国史料也提及数位代表暹罗在广州、厦门和宁波贸易的华商，他们是1720 年代广州的叶舜德，1734 年的张专，1745 年的徐世美，1746 年的方永利、蔡文浩，1749 年的郭意公，1751 年的王元正。③

上述大部分华商的共同特点是，他们在中暹贸易中的优势地位举世公认。因功勋卓著，国王予以加官晋爵，故他们的地位更加稳固。随着时间的推移，他们的经济特权似乎有增无减。这些官商有一个世人耳熟能详的称呼——"座山"（tso - sua，对应闽南语 cho - san，指乐善好施之人）。他们获得暹廷经济上的保障，并常常将其传给子孙后代。这一因素直接促进了朝贡贸易中暹廷所雇华人数量的增长。此外，值得注意的是，虽然他们可能已在经济上认同暹廷，但即使封官赐爵之后，大多数第一代商人也通常保持华人认同（其特点是着中式服装，且留有辫子）。

---

① 　具体中文名不详。——译者注
② 　กุหลาบ กฤตศนานที, มหามุขมาตยานุกูลวงศ์, sec.2, หน้า 287-288。起初，王兴全经营一艘帆船，该船由闽南驶往大城，从事砖石贸易。同前书，sec.2, หน้า 275-278.
③ 　王之春：《国朝柔远记》卷 4，第 1b 页；高崎美佐子「十八世紀における清タイ交涉史 - 暹羅米貿易の考察を中心として」『お茶の水史学』第 10号、1967 年 12 月 15 日、20 頁。

纵观18世纪上半叶，清廷允准暹罗人雇用华人经营王室船只。尽管1722年康熙帝谕令，将停靠广州之暹罗贡船所载华人船员遣回原籍安插，[①] 但为了鼓励暹罗大米进口，清廷很快便默许了暹罗人的说法，即所雇华人"在暹居住年久，各有亲属、家室"。1724年，在一道有关来穗暹罗贡船船员的上谕中，雍正帝首次提到这一点："暹罗国来船梢目〔95人〕，虽系广东、福建、江西等省人民，然住居该国，已经数代，各有亲属、妻子，实难勒令还归，着照所请，仍令回国居住。"[②]

虽然官方的立场是，长期旅居外洋的华人（遑论受雇于外国者）多为"不安本分之人"，但在暹罗问题上，雍正帝始终遵循上述谕令所定指导方针。例如，1734年，他恩准经营暹罗船只的两名华人船员张专、徐宽返回大城。两年后（1736），乾隆帝遵照雍正朝前例，同意闽浙总督嵇曾筠所奏，允准两艘暹船（由邱寿元、林然经营）之167名华人船员回帆暹罗。12年后（1748），在另一例中，乾隆帝对另一艘暹船的华人船员也采取了类似的政策。[③] 事实上，借由清廷之默许，当时已有数百名华人效力于暹船之上。尽管乾隆朝对留居海外华人的境况漠不关心，但福建、广东民众（特别是身无分文之人）仍继续冒险前往东南亚。1740年，荷属东印度当局屠杀华人。对此，乾隆帝答复云："天朝弃民，不惜背祖宗庐墓，出洋谋利，

---

① 梁廷枏：《暹罗国》，《海国四说·粤道贡国说》卷1，第67页。

② 光绪《钦定大清会典事例》卷511，第53a页。

③ 陈达：《南洋华侨与闽粤社会》，第36~37页；李光涛：《华裔与暹罗》，《民主评论》第8卷第18期，1957年9月20日，第435页；《明清史料·庚编》第6本，第513b~514a页。（徐宽系1724年，而非1734年来华。——译者注）

朝廷概不闻问。"① 他还颁布了一道立即生效的诏令，命东南亚华商三年内返回中国。② 乾隆年间，为避开这些规定，广东移民常常经由澳门，附搭洋船前往东南亚。有些人还从广东钦州十万大山走陆路穿过越南。正如 1751 年福建巡抚潘思榘所奏，闽南人也秘密登上洋船，前赴诸如暹罗、柔佛等地。③

当然，清廷对暹罗展现出的"宽大之典"，并非同样适用于其他国家。④ 事实上，史料显示，此乃额外开恩，而非定例。例如，1750 年，从广州出洋往巴达维亚从事贸易的福建商人陈怡老（原籍龙溪县），因效力于荷属东印度当局，出任华人甲必丹和特使而遭受清廷惩罚。其财产皆没入官，本人也被发配边疆做苦役。⑤

1754 年，乾隆帝对另一案例的反应也颇为强烈。当时，苏禄国雇用福建籍华人杨大成充当进贡使团副使。随后，杨氏被流放到黑龙江（属重刑）。⑥ 因担忧此举会助长内地民人不守常规的歪风邪气，乾隆帝告诫道，各行各业为外国人效力的华人都将受到严惩。郑信统治时期（1767 ~ 1781），华人尤其国王

---

① Harley Farnsworth MacNair, *The Chinese Abroad: Their Position and Protection, A Study in International Law and Relations*, 3rd reprint. Shanghai: The Commercial Press, Limited, 1926, p. 9.

② 该诏令颁行于 1740 年代末或 1750 年代初，但 1754 年被废除。不过，清廷仍希望华商最终返回其故土。

③ 罗尔纲：《太平天国革命前的人口压迫问题》，《中国社会经济史集刊》第 8 卷第 1 期，1949 年 1 月，第 59 页；《史料旬刊》第 10 期，1930 年 9 月 1 日，第天 361 页。

④ 琉球似乎是清廷唯一允准破例的国家，华人船员获准协助琉球册封使团完成其使命。

⑤ 陈育崧：《陈怡老案与清代迁民政策之改变》，《南洋学报》第 12 卷第 1 辑，1956 年 6 月，第 17 ~ 19 页。

⑥ 王之春：《国朝柔远记》卷 4，第 1b 页。（此注原置于该段末，据其博士学位论文移至此。——译者注）

的潮州亲族享有至高无上的特权，世人称其为"金銮"，即王室华人。他们多为潮州商人，受郑信鼓励前往暹罗经营对外贸易。他们迅速确立了在中暹贸易中的主导地位，而这一地位以前主要为闽南人占据。[①]

经郑信允准，其官商不仅可在广州出售一般货物，还可出售王室庇护之下大量建造的帆船。王来福之子王穆胜（**มั่วเส็ง**，Mua Seng）正是官商之一。他在郑信麾下效力，深受其器重，获赐爵銮阿派帕尼（Luang Apaipanit）。每年，他获准置办至少10～15艘船，代表国王赴广州开展贸易，且获颁执照，在尖竹汶建造两艘船。这些新造船只要持有中国各省官府签发的执照，才能顺理成章地停靠中国港口。其他华商也获准驾驶国王及自己的船只前往中国贸易。其中王来福另一子王金阮（**จีนเรือง**，Chin Ruang）是暹罗东部春武里腰缠万贯的商人；而富甲一方、与郑信王后同姓的华人林武（Lin Ngou，**ลินโหงว**）则出任帕披差瓦里（Pra Pichaiwari），负责置办王室帆船，且每年亲自护送到中国贸易。[②] 此外，在与中国贸易有关的其他地区，华商也获得了垄断权。例如，暹王将柬埔寨到马来半岛的暹罗湾沿岸物产的采购权赐予王来福的孙子们。1760年代，他们用30余

① Turpin, *History of the Kingdom of Siam and of the Revolutions that Have Caused the Overthrow of the Empire up to A. D. 1770*, p. 178；成田節男『華僑史』、232頁。潮州人与闽南人有密切的关系。历史上，潮州方言群来自福建，故而有时也被称为"闽佬"，这是一个指代其与福建同胞关系的专门术语。

② กุหลาบ กฤตศนานที, มหามุขมาตยานุกูลวงศ์, กรุงเทพฯ, sec.2, หน้า 275-278, 296-297；ประยุทธ์ สิทธิ์พันธุ์, ราชสำนักไทย, หน้า 151. 在郑信统治时期，有一名华人官商每年获准驾驶自己的两艘帆船，跟随暹王船队到中国从事贸易，其收入显示此行可获得非常丰厚的利润。在短短6年中，该商人积累了40万暹两（64万中国两），所有这些都来自货物及两船（每年他获准建造，免征常规造船税）的销售。ประยุทธ์ สิทธิ์พันธุ์, ราชสำนักไทย, หน้า 157.

艘船，从尖竹汶运胡椒到曼谷的王室帆船上，后者主要从事对华贸易。① 在暹南，郑信任命福建人吴让（原籍海澄县）为宋卡的燕窝包税商。因颇具经济影响力，暹王最终委任其为宋卡府府尹。

18 世纪末和 19 世纪，当充分利用朝贡贸易体制时，暹罗人雇用华人经营贸易更为频繁，清廷开始小心提防（毕竟 1720 年代清廷首次允准中暹贸易时，其规模相对较小，且易于管理）。1807 年，当两广总督吴熊光上奏朝廷，竭力主张宜在局面失控前杜绝弊端时，清廷终于在该议题上表明了立场。当年九月，嘉庆帝谕军机大臣曰，外洋诸国民人，自置商船来粤贸易，自应专差其民，亲身管驾，不得令内地（中国）商人代为贩运。"所有金协顺等船二只，既已驶至内地，姑准其起货纳税，另制新货，给照回帆。自此次饬禁之后，如再有代驾夷船进口者，即当查明惩办，免滋流弊。"②

事实上，的确存在暹罗国王雇请华商在中国销售货物，而华商却将其骗走的实例。此事发生于 1806～1809 年，但直到 1815 年，暹罗财务兼外务大臣才向清廷禀报。根据所呈公文，1806 年，暹廷雇用两名华商徐茂、陈金代驾林泳发商行（总行设在暹罗）货船一艘，国王发给执照，命其前往上海贸易。两商用暹王货本银两（售卖王室货品所得）购置上海土产，驶往潮州府，投王云记商行内发售。随后，徐茂不愿返回暹罗，遂骗取暹王数千西班牙银元。③ 据说，嘉庆帝正是希望遏制此类事情再次发生。

---

① กุหลาบ กฤตฺศนานนฺท, มหามุขมาตยานุกูลวงศ, sec.2, หนฺา 283–286.

② 《仁宗实录》卷 185，嘉庆十二年九月丁未条，第 9a～b 页。

③ 《清代外交史料》第 1 册，第 419～420 页。（正文款额原作"数千两"，核实后改。——译者注）

此外，嘉庆帝对这一问题的关心，源于其对沿海水域安全形势的担忧，因为据各省官府奏报，海盗活动已非常猖獗。显然，他认为，华人经营暹船之举会导致商人和海盗狼狈为奸。1804 年，仅广州一带水域的海盗就有 7 万 ~ 8 万人，坐拥帆船400 艘。地方官费了九牛二虎之力，耗时数年才将他们彻底平定。至 1807 年，从东北角潮州府至广州城的广东海域共有 6 个臭名昭著的海盗帮派，数名商人与他们暗中勾结，在粤省各地（包括海南岛）提供补给。[①] 效力于暹王的华人不仅带暹船到广州港，还将其带到中国沿海其他小港口开展贸易，此举助长了秘密贸易之风，使上述形势愈加恶化，清廷对此深为忧虑。

从 18 世纪中期起，广东、福建沿海适合帆船贸易的内陆小港茁壮成长。广东最引人注目的小港坐落在东北角：澄海县樟林、东陇，饶平县隆都，及南澳，均在潮州府辖境内。借由大米贸易的鼓励和郑信的引入，潮州在暹罗的影响力举足轻重，因此这些港口在中暹贸易中发挥重要作用便不足为奇。[②] 海南是另一个占有重要贸易地位的地区。如下文所见，19 世纪初期，海南就积极推进与暹罗的直接贸易。福建的内陆港龙溪、海澄、漳浦、同安、马巷，乃暹罗所来中国帆船频繁光顾之地。不过，在澄海商业利益占主导地位的年代，这类港口所发挥的作用比潮州港口小。最后，暹船还北抵江南省贸易。

1807 年，暹罗朝贡使团抵达北京，清廷令其将一道敕谕转交暹王拉玛一世。该敕谕曰，尽管清廷已明令禁止，但两名华

---

① Morse, *The Chronicles of the East India Company Trading to China*, Vol. 2, pp. 422 – 423；温雄飞：《南洋华侨通史》，东方印书馆，1929，第 147 ~ 148 页。

② 广东沿海有五大海关，其中 4 个位于潮州，由此可见该地区在对外贸易中的地位。

商仍装载暹罗货物来粤贸易，并恳请于起货后，装载中国货物返回暹罗。此次朝廷特事特办，从宽免究，施恩准其起货发售，仍颁给执照，令其购置中国货物回帆。但该敕谕宣明例禁："嗣后该国王如有自置货船，务用本国人管驾，专差官目，带领同来，以为信验，不得再交中国民人营运。若经此次敕禁之后，仍有私交内地商民，冒托往来者，经关津官吏人等查出，除不准进口起货外，仍将该奸商治罪，该国王亦难辞违例之咎。"①

在答复嘉庆帝新谕令的表文中，拉玛一世重申，暹罗本地人不谙营运，又昧于海道，是以别无选择，唯有雇华人代驾，同时明言从未夹带违禁货物。财务兼外务大臣也具申礼部公文，恳请重新考虑新谕令，直言因言语不通，暹罗本国人无法进行交易。新任两广总督百龄显然收受了暹方的贿赂，支持暹罗人的立场，因为在进呈清廷的奏折中，他对暹罗人表示"同情"：他们确实存在语言沟通的困难，也并未携带违禁货物。百龄认为，暹方所提各点"自系实在情形"，提出一种备选方案，强调管控而非完全禁止，"嗣后受雇与暹罗运货之内地商人，令其报明地方官，每人给与印行腰牌一面，刊写该商姓名"。② 清廷驳斥了百龄的观点。在军机大臣字寄百龄的上谕中，嘉庆帝言道，暹罗所请断不可行，因为若准雇用内地商民代为贩运，"恐奸徒……难以查禁"。③

因此，地方当局加强了对暹罗商船的监管。以下是 1810 年厦门地方官对该举措的一份奏报，揭示了暹王与华商贸易合作关系的紧密程度。奏报进一步表明，自厦门停止对外贸易以来，

---

① 梁廷枏：《暹罗国》，《海国四说·粤道贡国说》卷 2，第 128～131 页。
② 《清代外交史料》第 1 册，第 287～288、285～286 页。
③ 《清代外交史料》第 1 册，第 290～291 页。

许多福建商人已移居广州，且其中不少人正经营着暹罗王室之对华海上贸易。

兼署闽浙总督、福建巡抚①张师诚上奏清廷，福建地方官曾调查一些闽浙百姓，他们前往暹罗，运货回广东，但后来其船遭风，不知不觉漂至福建洋面。1809 年，福建同安县人杨由受雇代驾暹王新造金协顺洋船前往广东贸易。两广总督吴熊光随即上奏，洋船前来中国贸易，应由外国人亲自经营、管驾，但金协顺及其他船只仍获准卸货，采购新的中国货，并返回暹罗。

嘉庆帝允准吴熊光移咨闽省，查明杨由从福建出发南渡的日期。据厦防厅转述洋行之禀报，杨氏于1804 年从厦门乘船前往暹罗。当他和一名福建友人吴竟回到厦门时，暹罗货获准发售（由此可见，其抵达福建可能是蓄意为之，而非遭风所致）。一经讯问，厦门地方官就从吴竟处得知，漳州龙溪县商人一直在广东做生意。他在粤购买他们的货物，并附搭贡船前往暹罗贩卖。在暹罗售得 4000 西班牙银元后，曼谷的广东商人陈坤万告诉吴竟，因清廷敕谕禁止暹罗王室船只雇用华人，暹王希望变卖新造之船金协顺，总共须 5000 西班牙银元，同时希望预留船上舱位，用以运载其货物至粤售卖。陈氏遂带杨由、吴竟一起出发（他们原籍闽南同一县）。② 随后，该船在洋遭风，漂到厦门，收泊当地。厦门官府还发现，该船此前已领粤海关、南海县所发贸易执照。③ 金协顺及其船员的结局不得而知，但推测言之，厦门官府最终允准他们返回暹罗。

---

① 原作"闽浙总督兼署福建巡抚"，核实后改。——译者注
② 杨由为福建同安人，吴竟为福建龙溪人，陈坤万则为广东人，并非原籍闽南同一县。——译者注
③ 《明清史料·庚编》第 6 本，第 565 页。

嘉庆年间，尽管清廷已明令禁止华人经营暹罗贡船，但这一问题（包括参与广州贸易的诸多船只）又浮现出来。1815年,[1] 暹罗财务兼外务大臣禀报清廷，恳请允准暹罗仍雇用华人，代驾贡船来粤入贡。两广总督和广东巡抚上奏嘉庆帝，所提建议大意是，贡船虽与商船不同，但难保其不代运货物，故应钦遵前奉谕旨，不能准其雇请内地商民。至于暹罗人所称若不如此，在洋遭遇飓风时，暹船将难以抵御，广州地方官回禀道，这些自然因素实属人力难施，并无华夷之别。广州官府奏报云，1792年,[2] 暹王雇用华商载送使臣赍贡来粤，贡船亦曾在洋遭风，可见自然事件与航海技术风马牛不相及。嘉庆帝也担忧流弊丛生，所以同意按地方官之议行事。[3]

在（官方）默许近一个世纪后，清廷正式禁止暹罗人雇用华人管驾其商船和贡船来华。然而，新规定遵守、执行之严格程度究竟如何，尚无法真正确定。有迹象表明，华人一直经营暹罗王室船只，因为暹罗本地人并未大量兴起以取代华人。事实上，暹罗史料根本未提及这一问题。此外，整个话题似乎已从中国官方记载中消失殆尽，正如其出现之时一样迅雷不及掩耳。唯一简要述及者，是1823年两广总督阮元进呈清廷之奏报。当年，一艘暹罗正贡船返航，途中在广东新安县属洋面遇风失事。华人黄栋为获救者之一，最终清廷饬令其返回广东原籍。除此之外，总督并未提到对涉嫌违反现行规定的暹罗人施以任何形式的惩罚。[4]

---

① 原文 In that year，直译"当年"，据其博士学位论文实为1815年。——译者注
② 原作1782年，核实后改。——译者注
③ 《清代外交史料》第1册，第417～418页。
④ 光绪《钦定大清会典事例》卷513，第43b～44a页。

在写于 1810 年代末 1820 年代初的书中，约翰·克劳福德言道，暹廷正雇用华人管驾其帆船，以便更多地前往中国港口贸易。在他看来，除广州外，中国官府显然禁止暹罗人赴其他地方贸易，西方人亦然。故而，尽管清廷未予认可，但暹罗人仍继续雇用华人，在其他港口（只有他们知晓）为其经营贸易，实有必要。最后，与此相关的另一证据出现在 1823 年，即道光年间。当时，暹罗财务兼外务大臣"胆敢"具申礼部公文，呈请后者代暹罗人上奏道光帝，奖励通事（朝贡使团的正式翻译员），即华人翁日陞。鉴于翁氏为暹廷立下汗马功劳，公文提议清廷加赏其顶戴。礼部传问发现，翁氏实为福建汀州府永定县人。因暹方的建议实属违例，清廷遂谕令两广总督阮元，待暹罗贡使到广州时，"严加"查讯翁氏，再行核办。[①] 这一小插曲的结果我们不得而知，不过这条史料或足以表明暹廷雇用华人现象的持续存在。由于参与暹罗王室贸易的华人日渐增多，因此暹船得以驶往广东、福建、浙江和江南诸港贸易，而暹罗人本身作为外国人无法进入这些港口。

18 世纪和 19 世纪初，中暹贸易的发展也提升了华人对暹罗社会整体经济生活的参与度。事实上，尽管东南亚的华人在 1740 年代至 1770 年代遭受了不幸，但华人在东南亚的经济影响力也正是在 18 世纪下半叶确立的。

1740 年红溪惨案[②]让荷属东印度的华人变得势单力薄，只

---

① Crawfurd, *Journal of an Embassy from the Governor – General of India to the Courts of Siam and Cochin China*, Vol. 2, p. 160；光绪《钦定大清会典事例》卷 512，第 9 页。

② 1730 年代，大量华人涌入爪哇，不下 10 万人集中在巴达维亚。1740 年，当失业问题由此产生时，荷兰当局决定将许多华人驱逐到锡兰（时为荷兰人占据），此举引起起义，数千华人被屠杀。

有 3000 余名华人，包括商人、农民、工匠、制糖及木材工人免遭荷兰殖民者毒手。① 1775 年，作为以自我孤立方式维护菲律宾政治制度政策的一部分，西班牙殖民者驱逐了所有华人异教徒。② 在暹罗这一重要的华人留居地，虽然朝廷并未歧视华人，但与邻国缅甸的战争及随之而来的其他内乱，使阿瑜陀耶王朝化为一片废墟。③

但对华人根深蒂固的影响力来说，这些灾难不过是一时的挫折。在巴达维亚和吕宋，为欧洲殖民者效力的华人，其中间商、收购商的作用不可或缺。巴达维亚政府曾试图摆脱华人的影响力，但具有讽刺意味的是，华人的经济地位反而更为稳固。到 18 世纪下半叶，当荷兰东印度公司逐渐将大片土地承包出去时，华人又在殖民地经济生活中居于主导地位。在马尼拉，为追逐与西属美洲新大陆大帆船贸易之利润，殖民当局只得继续允准华商每年前来，出售其货物（尽管受限于 16 世纪的旧律令），并随着季风返回中国海岸。最终在 1778 年，华人再次获准返回马尼拉。④

就暹罗而言，从某种意义上来说，1765 年开始的对缅战争实际上进一步推动了中暹合作。京师大城沦陷期间，年轻的华

① J. S. Furnivall, *Netherlands India: A Study of Plural Economy*. Cambridge: At the University Press, 1939, p. 46.

② Schurz, *The Manila Galleon*, p. 97. 因华人完全垄断了殖民地的贸易和零售业，所以西班牙人欲加以驱逐。1750 年代至 1850 年代，殖民政府出台并实施一项政策，限制留居菲律宾华人的总数为四五千。然而在那之后，当西班牙政府意识到促进殖民地经济发展是件好事时，华人移民又获准无限制进入菲律宾。Edgar Wickberg, "Early Chinese Economic Influence in the Philippines, 1850 - 1898," *Pacific Affairs*, Vol. 35, No. 3 (Autumn 1962), pp. 277 - 278.

③ 其时，可能只有婆罗洲的华人总体较为富裕。宫崎市定「中國南洋關係史概說」『アジア史研究』第 2 卷、東洋史研究会、1959 年、526 - 528 頁。

④ Furnivall, *Netherlands India*, pp. 46 - 47; Schurz, *The Manila Galleon*, p. 98.

人志愿军聚集到郑信麾下。拥有一半华人血统的他①还获得了华商，尤其是暹罗东部达叻（桐艾）、尖竹汶华商的经济支持和财力援助。在此背景下，1767 年，随着吞武里（与曼谷隔湄南河相望）新王朝的创立，郑信组建了一套华暹共治的官僚体系。② 战争使暹罗民生凋敝、百废待兴，国家重建、发展经济迫在眉睫。基于此，郑信主要求助于华人。正如当时留居暹罗的一名法国传教士的观察："1760 年代和 1770 年代，华人推动了暹罗黄金、白银的流通。正是有赖于他们的吃苦耐劳，这个王国才得以迅速恢复。在暹罗，若非华人如此热衷于追求财富，那么白银和钱币统统无从谈起。"③

与大城相比，新都吞武里农业基础较为薄弱，商业条件却更为有利。郑信雇用华人工匠修建该城。自此，中国匠人开始大量涌入暹罗，一直持续至 19 世纪初拉玛二世统治时期。砖和其他建筑材料均从中国采购运来。据当时法国作家蒂尔潘的记录，暹罗华人每年至少置备 40 艘船，以载回砖土、泥灰和贝壳灰——此乃吞武里砖石贸易的主要物品。④ 到 1770 年代末，华人已成为新王朝最具影响力的经济力量。基于对法国传教士记

---

① เจ้าพระยา ทิพากรวงศก, พระราชพงศาวดารกรุงรัตนโกสินทร์รัชกาลที่หนึ่งรัชกาลที่สองฉบับหอสมุดแห่งชาติ,
　 หน้า 567–570; กรมพระยาดำรง ราชานุภาพ, พระราชพงศธรฉบับพระราชหัตถเลขา, Vol.2,
　 กรุงเทพฯ, ค.ศ. 1952, หน้า 398 . 郑信的父亲郑镛，原籍潮州府澄海县。波隆摩
　 阁王统治时期，暹廷任命其为赌税承包商。李长傅：《中国殖民史》，第
　 185～186 页。
② เจ้าพระยา ทิพากรวงศก, พระราชพงศาวดารกรุงรัตนโกสินทร์รัชกาลที่หนึ่งรัชกาลที่สอง ฉบับ
　 หอสมุดแห่งชาติ, Vol.2, Part 2, หน้า 1; สงา กาญจนาคพันธุ์, ประวัติกานะค้าของประเทศไทย,
　 หน้า 283.
③ Adrien Launay, *Histoire de la mission de Siam*, *1662 – 1811*. Paris: P. Tégui,
　 1920, p. 187.
④ Turpin, *History of the Kingdom of Siam and of the Revolutions that Have Caused
　 the Overthrow of the Empire up to A. D. 1770*, p. 187.

载的观察，蒂尔潘说："华人居民人数最众，贸易最活跃，享有的特权也最多。他们入乡随俗，这似乎是其特权和繁荣得以延续的保证。"①

在郑信本人的恩准下，华人还以私人身份，将中国物产带到暹罗市场。1860 年代，拉玛四世对此评论道："国王（郑信）凭借他的贤明、影响力和能力，从各方面募集资金。当时普遍采用的方法，是从山林中搜寻货物，然后卖给［中国］帆船，同时向这些帆船购买货物，再将这些货物卖给百姓。"②

据一名留暹欧洲传教士亲眼所见，纵观整个王朝，中国帆船定期驶入吞武里。1770 年后，据说每年有十余艘中国船停靠于此。1779 年，到访暹罗的丹麦植物学家约翰·柯尼希医生言道："该国……从中国运来的货物品类繁多，应有尽有……最重要的贸易由留居于此的华人经营，国王本人对此也颇为支持……国王欲成为本国物产的第一销售商，以极低的价格购买最好的进口商品，再转卖给城镇的商人，赚取 100% 的利息［利润］。"③

拉玛一世即位时，将都城迁至与吞武里隔河相望的曼谷。他的新干宫坐落在一个华人大型定居地。这本是一个菜市，后

① 转引自 Victor Purcell, *The Chinese in Southeast Asia*, 2nd ed.. London: Oxford University Press, 1965, p. 92. （原文无注，据其博士学位论文增补。Purcell 所引为 M. Turpin, *Histoire civile et naturelle du Royaume de Siam*, Vol. 1. Paris, 1771, p. 9, 英译见 "History of Siam, from the French of Turpin," in John Pinkerton, *A General Collection of the Best and Most Interesting Voyages and Travels in All Parts of the World*, Vol. 9. London, 1811, p. 575. ——译者注）

② Rama IV, "The Establishments of the Kingdom," tr. S. J. S, *The Siam Repository*, Vol. 1, No. 2 (April 1869), p. 67.

③ J. G. Koenig, "Journal of a Voyage from India to Siam and Malacca in 1779," tr. from his ms. in the British Museum, *Journal of the Straits Branch of the Royal Asiatic Society*, Vol. 26 (January 1894), p. 161.

来迁移到现今三聘地区的三饭寺①一带（华人，特别是澄海县富甲一方的华商仍旧聚居于此）。② 一开始，拉玛一世就留用了许多曾受雇于郑信的华人，同时吸纳了不少他们的后代。③ 例如，林武之子林本初（Boonchoo）受命为朝廷置办、派遣所有王室帆船，其子林金（Chim）后来接任之。王兴全曾孙、郑信统治时期的著名商人王金銮（Chin Gun），早年曾拒绝郑信所请，未在港务左局任职，后拉玛一世说服其出任其治下第三任财务兼外务大臣，世人遂称其为"家财万贯的船商"（Setti Ka - sampao）。④ 郑信时期的穆胜仍是港务厅的重要官员。⑤ 最后，还有华商金西（Si）之子金楚楚（Chim Cho - cho），他奉命主管王库和王室垄断之事。⑥

出于经济发展和王室贸易之需，拉玛一世时期的暹廷鼓励华人留居暹罗，因为它充分意识到华人能贡献航海、经营贸易必要技艺之潜力，及为官府赚取大笔过路费的能力。⑦ 对于先祖这方面的功绩，拉玛四世评论道："暹罗人建造帆船，出口

---

① 原文 Wat Sampluem，所引著作译为"越三饭"，"越"乃"寺"（Wat）的潮州话发音，故现译"三饭寺"，亦俗称"鳄鱼庙"。——译者注

② 曾建屏：《泰国华侨经济》，第 6 页。1789 年，拉玛一世将邻近三聘之另一地达叻仔赏赐给华商，至今它仍是曼谷大部分华人定居之地。กุหลาบ กฤตศนานที, มหามุขมาตยานุกูลวงศ์, sec.3,หน้า 313-315.

③ 戴维·怀亚特描述了曼谷王朝早期君主制的优点，其"经由参与海外贸易，而易为外部世界所接纳"。Steinberg, ed., In Search of Southeast Asia, p. 111.

④ กุหลาบ กฤตศนานที, มหามุขมาตยานุกูลวงศ์, sec.2,3,หน้า 322,455-156.王金銮的妹妹是郑信的妃子，而他本人与拉玛一世关系密切，其时后者仍在郑信麾下效力。拉玛一世登基后，王金銮供职于王库，包括置办王室帆船，前往中国贸易。

⑤ กุหลาบ กฤตศนานที, มหามุขมาตยานุกูลวงศ์, sec.2,หน้า 317,318.

⑥ ประยุทธ์ สิทธิ์พันธุ์, ต้นตระกูลบุนนางไทย, กรุงเทพฯ,1962,หน้า 172-173.

⑦ 王赓武：《南洋华人简史》，水牛图书出版公司，1969，第 100 页。

货物，以进行对华贸易。返暹时，他们载回'人客'〔潮州话nangke，即客人，此指移居暹罗的华人乘客〕。"[1]

曼谷为期两年的修建（1783～1785年，就在拉玛一世时期缅甸第一次大举入侵暹罗前不久）和暹罗影响力的恢复，掀起了华人移民的热潮。就像兴建吞武里一样（只是曼谷的建设规模更大），暹廷雇用华人为熟练、半熟练劳工，参与开凿运河、修筑城墙，以弥补所征募之老挝、柬埔寨劳动力的不足。因盛产木料，造船条件优越，华人尤其潮州华人来到曼谷后，以低得多的成本沿湄南河建造帆船；同时他们向中国出口木料，以作东南诸省造船之用。这些活动肇始于18世纪中期，直至1830年前一直欣欣向荣。[2]

其时，曼谷是最大的华人聚居地，但散布在暹罗全国的留居地也不胜枚举，特别是在沿海及主要河流沿岸。华人在当地从事与暹罗经济发展相关的各行各业，并推进日益繁荣的对华帆船贸易。在曼谷以外的暹南地区，拉玛一世继续向华人头领提供庇护，有时后者的权力不亚于一个地方自治者。[3]

拉玛一世时期，暹罗已开始开采锡矿。华人受此吸引，纷

---

[1]　Rama Ⅳ, "The Establishments of the Kingdom," tr. S. J. S, *The Siam Repository*, Vol. 1, No. 2（April 1869）, p. 67.

[2]　Prince Chula Chakrabongse, *Lords of Life: A History of the Kings of Thailand*, 2nd ed.. London: Alvin Redman Limited, 1967, p. 97; สงา กาญจนาคพันธุ์, พระราชพงศาวดารกรุงรัตนโกสินทร์รัชกาลที่หนึ่งรัชกาลที่สอง ฉบับหอสมุดแห่งชาติ,หน้า 67-68; กรมพระยาดำรง ราชานุภาพ, พระราชพงศธรฉบับพระราชหัตถเลขา,Vol.2, Part 2,หน้า 139.

[3]　如宋卡的吴让及其后代。至拉玛五世时期（1868～1911），暹廷继续向各府推行地方分权制度。该制度名为 ghin - muang（字面意思即"食邑"），允许府尹保有充分的地方自治权力，同时要求他们向朝廷进献年贡。กรมพระยาดำรง ราชานุภาพ, เทศาภิบาล, หน้า หน้า 24-25.

纷前往马来半岛东部。① 此前当地所进行的对华贸易也吸引了
大量福建人。中日暹三角贸易的重要古港北大年，华人麇集，
其中不乏淘金者。② 借由福建人府尹的招徕，宋卡成为华人与
马六甲、柔佛（马来半岛南端），乃至中国贸易的一个重要中
心。洛坤继续将大象、象牙、锡、黄金、蜡等货物出口至广
东。③ 在暹罗湾东岸，大量华人留居的尖竹汶不再与中国进行
直接贸易。取而代之的是，它的大部分物产，尤其是胡椒，现
在通常由华人运往京城，再转运到中国。④ 港口国（即河仙，
拉玛一世统治初期仍在暹罗名义控制之下）与广东继续保持着
活跃的贸易，那里也有许多华人居民。因流通中国钱币，故其

---

① 其时，暹罗的锡矿开采基本集中于东部沿海地区。不过，从拉玛四世时期
开始，暹南西海岸，尤其是养西岭（普吉岛）的锡矿开采地位最重要。18
世纪末，养西岭已有采锡业。根据一名英国人1784年之记述，暹廷将锡矿
开采承包给华人，每年约出口500吨。G. E. Gerini, "Historical Retrospect
of Junkceylon Island," *The Journal of the Siam Society*, Vol. 2, Part 2 (1905),
p. 55. 18世纪七八十年代，弗朗西斯·莱特（Francis Light）船长在该岛
的活动也吸引了许多华人前来。L. F. Comber, *Chinese Secret Societies in
Malaya: A Survey of the Triad Society from 1800 to 1900*. Locust Valley, NY: J.
J. Augustin Incorporated Publisher, 1959, pp. 33 – 34.
② 此据谢清高的记载。谢氏留居海外14年，18世纪末19世纪初常到访北大
年。他也提到，其时宋卡正与中国进行贸易。谢清高：《海录》，第3b ~
4a页。
③ 如本书下一部分所言，洛坤是拉玛二世对华帆船贸易的南部基地，拉玛一
世时期它是否发挥这一作用，我们不得而知。雍正年间，洛坤北部的猜亚
港也常有华商光顾，但1787年缅甸人入侵时被毁，只剩下断壁残垣，其中
暹贸易重要港的荣光一去不复返。
④ 1770年代造访尖竹汶时，丹麦植物学家约翰·柯尼希记道，当地不准对外
贸易，所有物产（尤其胡椒）须运送到京城。J. G. Koenig, "Journal of a
Voyage from India to Siam and Malacca in 1779," tr. from his ms. in the British
Museum, *Journal of the Straits Branch of the Royal Asiatic Society*, Vol. 26
(January 1894), pp. 177, 181 – 182.（原作1780年代，"丹麦"原作"瑞
典"，核实后改。——译者注）

进出口贸易完全掌握在华商手中。①

施坚雅认为，18世纪移民暹罗的华人多为福建人。各种史料充分证实了这一论断。他所道明的理由是，从17世纪末开始，随着满人的到来，福建禁止外国船只驶入，可这转而激发了当地华商乘中国帆船冒险出洋贸易的雄心壮志。②因18世纪厦门对外国船只开放了整整30年，其时其地之对外贸易蓬勃发展，故这种说法不但无法令人信服，而且有误。福建人很可能在暹罗社会中占据主导地位，因为1720年代至1750年代厦门开放了对东南亚的航运，且厦门和闽南的商行也专营对暹贸易。此外，上述主导地位的出现也有其他原因，如潮州商人与暹罗之间所保持的悠远绵长关系，及福建大量进口暹米的历史。不过，18世纪下半叶，相比广东其他方言群，特别是迅速崛起的潮州人，暹罗的福建人数量有所减少。

暹罗华人籍贯构成的改变有如下几个原因。尽管闽商仍可从福建前往暹罗贸易（正如1791年蔡元妈、方贤所为），但清廷将对外贸易限定在广州，这无疑阻碍了福建与暹罗贸易的发

---

① 1771年，河仙第二次毁于暹罗人之手，其时柬埔寨宣称拥有对它的控制权，不承认郑信。在此之后，河仙迅速恢复元气。เจ้าพระยา ทิพากรวงศ์, พระราชพงศาวดารกรุงรัตนโกสินทร์รัชกาลที่หนึ่งรัชกาลที่สอง ฉบับหอสมุดแห่งชาติ, หน้า 33. 直到1810年越南遣使至曼谷，与暹廷商讨转让事宜时，暹罗才正式将河仙出让。宋福玩、杨文珠辑《暹罗国路程集录》，香港中文大学新亚书院研究所，1966，第6~7页。1780年代后，河仙事实上已处于越南管辖之下，因暹军攻占后不久便撤回国内。《钦定大南会典事例》卷48，东京，1962，第38a页。

② G. William Skinner, *Chinese Society in Thailand: An Analytical History*. Ithaca, NY: Cornell University Press, 1957, p. 40.

展。[1] 1790 年代，一名到访厦门的英国人说："福建人与日本、菲律宾、爪哇、柬埔寨、暹罗和台湾岛的贸易往来频繁，规模巨大，这使得该国［原文如此］物阜民丰，富甲天下。"[2] 然而，中暹贸易还是逐渐转至邻近的广东省。广州设立专门商行，即本港行和福潮行，以专营暹罗不断扩大的对华贸易，或许这便是上述地域转换的表现所在。另外，18 世纪初期，清廷对潮州水域实行最严厉的军事管制，原因之一在于据说该地区海盗和不法分子泛滥成灾。事实上，17 世纪末，水师提督施琅也严禁潮州百姓出海，前往诸如台湾等地。[3] 因此，直到 1730 年代以后，潮州商人才积极开展对东南亚的贸易活动，这一点正如海南行（后改组为福潮行）的运营所见。当然，另一个重要的原因是，郑信对潮州商人的优待。拉玛一世时期，暹廷承袭了这一政策。

当时，另外两个大量涌入暹罗的方言群是广东的海南人和客家人。客家人从惠州、潮州（主要是海丰县）二府移民而来，但因其间农民、劳工居多，他们并未在帆船贸易中发挥直接作用。而值得注意的是，作为水手、造船匠及暹罗内地的锯木匠、小商贩，来自海南岛的海南人积极参与了中暹贸易。尽管此前广东人、福建人已成为暹罗华人聚居区内两个最大、最

---

① 《高宗实录》卷 1382，乾隆五十六年七月甲申条，第 18 页。（此注与下两注原合为一注，因有直接引文，据其博士学位论文拆分为三。——译者注）

② W. Winterbotham, *An Historical, Geographical, and Philosophical View of the Chinese Empire*. London：The Editor, J. Ridgway, and W. Button, 1795, p. 71.

③ 乾隆《续修台湾府志》，台湾银行经济研究室编辑、标点，《台湾文献丛刊》第 121 种，台湾银行，1962，第 452 页。（正文原称施琅为"满人英雄"，实际其并非满人，径删。——译者注）

具优势的方言群，但受某种因素影响，此时他们的数量都有所减少。广东人主要生活在大城镇，多为工匠。[1]

也许是由于统治制度的全面衰落，清廷开始发现，越来越难以遏制广东往东南亚的移民浪潮，华人因此得以继续涌入暹罗。马士引述了 1785 年后华人移民槟榔屿的例子。当时，广州大班陆续招募华人工匠、农民，以英国东印度公司船只运送前往。另有槟榔屿华人甲必丹一例——1804 年，他回广州省亲，并获英国人批准，招募了更多的华人。[2] 如若此类搭载英国船的移民都无法阻止，那么是否能像中国帆船一样，几乎在每个细微之处对暹船加以有效控制，这很难说。

其时去暹罗的旅程肯定相对低廉。1805 年前后，每名广东乘客赴槟榔屿的旅费是 20 西班牙银元（约中国银 15 两），而赴曼谷的旅费很可能更低。[3] 自 1780 年代起，潮州船通常从东陇、樟林两港驶往暹罗。当地官府核定船只应缴关税，检查其是否恰当登记；所运载者，以乘客、白糖、橘饼最为常见。[4]

拉玛一世统治时期，港务左局（隶属于财务部）继续负责管理中暹贸易。不过，其时该局的地位有所提升，特别是当暹廷也加强对一些沿海地区的行政管理，且王室帆船队自此以后成为王室垄断制度、暹罗对外贸易的主要元素时更是

① Skinner, *Chinese Society in Thailand*, p. 87.
② Morse, *The Chronicles of the East India Company Trading to China*, Vol. 2, p. 427.
③ 据约翰·克劳福德说，乘客乃是中国输入暹罗最重要之"物"；1820 年代初，以樟林、厦门为起点的旅程，每名乘客需各付现款 6、8 西班牙银元。Crawfurd, *History of the Indian Archipelago*, Vol. 2, pp. 161 – 162.
④ 《明清史料·庚编》第 7 本，第 693b ~ 694a 页。

如此。① 如同以往，但或许有过之而无不及，港务左局的官员积极从事贸易，此乃其官爵所赋予之特权。② 此外，朝廷各部大臣，包括副王，也都从事对华贸易。故而，似乎暹廷所有达官显宦均有合适的机会获得独立的收入来源，由此减轻了朝廷的总体财政负担。

其时，除对外贸易之外，暹廷还试图开辟其他增收渠道，虽然备选财源所产生的收入相对较少。将税收承包给华人（后在拉玛三世时期稳固确立），是其中一种重要的途径。拉玛一世、二世时期，暹廷共开征 10 种税收：酿酒、渔业、大米生产、大菜园、赌博、燕窝采集、铅、造船、"种植短命植物的田地"及"小额"贸易。③ 为保障国家财政收入，拉玛二世、三世、四世用税收替代帆船贸易，暹罗税种因之大增。

至 19 世纪初，拉玛一世治下最后数年，暹罗已完全从对

① 拉玛一世至四世时期，暹罗的行政架构为：直接位居暹王之下的是副王，他统领单独的王宫（名为"前宫"）有相当大的自主权。副王之下是"超级"大臣，即阿卡拉玛哈塞纳菩提，主管军务、政务二部。底下一级或中央行政机构，包括财务、宫务、城务、田务四部。其中财务部的地位非常重要，因它掌管对外事务，对外贸易及沿海某些地区的行政，下辖港务厅、王库厅。相关更多细节，详见 กรมพระยาดำรง ราชานุภาพ, ผู้บริหารราชการแผ่นดินในอดีต, กรมพระยาคำราจานภาพ, เรื่อง เที่ยวที่ต่างๆ, ฉบับ 2, ค.ศ. 1962, หน้า 65–66.

② เจ้าพระยา ทิพกาวงศก, พระราชพงศาวดารกรุงรัตนโกสินทร์รัชกาลที่หนึ่งรัชกาลที่สอง ฉบับ หอสมุดแห่งชาติ, หน้า 678.

③ Rama Ⅳ, "The Establishments of the Kingdom," tr. S. J. S, The Siam Repository, Vol. 1, No. 2 (April 1869), p. 111. 从阿瑜陀耶王朝开始，华人就常常负责承包赌税。1760 年后，华人赌场掌柜开始用筹码币代替实际货币。这些筹码币由瓷玻璃或铅制成，形态各异、五彩纷呈、各具特色，因充分满足了民间对小铸币的长期需求，随着时间的推移渐渐成为赌场外的流通货币。这也彰显了华人对暹罗经济施加影响的程度。Joseph Haas, "Siamese Coinage," Journal of the North – China Branch of the Royal Asiatic Society, New Series, Vol. 14 (1879), pp. 53 – 54.

缅战事中恢复过来，并崛起成为强盛之国，历史上任何一个时期均无出其右，其海外贸易和国内商业几乎处于华人的控制之下。

因暹廷优待华人，暹罗谋生机会多，且1790年代、1800年代中国饥荒连连（如潮州），当时移民暹罗的华人数量持续快速攀升。[①] 这一时期，华人为田园经济的发展，尤其为中暹贸易所需之胡椒、甘蔗种植做出了重要的贡献。自郑信时期起，潮州人就与暹廷密切合作，特别是帮助暹罗人建造帆船，并代为经营对华贸易。他们也致力于引进种植技术，发展种植园业。[②] 施坚雅发现："也许早在19世纪的最初十年间，潮州农民就开始安居在海港、沿河城镇背后的农村地区。随着种植园业的发展壮大，农村地区的潮州人口有所增加，但这种留居地大多局限于早期华商留居地周围。发展最为迅速的农村是在尖竹汶河、邦巴功河、湄南河下游、他钦河和夜功河流。"[③]

19世纪初，胡椒种植是潮州农民的主要职业之一。尖竹汶是首屈一指的胡椒产区，产量高达全国总量的90%。椒田也散落在其他地区，如达叻、万佛岁（春武里）、那空猜西和暹南。直至1910年，胡椒种植为华人农民提供了最稳定的就业机会，因为胡椒畅销海外，是出口大宗商品。[④] 此时，暹王垄断了胡椒的大部分出口，这些胡椒从尖竹汶收购而来，继而运往首

---

① 1794年，潮州发生大饥荒，民众迫不得已只能吃树皮。民国《潮州志稿》，大事志二，第30a页。而两年后，漳州、泉州水灾，大批民众被迫移民海外。《仁宗实录》卷2，嘉庆元年二月条，第20b页。

② Skinner, *Chinese Society in Thailand*, pp. 45 – 46.

③ Skinner, *Chinese Society in Thailand*, pp. 83 – 84.

④ 井出季和太『華僑』六興商會出版部、1943、79頁；Skinner, *Chinese Society in Thailand*, p. 112.

都，再转运至国外。每年几乎所有出产的胡椒都销往中国。[①]

该时期种植园业的另一种产品是蔗糖，这是白酒酿造不可或缺的重要原料。19世纪最初数十年，蔗糖是暹罗最重要的出口大宗商品。[②] 早在17世纪，暹罗向中国、日本出口的"原糖"就已闻名遐迩，但那并非蔗糖。[③] 到18世纪末，诚如约翰·柯尼希所见，潮州农民就已在尖竹汶种植甘蔗。不过，他并未提及甘蔗是否用于制糖及销售。至1810年代初，蔗糖的商业化生产明显已经启动。在短短十余年内，它成了暹罗出口势头强劲的商品。例如1822年，暹罗总共出口上等白糖6万担（约800万磅）。[④]

尖竹汶、差春骚（北柳，东海岸）及那坤巴统（佛统）的甘蔗种植园面积最大，而万佛岁（东海岸）和北柳的甘蔗园则

① 1820年代初，暹罗每年的总输出量是6万担（约800万磅），国王独自垄断了其中4万担的销售。John Crawfurd, *The Crawfurd Papers*, *A Collection of Official Records relating to the Mission of Dr. John Crawfurd Sent to Siam by the Government of India in the Year 1821*. printed by order of the Vajirañāna National Library, Bangkok, 1915, pp. 111 – 112.

② 游仲勲『華僑経済の研究』、100頁。

③ 1678年，乔治·怀特在大城向英国东印度公司汇报，蔗糖产量大，每年出口到日本和马六甲。George White, เรื่องจดหมายเหตุในแผ่นดินสมเด็จพระรายณ์มหาราช, ประชุมพงศาวดารฉบับห้องสมุ ดแห่งชาติ, กรุงเทพฯ, ค.ศ.1964,หน้า 502. 当时，一艘暹罗船驶抵长崎，华人船员也让我们了解到那莱王时期蔗糖生产的情况，"暹罗还是原糖生产大国……每年我们的船只会带来数十万斤"。Ishii Yoneo, "Seventeenth Century Japanese Documents about Siam," *Journal of the Siam Society*, Vol. 59, Part 2（July 1971）, p. 170.

④ J. G. Koenig, "Journal of a Voyage from India to Siam and Malacca in 1779," tr. from his ms. in the British Museum, *Journal of the Straits Branch of the Royal Asiatic Society*, Vol. 26（January 1894）, p. 175; Crawfurd, *Journal of an Embassy from the Governor – General of India to the Courts of Siam and Cochin China*, Vol. 2, pp. 177 – 178.

较小。① 这些中心产区的蔗糖价格自然比曼谷低廉，但很显然，华人前往当地采购可谓游刃有余，而其他外国人则只能望洋兴叹了。

① 　游仲勋『華僑経済の研究』、100 - 101 頁；Burney，*The Burney Papers*，Vol. 2，Part 4，p. 103.（正文前后语意明显矛盾。Burney 著作提及的甘蔗产地为尖竹汶、北柳、万佛岁、那空猜西，而 Crawfurd，*Journal of an Embassy from the Governor - General of India to the Courts of Siam and Cochin China*，Vol. 2，p. 177 也提到北柳、万佛岁、那空猜西等地。据此，正文后一个"北柳"似宜改为"那空猜西"。——译者注）

# 第九章　拉玛二世、三世时期中暹帆船贸易的繁荣（1809～1833）

　　在 19 世纪早期数十年中，尽管中国官府不鼓励、时常限制乃至敌视，且帆船贸易缺乏真正合理有序的组织、设备陈旧、鲜有改进，但在东亚海域，中国帆船仍所向披靡。它们不但控制着这一地区的市场，[①] 而且在 1820 年前后，就数量而言，对最重要的竞争对手英国占优势。1805～1820 年，约 300 艘中国帆船活跃于东亚海域，它们每年的总载重不下 8.5 万吨。对比来看，同期英国东印度公司（1833 年以前一直垄断着英国的东方贸易）船只每年的总载重从未超过 3 万吨。在这一时期的东亚海域，中国帆船总载重量约为英国船只的三倍。[②]

## 暹罗的造船业

　　19 世纪初，郑信统治时期已恢复的暹罗造船业，随着中暹贸易的快速发展而生机勃勃。实际上，所有商船，包括大量从事中国对外贸易的船只，都是在暹罗建造的。约翰·克劳福德 1810 年代晚期的话证实了这一点："南洋群岛与中国之间贸易

---

① 华人船商更了解当地港口的情况：商品的种类和价格、与官府打交道等。此外，华人船商经营具有传统特色的畅销商品。
② 田汝康：《17—19 世纪中叶中国帆船在东南亚洲》，第 36 页。

所用的几乎所有帆船是在曼谷建造的。其地坐落于暹罗大河（湄南河）沿岸，系王国都城所在。这种选择乃是基于交通便利，良木尤其是曼谷所产柚木极其低廉、丰富的考量。帆船的水下部分是用普通木料建造，但水上部分则用柚木建造。"[①]

约翰·克劳福德说，1820 年代初，每年有 6~8 艘"最大类型"（帆船的大小取决于其所停靠的中国港口）的帆船，以每吨 6.25 暹两的价格建造于曼谷，而厦门、樟林的造价分别是每吨 42、32 西班牙银元。[②] 他还说，1820 年代晚期，一艘载重 8000 担或 476 吨的帆船，在暹罗、樟林、厦门的造价分别为 7400、16000、21000 西班牙银元。造价差异巨大的一个重要原因是，其时中国东南沿海木料缺乏。[③] 此外，中国所造对暹贸易之帆船，用料基本上是劣质木材，通常是枞木（但是从暹罗进口桅杆、船锚和船舵）。暹罗所造船只的排水量平均约 200 吨，俗称"潮州船"。其中部分船只的排水量高达 1200 吨，[④] 机动性却比中国所造船只更好，需要配备的船员也更少，每 100 吨大约只需 16 人。[⑤]

---

① Crawfurd, *History of the Indian Archipelago*, Vol. 3, p. 173.

② 此处实参考 Crawfurd, *Journal of an Embassy from the Governor - General of India to the Court of Siam and Cochin China*, Vol. 2, pp. 159-160. 据此书，帆船在曼谷的造价为每吨 25 提卡（tical），以 1 提卡＝1 铢＝0.25 暹两计算，即为 6.25 暹两。——译者注

③ Phipps, *A Practical Treatise on the China and Eastern Trade*, p. 205；田汝康：《17—19 世纪中叶中国帆船在东南亚洲》，第 31~32 页。

④ 18 世纪初期数十年，暹罗已在建造载货 1 万石（670 吨）的大型帆船。陈伦炯：《海国闻见录》上卷，第 24b~25a 页，乾隆五十八年刻本。

⑤ Crawfurd, *Journal of an Embassy from the Governor-General of India to the Court of Siam and Cochin China*, Vol. 2, p. 165.

## 暹罗的王室垄断

拉玛二世①发现，自己面临的处境与拉玛一世大同小异，即帆船贸易仍是国家财政收入的主要来源。若非帆船贸易，那巧妇难为无米之炊，他赐予廷臣、官员的俸禄将没有着落。②在帆船贸易收入减少的某些年份中，他们的俸禄下降了一半甚至2/3。③

继位前，拉玛二世就已拥有数艘从事对华贸易的帆船。有时，他甚至亲自置备货物。继位后，他理所当然地遵循并贯彻其父鼓励与中国贸易的政策。在位期间，他共遣使中国13次（拉玛一世在位27年，遣使22次），所有使团都以获取商业利益为主要目标。如同暹罗诸王一样，他意识到，在促进对华贸易，减少贪官污吏干扰的可能性，及打击其他的贸易形式等方面，朝贡使团发挥着难以估量的作用。早在1812年，在一道上呈嘉庆帝的表文中，他就试图指出，暹罗给予外商优厚待遇，意在要求清廷也同样优待暹罗商人，说明在大多数情况下，中暹关系以商业考量为基础。④

拉玛二世统治时期，王室垄断制度得到前所未有的发展。

---

① 拉玛二世是拉玛一世的长子，娶他二姑之女，即其表妹为妻（二姑父是一名富有的华商）。1807年叔父去世后，他继承其位，担任副王，时人称他为伊萨拉顺通（Issarasuntorn）王子。Chakrabongse, *Lords of Life*, p. 82.

② หลวงวิจิตรวาทการ, ภาษีอากร, หนังสือวิจิตรอนุสร, กรุงเทพฯ, ค.ศ. 1962, หน้า 108-109.

③ เจ้าพระยา ทิพกาวงศก, พระราชพงศาวดารกรุงรัตนโกสินทร์รัชกาลที่หนึ่งรัชกาลที่สอง ฉบับหอสมุดแห่งชาติ, หน้า 720-721.

④ เจ้าพระยา ทิพกาวงศก, พระราชพงศาวดารกรุงรัตนโกสินทร์รัชกาลที่หนึ่งรัชกาลที่สอง ฉบับหอสมุดแห่งชาติ, หน้า 436-437; "Letter to the Chinese Emperor, A. D. 1812," in Damrong Rajanubhab Files, ฉบับห้องสมุดแห่งชาติเขียนหนังสือ, กรุงเทพฯ.

例如，除了王室对进出口货物及经营帆船贸易的垄断，王库厅（Praklang sin – ka）还承担分配包税的新职责，这是其在经济领域明显扩张的表现。① 根据 1820 年代中期抵暹的亨利·伯尼（Henry Burney）上校观察到的情况，拉玛二世必然是一名王室垄断商人（因为王室垄断制度与税收结构息息相关）。其言曰："暹罗前王［拉玛二世］垄断了虫胶、苏木、象牙、藤黄、胡椒的专卖权……遗憾的是，国王的大部分收入是实物。暹军解甲还乡时，国王会雇用他们砍伐木料、苏木。老挝百姓会向暹廷进贡虫胶、象牙、安息香和其他物品。定居柬埔寨的暹罗人则进贡藤黄、胡椒、小豆蔻。为了处理这些贡物，国王不得不成为一名商人，而他的臣子们当然也要以尽可能的最高价，设法将这些物品出售给外国商人。"②

　　拉玛二世成为一名王室垄断商人也是自我选择的结果。其时，王室帆船和国王特许船只开展的对华贸易已变得如此活跃，以至于王库无法从征收的实物税及贮存的贡物中提取所有需要的商品。因此，在王室垄断制度之下，相比以往，朝廷更努力地试图垄断对平民某些商品的收购权。例如，每年约 2/3 的胡椒产量由国王所购。由 1818 年致送洛坤府府尹的谕令可知，国王对其采购对华帆船贸易所需商品权利的行使，已达到无以复加的程度。他坚称需要大批货物以装载帆船，而它们无法在首都地区购得。他提醒洛坤地方官，朝廷拥有胡椒的垄断权，将之卖给固定客户于法不容。"洛坤府府尹务必用所收赌博、酿酒税款，以每担 2 钱［1 先令 3 便士］，即［其时王室在本国主要胡椒产区尖竹汶收购］所付

---

① ผ่องพันธ์ สุภัทรพันธุ์, การศึกษาทางประวัติศาสตร์เกี่ยวด้วยเรื่องพระคลังสินค้า, หน้า 167–168.

② Burney, *The Burney Papers*, Vol. 1, Part 1, p. 180.（查所引原文，省略号之后的暹王实为"当今现王"，即拉玛三世。可见，此处所云成为商人者，实乃拉玛三世，而非拉玛二世，作者解析有误。——译者注）

之价格，尽数购买［三地］居民之胡椒。勿让［任何］胡椒落入他人之手。使命既达，当奏明所耗费用几何，所得胡椒几多，且须在五月将胡椒运至曼谷，以及时赶上季风，扬帆北航"。[1]

上述谕令表明，暹廷对胡椒的渴求多么强烈（无论数量多少），帆船贸易对胡椒的需求多么巨大啊！拉玛二世还大量购买小豆蔻、沉香、藤黄、燕窝、海龟蛋、苏木。这些也是他垄断的货物，即他有优先购买权；在通常情况下，被免除徭役（替代徭役，称为"派税"）的平民会用它们充当实物税，上缴官府。然而，在约翰·克劳福德看来，王室垄断并不僵化，因为当获得规定数量的所需货物后，国王允准其他人自由交易剩余产品。[2] 尽管如此，但为维持中国帆船贸易，国王所需货物的数量不断增长。

克劳福德认为，因包括了中国市场所需的主要商品，故王室垄断制度成了最广泛的财源。而在实际价值方面，这一制度让国王赚得盆满钵满。[3] 对往来暹罗贸易的船只征税也带来了部分收入。拉玛二世时期，暹罗对友好邦国的船只征收梁头税

① 转引自ผ่องพันธุ์ สุภัทรพันธุ์, การศึกษาทางประวัติศาสตร์เกี่ยวด้วยเรื่องพระคลังสินค้า, หน้า164-165.

② Rabibhadana, *The Organization of Thai Society in the Early Bangkok Period*, p. 142; Crawfurd, *Journal of an Embassy from the Governor-General of India to the Court of Siam and Cochin China*, Vol. 2, pp. 111 – 113.

③ 国王每年出售锡 4000 担（53.32 万磅），收获 2.7 万暹两（1.35 万英镑）。其中一半款项用于开支（矿工及帆船运输的预付款等），其余为净收入。国王每年也出售象牙（呈进给他的贡物）400 担，获得 1 万暹两（约 5000 英镑）。他每年还出售沉香 100 担，赚得 1.125 万暹两。拉玛二世收到贡物藤黄 400 担，销售可赚 6000 暹两。每年销售燕窝、海龟蛋分别获利 2.5 万暹两和 1250 暹两。国王采购胡椒 4 万担，每担付给椒农 8 铢（提卡），外加运费，但在曼谷的帆船贸易中，每担售价达 20 铢，遂获利 10 万暹两。最后，国王每年收到蔗糖 3.5 万担，每担付给制糖工 7 铢，售价则为 10 铢，遂获利 2.625 万暹两（1.3125 万英镑）。Crawfurd, *Journal of an Embassy from the Governor-General of India to the Court of Siam and Cochin China*, Vol. 2, pp. 111 – 113.（胡椒原作 4000 担，核实后改。——译者注）

3 暹两, 不常前来贸易的船只则征收 5 暹两。三桅帆船的梁头税, 按每哇 20 暹两计算, 两桅半帆船则每哇 10 暹两。当时, 对于经常停靠的帆船, 暹罗官府收取货值的 3% 作为进口税; 而不常停靠的帆船, 则收取 5%。至于出口税, 一般认为, 其税率依输出货物的种类而有所区别, 如每担蔗糖收取 0.5 铢。此时赴中国贸易的船只大多在暹罗建造, 归暹罗贵族和留居暹罗的华商所有并经营。暹廷免除了它们的船货税、梁头税。而同一时期驶往暹罗贸易的中国帆船主要是海南岛小船。暹廷要求以每英寻(哇)梁宽的固定税率缴纳梁头税, 税额是西方船只的一半。[①] 然而, 与马来半岛贸易的帆船归暹罗官员和留暹商人所有, 每艘梁头税为 130 铢。

除常规估价外, 暹罗官府、官员也对商船进行律例之外的敲诈勒索。但就中国帆船而言, 他们基本上受到了公正对待。约翰·克劳福德说: "我已从那些经营贸易的商人处得知, 他们没有抱怨敲诈勒索和压迫的理由。"[②] 然而, 西方船只的情况有所不同。

帆船建造也是财源之一。当时, 暹罗的造船业可谓朝气蓬勃。国王用木料制造帆船的桅杆, 而这些木料乃是属邦封臣(尤其是彭世洛府府尹)进献的贡物和礼品。[③] 此外, 正如前文提到的, 建造帆船的个人也要缴纳造船税。总之, 造船收入滚滚而来, 充盈王库, 蔚为壮观。

---

① เจ้าพระยา ทิพกรวงศก, พระราชพงศาวดารกรุงรัตนโกสินทร์รัชกาลที่หนึ่งรัชกาลที่สอง ฉบับหอสมุดแห่งชาติ, หน้า 695, 559–560.; Crawfurd, *The Crawfurd Papers*, pp. 131 – 132.

② Crawfurd, *History of the Indian Archipelago*, Vol. 3, pp. 182 – 183.

③ จดหมายเหตุรุงรัตนโกสินทร์รัชกาลที่สอง, กรุงเทพฯ, ฉบับห้องสมุดแห่งชาติเขียนหนังสือ, ค.ศ. 1814, No.16.

1823 年，暹廷从帆船贸易（主要是对华贸易）的直接收入中净赚 56.5 万暹两。暹罗历史学家曾确认，两艘王室船只——越洋（Malapranakorn）、海神（Herakamsamut），作为主要的王室贡船和朝贡贸易船，各载重 1000 吨驶往中国。[①] 除此之外，另有数艘王船直接从事中暹贸易，包括一两艘总载重 1.3 万担的洛坤船，一两艘宋卡船，及一艘载重 4000 担尖竹汶船。[②] 这些船只加在一起，构成了东亚海域大规模贸易的一部分。1810 年代末至 1820 年代初，曼谷已成为这一贸易的中心所在。这一时期，经过一番实地考察，明察秋毫的英国使节约翰·克劳福德总结道，曼谷的对外贸易，"只有中国的广州港可与之抗衡，欧洲人尚未定居的其他所有亚洲港口均难望其项背"。[③] 大部分东部沿海贸易（大陆东南亚东部沿海地区的贸易往来）以曼谷为中心，它由此成为南中国海重要的中转港。在澳门港逐渐衰落、香港尚未崭露头角的时代，像曼谷一样既靠近华南，又位置居中，且华人主导的大港绝无仅有。

## 雇用华人

1809 年继位后，拉玛二世继续雇用华人及热衷与中国进行贸

---

① Crawfurd, *The Crawfurd Papers*, pp. 117 - 118. 海神由銮素拉萨功（Luang Surasakorn, 显然是暹王封官赐爵的华人）管驾。1819 年后，该船也定期前往澳门贸易。เจ้าพระยา ทิพกาวงศก, พระราชพงศาวดารกรุงรัตนโกสินทร์รัชกาลที่หนึ่งรัชกาลที่สอง ฉบับ หอสมุดแห่งชาติ, หน้า 592-598.

② กรมพระยาดำรง ราชานุภาพ, ตำนานภาษีอากรยางอย่างกับคำอธิบาย, หน้า10; จดหมายเหตุกรุง รัตนโกสินทร์รัชกาลที่สอง, ค.ศ. 1820, No. 52; เจ้าพระยา ทิพกาวงศก, พระราชพงศาวดารกรุง รัตนโกสินทร์รัชกาลที่หนึ่งรัชกาลที่สอง ฉบับหอสมุดแห่งชาติ, หน้า666.

③ Crawfurd, *Journal of an Embassy from the Governor - General of India to the Court of Siam and Cochin China*, Vol. 2, pp. 166 - 167.

易的人，开展对外贸易。当时，虽然也有大量福建人、广东人为国王效力，但潮州人最多、爵衔最高、权力最大。例如，华商王金衮是郑信、拉玛一世、拉玛二世三朝元老，其父王金贵（Gui）因置办帆船前往中国贸易而为世人所重。拉玛一世时，他晋任财务兼外务大臣。拉玛二世时，他晋爵披耶拉达纳提碧（Praya Rattanatibet），掌管政务部，后迁枢密大臣（Samuhanayok）。此外，拉玛二世还命穆斯林后裔迪·汶纳（Dit Bunnag）掌管港务厅。作为对华帆船贸易的热情拥趸，国王随后提拔其为财务兼外务大臣。①

　　在京城曼谷以外的官府中，华人的影响力也逐渐增强。例如在暹南，吴让之子接任宋卡府府尹，延续福建人在当地的统治。而原籍澳门的广东人林海（Lim Hoi，音译）也受封銮拉查甲必丹（Luang Ratcha - kapitan）爵衔，成为养西岭（普吉）华人留居点的地方官。同时，因挫败缅甸、吉打（暹罗边境的马来苏丹国）可能对暹罗发动联合进攻的图谋，他还兼任该岛锡矿山实物税（地税）的首席收税官。② 然而，这仅仅是华人在暹南政治、经济领域越来越大影响力的缩影。

　　在暹罗的朝廷、官府和民间，华人的影响力无处不在、无孔不入。基于此，华人在暹罗经济活动，尤其是与贸易相关之经济活动中居于主导地位便不足为奇。克劳福德指出，拉玛二世统治时期，欧洲商人在暹罗遭遇各种不便。不过，他留意到，华人所得到的"公正对待"却在外国人中独一无二。华人的买

①　井出季和太『華僑』、67 頁；กรมพระยาดำรง ราชานุภาพ, ผู้บริหารราชการแผ่นดินในอดีต, กรมพระยาคำราจานภาพ, เรื่อง เที่ยวที่ต่างๆ, ฉบับ 2, ค.ศ. 1962, หน้า78; เจ้าพระยา ทิพกาวง ศก, พระราชพงศาวดารกรุงรัตนโกสินทร์รัชกาลที่หนึ่งรัชกาลที่สอง ฉบับหอสมุดแห่งชาติ, หน้า 379–380.

②　G. E. Gerini, "Historical Retrospect of Junkceylon Island," *The Journal of the Siam Society*, Vol. 2, Part 2 (1905), pp. 82 - 83. 当时，养西岭总人口为 1.5 万~2 万人，其中华人 800~1000 名。

卖不受相关约束和限制。他举例到，1822 年，数艘英国、美国船抵暹数日后，14～15 艘中国帆船才从槟榔屿、新加坡驶至暹罗，但后者发售货物之快速让前者望尘莫及。据说，中国帆船运送的是一批走私鸦片，至少价值 10 万西班牙银元。[①]

毋庸置疑，华人专门经营的对华贸易规模最大、价值最高。亨利·伯尼上校观察到，对华贸易实属必要，且规模庞大，因为这不但是华人的，而且是暹罗人本身的需求，他们都穿中国绸纱，用中国瓷器，喝中国茶，食中国蜜饯。[②] 就暹方而言，除了朝廷、贵族、官员所属 20 余艘帆船，留居当地的华人也拥有一支 136 艘帆船组成的船队，其中 82 艘从事对华贸易，54 艘前往东南亚其他地区进行贸易。[③]

除了曼谷，拉玛二世的船只也停靠在其他港口，如尖竹汶、洛坤和宋卡。暹南诸港（福建人居多）的船只似乎一直以来主要开展对厦门港的贸易，且由各府尹代表国王进行管理。从可资利用的史料（国王致送洛坤、宋卡府府尹的谕令）来看，很显然，这些船同时装载国王、地方领主的货物，后者须定期向朝廷呈报交易的收益及详情。因此，或可认为，国王与各港，

---

①  Crawfurd, *Journal of an Embassy from the Governor - General of India to the Court of Siam and Cochin China*, Vol. 1, p. 269. 1821 年，拉玛二世正式禁止销售、吸食鸦片。เจ้าพระยา ทิพกาวงศก, พระราชพงศาวดารกรุงรัตนโกสินทร์รัชกาลที่หนึ่งงรัชกาลที่สอง ฉบับหอสมุดแห่งชาติ, หน้า391–393. 但溯至 1810 年代，华商显然已与暹罗官吏暗中勾结，连续不断地将鸦片运入。参见 O. Frankfurter, "The Unofficial Mission of John Morgan, Merchant, to Siam in 1821," *The Journal of the Siam Society*, Vol. 11, Part 1 (1914–1915), p. 5.

②  Burney, *The Burney Papers*, Vol. 2, Part 4, p. 80.

③  ผ่องพัน สุภัทรพันธุ์, การศึกษาทางประวัติศาสตร์เกี่ยวด้วยเรื่องพระคลังสินค้า, หน้า160; 田汝康：《17—19 世纪中叶中国帆船在东南亚洲》，第 33 页。对于拉玛二世经营的对华王室贸易，一些写本文献可资参阅，它们目前保存在曼谷国家图书馆写本部。（对华贸易帆船数原作 32 艘，核实后改。——译者注）

尤其是当时最重要的两大帆船贸易港洛坤、宋卡的亲信官员合作无间。[①] 其他高官，特别是港务左局属官，继续直接参与对华贸易。在私自经营中国贸易的廷臣和官员中，权位至高无上者非切萨达博丁王子（Prince Chetsada - bodin）莫属，他正是未来的拉玛三世。据记载，他是中暹帆船贸易的巨头。[②]

克劳福德曾言，拉玛二世统治末年，暹船每年载重约 39.3 万担（24562 吨），雇用约 4912 名华人水手前往中国。同一时期，驶来暹罗的英、美两国船只每年平均仅 3 艘（总共 1000～2000 吨），且大部分贸易是偶然性的。相比而言，暹船的载重量颇为可观。最大型船共约 8 艘，前往广东贸易；小型船通常有 30 余艘（每船约 1000 担），前往福建、浙江和江南贸易；载重更少的暹罗帆船，从仅 850 担至 7500 担不等，前往巴达维亚、马六甲、槟榔屿、新加坡、西贡贸易。新加坡正快速崛起为其中首屈一指的港口。[③]

正如前文所述，内地华商进行的对外贸易绝非什么秘密，也不为清廷认可。沿海各省地方官有权决定进出口的船只数量乃至货物种类。然而在许多情况下，这些中国船似已行"越礼犯分"之举。约翰·克劳福德发现，1820 年代，华人在逃避关税方面可谓"足智多谋"、"高"招频出。因沿海贸易几乎免税，故华商"会先扬帆出海，如驶往海南岛，以逃避缴税，而实际上，他们将前往暹罗或交趾支那。返航时，帆船将断断续

① 参见附录 6 暹廷与宋卡府府尹的公函往来，其内容与后者置办帆船，以便前往中国贸易有关。

② สงา กาญจนาคพันธุ์, ภาพประวัติศาสตร์กรุงรัตนโกสินทร์, Vol.1, กรุงเทพฯ, ค.ศ. 1962, no page.

③ Crawfurd, *Journal of an Embassy from the Governor - General of India to the Court of Siam and Cochin China*, Vol. 2, p. 166; 田汝康：《17—19 世纪中叶中国帆船在东南亚洲》，第 33 页；Crawfurd, *The Crawfurd Papers*, pp. 120 - 121.

续停在港外四五天，直到与海关官员谈妥减税条件才驶入。这些实例所展现出的威胁将蔓延至其他港口，由此褫夺了地方官习以为常的特权"。①

1820 年代初，约有中国帆船 222 艘，每船平均载重 200 吨，从福建、广东、浙江至东亚海域贸易。其中 89 艘，即总数的约 40%（船员不下 2000 名）每年前往暹罗贸易，暹罗因而成为当时最重要的帆船贸易中心。其余帆船驶往其他地区贸易：8 艘至新加坡，20 艘至日本，13 艘至菲律宾，4 艘至苏禄群岛，2 艘至西里伯斯，13 艘至婆罗洲，7 艘至爪哇，10 艘至苏门答腊，1 艘至廖内，6 艘至马来半岛东海岸，20 艘至安南，9 艘至柬埔寨，20 艘至东京。1821 年，从中国驶往暹罗的帆船贸易总量达 168500 担（10531 吨）。其中广东江门船 5 艘，各载重 3000~5000 担；樟林船 1 艘，载重 5000 担；厦门来船 2 艘，各载重 3000 担。此外，悬挂中国旗的小型帆船 50 多艘，各载货 2000~3500 担，往返于海南与暹罗之间。前往暹罗贸易的海南帆船这么多，或许是因为海南岛处于中国大陆的南端，海南船可在每年东北季风来临时就起航，先于中国其他地区的帆船抵达曼谷。它们 1 月驶抵曼谷，而福建、浙江船通常 2 月末或 4 月初才到港。故而，施坚雅将曼谷贸易视为海南人具备得天独厚优势的一种贸易。此外，琼州或海口行船至曼谷，顺风仅需 8~9 天。这一航程让海南人每年有充足的时间在曼谷进行贸易。② 因航程相对较短，海南商人便可驾驶常用枞木及其他劣

---

① Phipps, *A Practical Treatise on the China and Eastern Trade*, pp. 206 – 207.

② Crawfurd, *Journal of an Embassy from the Governor – General of India to the Court of Siam and Cochin China*, Vol. 2, p. 158; Skinner, *Chinese Society in Thailand*, p. 44; 李增阶：《外海纪要》，陈坤辑《如不及斋会钞·从政绪余录》卷 7，第 20b 页，光绪九年刻本。

质木材建造而成的小型帆船。占婆、柬埔寨正处在海南至曼谷的航线上，当地木材丰富，他们一般取之置备桅杆、船舵、木锚。对于海南人从事帆船贸易的情形，郭实猎描述道："在驶往暹罗途中，他们沿占婆、柬埔寨海岸而下，砍伐木料；而抵达曼谷后，他们再添购一些，用以建造帆船。只需短短两个月，帆船就可完工下水……随后，这些帆船装载货物，前往广州或原乡海南岛出售；船、货一并卖出所获利润由造船者共享。"①

海南帆船通常与印度支那北部、澳门、广州、潮州等邻近之地开展贸易。19 世纪初期，每年也有 10~15 艘海南帆船停靠阁沙梅岛（素叻他尼或万伦洋面小岛）。它们主要为了购买当地的棉花、燕窝而来。②

## 港　口

这一时期，就暹方而言，除数艘前往宋卡、洛坤贸易的帆船外，中暹贸易主要集中于曼谷。而开展中暹贸易的中国港口主要是广东的广州、高州、江门、樟林和海南诸港（尤其是海口），及厦门、宁波、上海、苏州（江南），北至天津。克劳福德断言，财务兼外务大臣曾告诉他，在中暹贸易中，与上海、宁波、苏州的贸易最有利可图，而与广州、厦门的贸易最无利可图。他认为，个中原因在于，穗、厦二港对来往商船征收重

---

① Gutzlaff, *Journal of Three Voyages along the Coast of China*, pp. 82 - 83.

② Crawfurd, *Journal of an Embassy from the Governor - General of India to the Court of Siam and Cochin China*, Vol. 2, pp. 212 - 213. （帆船数原文作 10~12 艘，核实后改。——译者注）

税，地方官"比中国其他各港更无理难缠"。① 另一种说法或许也言之成理，即潮州商人在中暹贸易中的作用越来越重要。② 此前多年，潮州商人一直北上与浙江、江南贸易。因嘉庆、③ 道光年间中国（尤其是上海）的对外贸易以惊人的规模持续发展，故此时从事中暹贸易的潮州帆船也将暹罗货物北运。嘉庆《上海县志》（1814）记载，每年都有暹船来沪。而克劳福德坚称，其时并无宁波、上海、广州的船只驶往暹罗，因为两国贸易主要由留暹的潮州商人经营。6～7月西南季风最强劲之时，帆船从曼谷扬帆起航；抵达广东后，它们沿中国海岸北上，做短程航行，继而回粤，以便及时乘东北季风返航曼谷。④

---

① Crawfurd, *Journal of an Embassy from the Governor - General of India to the Court of Siam and Cochin China*, Vol. 2, pp. 155, 162 – 163. 一般说来，所有建成的帆船既不需要缴纳梁头税，又不需要上缴累进税及利润分成，即俗称之"规礼"（最初上缴给各级官吏，后逐渐转至海关监督的账目，成为朝廷收入的一部分）。各地进出口货物税有所差异，厦门最高，海南最低。Phipps, *A Practical Treatise on the China and Eastern Trade*, p. 206. 1813年，一艘暹船禀报国王，厦门收取的"陋规银"如此之高，以至于帆船前往沿海小港贸易更为有利可图，因为小港的税费较为优惠、合理，足以补偿货物低价出售之失。จดหมายเหตุรุงรัตนโกสินทร์รัชกาลที่สอง, ค.ศ. 1813, No.15, หน้า4-5.

② 与潮州人相比，暹罗福建人的作用黯然失色。不过，其时福建人经营着中国与南洋群岛的绝大部分贸易。最多、最大、最价值连城的帆船装载红茶，从福建起航，驶往南洋群岛。Crawfurd, *History of the Indian Archipelago*, Vol. 3, p. 172.

③ 原无"嘉庆"，据文意及所引黄苇著增。——译者注

④ 黄苇：《上海开埠初期对外贸易研究（1843—1863年）》，上海人民出版社，1961，第6～7页；Crawfurd, *Journal of an Embassy from the Governor - General of India to the Court of Siam and Cochin China*, Vol. 2, pp. 158, 155. 在与中国以西（包括暹罗在内）之外国港口进行贸易的同一季节中，许多中国帆船也常常向北远航。每年约有20艘大型帆船及不少小型帆船从广东北航，驶往苏州售卖鸦片，其预付价是广州售价的1.5倍。也有一些船向北航行至锦州（辽宁）。基于此，我们可以推断，帆船采购暹罗货物而进行的贸易确实有利可图。Phipps, *A Practical Treatise on the China and Eastern Trade*, p. 207.

这一时期，暹罗从中国进口的商品数不胜数，主要包括
"五花八门的百货"，如粗陶、粗瓷、茶叶、水银、粉条、干
果、生丝、绉纱、南京棉布、绫罗绸缎、折扇、雨伞、书纸、
熏香和其他小物件。乘客也是重要的输入"物"。克劳福德说，
每艘广东船每次可将 1200 名乘客运送至曼谷，而当时每年的移
民约为 7000 人。① 此外，自拉玛一世时期始，暹罗从宁波进口
许多贵重物品，如锦缎、石狮及其他石雕。② 心灵手巧的华人经
常仿制本地货。早在拉玛一世时期，华人仿制的宋加洛陶瓷就开
始"侵袭"暹罗市场。这种陶瓷最初问世于 11 世纪，实际由华
人运用中国的生产工艺制作而成。然而，后世的暹罗艺人采用本
国原创的设计图样加以彩绘，使宋加洛陶瓷成为名副其实的暹罗
货。1767 年大城陷落后，大量中国仿制品开始涌入暹罗，其中一
部分是专为腰缠万贯的华商享用而定制、进口，以补古器具之
缺。③ 康熙年间，中国的陶瓷业开始复苏；嘉庆年间获得充分
发展。

当时中国帆船的对外贸易总额为 6918240 西班牙银元，其
中 40%、约 300 万西班牙银元乃对暹贸易额。据克劳福德估
计，1821 年，暹船（赴暹贸易的中国船除外）的对华贸易额为
614050 铢（153512.5 暹两，76756 英镑）。我们可用一个数值

① Crawfurd, *Journal of an Embassy from the Governor - General of India to the Court of Siam and Cochin China*, Vol. 2, pp. 161 - 162. 宓亨利说，一艘 800 ~ 900 吨的厦门帆船可以搭载至少 1600 名乘客。MacNair, *The Chinese Abroad*, p. 32n.

② สงา กาญจนาคพันธุ์, ภาพประวัติศาสตร์กรุงรัตนโกสินทร์, Vol. 1, no pape. 1810 年代末，中国出口至南洋群岛的商品以红茶、粗瓷、熟铁、棉布最重要。Crawfurd, *History of the Indian Archipelago*, Vol. 3, p. 181.

③ G. E. Gerini, "Siam's Intercourse with China (Seventh to Nineteenth Centuries)," *The Imperial and Asiatic Quarterly Review and Oriental and Colonial Record*, 3rd Series, Vol. 14, Nos. 27 & 28 (July - October 1902), p. 393.

推算其时中暹贸易的总利润率。从事巴达维亚与中国之间贸易
的中国帆船，在巴城贷款的利率通常是40%。基于此，净利润
不可能低于此数额的两倍。对于大件货物（茶叶、瓷器），南
洋群岛诸港的预付价是150%~200%；而对于丝绸和棉布，预
付价是100%。这并非批发价，而是零售价，因为正如曼谷一
样，帆船一到港，店铺（在船上）就开始营业，船员便出售货
物。1825年前后，抵暹的伯尼①使团也禀报称，对华贸易非常
有利可图，其利润率至少高达300%。即使只有一半船只返航，
暹罗人也可赚取厚利，这或许正是国王、朝廷和官员参与其中、
乐此不疲的缘由所在。②

---

① 原作"克劳福德"，据文意和所引史料改。——译者注
② 田汝康：《17—19世纪中叶中国帆船在东南亚洲》，第37页；Crawfurd,
*Journal of an Embassy from the Governor - General of India to the Court of Siam
and Cochin China*, Vol. 2, p. 159；Crawfurd, *History of the Indian Archipelago*,
Vol. 2, pp. 178 - 179；Burney, *The Burney Papers*, Vol. 2, Part 4, p. 80. 现
有一份中国帆船抵达曼谷贸易的描述也许值得分析。在所著《新加坡旧时轶
史》（*An Anecdotal History of Old Times in Singapore*）一书中，查尔斯·巴克
利（Charles Buckley）记载了1820年代中国帆船停靠新加坡的情景，或许
这种情景在曼谷也常见。

　　中华帝国的帆船每年造访新加坡时，华人的商业活动最为受益。从12
月到次年6月，它们都停泊于海港内。期间，满载华人的小艇在帆船中络
绎不绝地来回穿梭，航道遂成为水上集市。

　　人们翘首以盼第一艘帆船，它一般在圣诞节前几天抵达。当一直守望
东方的马来舢板船员发出通知，说它快要抵港时，华人社区处处都显得热
闹非凡……许多人争先恐后地赶到这艘帆船，打听从中国带来的消息……
当帆船还远在港外数英里时，第一只小艇就向它驶来。逐渐靠近城镇时，
它接受了一批又一批登船之人，吃水深度一次又一次加深。直到最后，帆
船上拥挤的人群慢慢拖着脚步，移到航道周围密密麻麻的小艇上去。在帆
船后拖着无数情绪激动的居民，看上去活像一只蝗虫无意之中窜过一个蚁
穴，在其腿上、触须上附着无数的蚂蚁。由于帆船甲板上总是拥挤着大批
移民，因此大部分来访者不得不逗留在自己乘坐的小艇上。他们向帆船上
的人们高声叫喊询问问题，以期尽可能得到更多消息。

　　不久，其他帆船也先后抵达。虽然它们并不像第一艘帆船那样激起人

## 拉玛三世时期

拉玛三世统治时期，为了开发本国经济资源，暹罗官府日益认识到华人的聪明才智，并越来越多地加以利用。官府雇用华人推进各项建设：帆船贸易、包税、体力劳动。因暹廷给予优待，华人得以经营贸易，并将财富用作其在暹罗社会中实现向上流动的终极武器。许多华人由此步入统治阶级，或无论如何至少成为统治机器的一部分。

相比暹罗人，华人的优势在于缴纳少量人头税（1.5～3铢，三年一缴）后，即可免除徭役。华人遂得以不受其限制，自由贸易。华人加官晋爵者，免除徭役和人头税。此外，华人获准前往暹罗国内任何地方游历、务农、经商，享有很高的流动性，而暹罗人受庇护制和奴役制束缚，不得自由迁徙。[①]

虽然拉玛三世统治中期，暹廷引入西式横帆船，但纵观这一时期，中式帆船继续执暹罗对外贸易之牛耳，中国仍旧是暹罗贸易的主要对象。即位前，拉玛三世（帕难高昭，Pra Nangklao）

---

们那么大的兴趣和震动，但是每一艘帆船到达时，人们总是热闹一番。它们抵港一两天后，几乎没有进行什么交易，因为船员们忙着搭设顶篷，以遮盖将在甲板上售卖的货物。这些布置一旦就绪，集市即行开始。而这些帆船从早到晚总是被华商从海岸边开来的小艇围绕着。

引自 Song Ong Siang, *One Hundred Years' History of the Chinese in Singapore*. Singapore：University of Malaya Press, 1967, pp. 41－42.（据该书2016年版，宋旺相此处所引并非巴克利著作，而是 George Windsor Earl, *The Eastern Seas, or Voyages and Adventures in the Indian Archipelago in 1832－33－34*. London：Wm. H. Allen and Co., 1837, pp. 365－367.——译者注）

① Wales, *Ancient Siamese Government and Administration*, p. 201. 其时，华人在曼谷的影响力已无处不在，以至于曼谷王宫和其他宏伟建筑都明显带有华人的痕迹。有城围的主要宫殿类似北京的紫禁城。陈序经：《暹罗与中国》，商务印书馆，1941，第51页。

供职于港务厅（属财务部），积累了丰富的经验，学会了造船及直接参与对华贸易。[1] 他曾与拉玛二世时期最后一任财务大臣迪·汶纳在同一部门共事，并一道竭力推动对华贸易，以使朝廷和自己皆获其利。拉玛三世即位后，迪继续担任财务兼外务大臣，成为国王的左膀右臂；后其子川·汶纳（Chuang Bunnag）亦出任此职，爵衔为披耶西素里亚旺塞（Praya Sisuriyawongse）。拉玛三世也命披耶朱杜拉查塞提（Praya Choduk – ratchasetti）执掌港务左局。他是阿瑜陀耶王朝时期华人移民的后代，据记载其积累的财富不可胜数。[2] 约翰·卡迪评论道，拉玛三世朝廷的制度"以自我为中心，迷恋于维护其半神化的特权，及财富、权力方面的威望，[3] 而不关心外部商界［原文如此］的意见"，结论是这种制度"在东南亚任何地区必然不能存在"。[4] 在这种背景下，中暹帆船贸易的繁荣兴旺持续了十几二十年。直到西方海上强国影响东亚海域贸易之时，形势才为之一变。

起码我们有拉玛三世时期达官要人所派遣帆船的部分名单，如表 9 - 1 所示。除此之外，众所周知，拉玛三世朝廷至少拥有 9 艘帆船，及各部所属之另外 8 艘王室帆船。[5] 总之，30 ~ 40 艘暹廷帆船积极开展对外贸易（主要是对华贸易），与后世自由贸易的许诺正好相反。

---

[1] 拉玛三世是拉玛四世的同父异母兄长。拉玛三世虽是妃嫔之子，但先于其更正统的弟弟拉玛四世（王后之子）登上王位，因为众臣认为拉玛三世更有行政经验，因此获得了更多的政治支持。Steinberg, ed. , *In Search of Southeast Asia* , p. 111.

[2] กรมพระยาดำรง ราชานุภาพ, ประวัติสมเด็จเจ้าพระยามหาศรีสุริยาวงศ์, กรุงเทพฯ, ค.ศ. 1929, หน้า2-3; Burney, *The Burney Papers* , Vol. 2 , Part 4 , p. 82.

[3] 原作"威望、财富及权力"，核实后改。——译者注

[4] Cady, *Southeast Asia* , p. 341.

[5] ผ่องพัน สุภัทรพันธุ์, การศึกษาทางประวัติศาสตร์เกี่ยวด้วยเรื่องพระคลังสินค้า, หน้า185.

**表 9－1　拉玛三世时期暹罗部分海外贸易帆船及其赞助人名单**

| 船名 | 赞助人与所有者 |
|---|---|
| 海鸥（Nang－nok） | 帕因（Pra In） |
| 龙木（Nak－mai）* | 帕森（Pra Sen） |
| 红嘴鱼（Daeng－pak－pla） | |
| 蓝宝蛟（Lumpochiao） | 銮橄－瓦亚（Luang Kaew－wayat） |
| 红宝石（Tabtim） | 披耶诗披帕（Praya Sipipat） |
| 祈福（Jabanseng） | |
| 金福利（Gim hok lee） | |
| 万里（Bun－li） | 披耶朱杜（Praya Cho－duk） |
| 金春盛（Gim chun seng） | 銮阿派帕尼（Luang Apai－panit） |
| 吉祥花（Ch'om－pu－nuj） | 帕朱杜（Pra Cho－duk） |
| 翡翠城（Kaew kun muang） | 披耶吞玛（Praya Tun－ma） |
| 两重天（Datfa－song－chan） | 銮顺通（Luang Suntorn） |
| 护送（Hoo－song） | 披耶哥萨（Praya Kosa） |
| 银（Ngern） | |
| 三宝龙（Sampao－nak） | 坤通－周（Khun Tong－chew） |

注：＊泰语 nak，即娜迦（或纳迦、那伽），乃梵文 naga 之音译，中文意为龙。华商以此作船名，或含一语双关之意。——译者注

资料来源：ผ่องพัน สุภัทรพันธุ์, การศึกษาทางประวัติศาสตร์เกี่ยวด้วยเรื่องพระคลังสินค้า, หน้า184.

约翰·克劳福德之后，英国伯尼使团接踵而至，他们也注意到暹罗人与华人之间互利共生的贸易关系。1826 年，伯尼上校对中暹贸易制度有利的一面，即关税有所评论，其言曰："英国商人缴纳 8% 的进口税及繁重的出口税，根本无法与华人竞争。华人已从新加坡和东方运来英国棉布、货物，直到曼谷市场的存货堆积如山。而相比英国人从新加坡和其他地区运至东方的货物，许多英国货在曼谷的售价低廉得多得多。"①

———————

① Burney, *The Burney Papers*, Vol. 1, Part 1, p. 177.

18 世纪末，中暹贸易显著发展。及至拉玛三世时期，它仍在发展，且仍被视为暹罗对外贸易最有价值的部分。与贸易发展并行不悖的是朝贡使团数量的剧增——除每年遣使至广州贸易之外，暹廷每两年进贡一次。很可能在此过程中，暹使也向广东地方官致送礼物，以加快交易进度。朱拉·查拉博瑟（Chula Chakrabongse）亲王言道："拉玛三世每两年向中国进呈贡物一次，意在保持良好的贸易关系，他认为其重要性无与伦比。"除了贡物，形形色色与中国贸易休戚相关的贵族和官吏，也经常向中国皇帝及其大臣、地方官致送礼物。在定期朝贡体系以外，这些礼物主要旨在推动华商所经营贸易事业的发展。[1]

当时通行的做法显然是，大量商船跟随正式贡船前往广州贸易（就像郑信 1781 年使团那样）。它们很可能会获允税收特惠，并得到更好的对待。此外，他们还可采购一般只有贡船才能采购的货物，如丝绸。[2] 1844 年，清廷勉强允准此类惯例，重申只有"合法的"正副贡船方可免税，而来穗接载从北京南返贡使的船只并无免税之例。而早在 1839 年，清廷也曾下谕，暹罗定例三年一贡，嗣后改为四年一贡，以示"绥怀藩服之至意"。据此新规定，越南原来每两年到广州进贡一次、每四年遣使北京朝觐一次合并为一次，朝鲜、琉球每两年一贡。[3]

1826 年，伯尼留意到，暹王及其大部分廷臣均涉足中国贸易，由此赚得至少 300% 的利润。他们经由华商，将苏木、藤

---

[1] Chakrabongse, *Lords of Life*, p. 167；สงา กาญจนาคพันธุ์, ประวัติการค้าของประเทศไทย, หน้า106-107.

[2] 暹罗贵族、官吏非常珍视丝绸。马洛赫说："暹罗人穿着华丽的绫罗绸缎参加婚宴和节日庆典，这些服饰大部分从中国进口而来。"Malloch, *Siam*, p. 11.

[3] 光绪《钦定大清会典事例》卷 512，第 17 页；《宣宗实录》卷 320，道光十九年三月庚申条，第 37 页。

黄和其他商品销往中国诸港。① 根据拉玛三世时期史料，暹船前往广州、上海、宁波贸易时，通常装载苏木、胡椒、红木、蜂蜡、锡、小豆蔻、船舵、犀角、槟榔等货物。1844~1845年，这类船有 20 艘。我们也了解到，至少在这一航季，置办一艘赴华贸易的帆船所需费用略高于 1380 暹两。这项贸易事业涉及大量暹罗帆船，包括留居华商所有及暹廷特许经营的船只。②

积极经营对暹贸易的中国帆船也不少，海丰数艘"金"字号帆船（类似厦门船）便活跃于中暹贸易中。1826 年，亨利·伯尼上校发现，每年从广州、榆林（海南）、宁波和其他广东港口驶来曼谷的帆船达 36~50 艘，从海南驶来的帆船达 20~45 艘。③ 英国的商业情报也显示，1826 年，海南船与澳门、交趾支那、

---

① Burney, *The Burney Papers*, Vol. 2, Part 4, p. 80.

② 转引自 ผ่องพันธ์ สุภัทรพันธุ์, การศึกษาทางประวัติศาสตร์เกี่ยวด้วยเรื่องพระคลังสินค้า, หน้า 182-183. 此外，从拉玛三世时期可资参阅的贸易谕令中，我们获得1844~1845 年航季部分赴华贸易的暹罗帆船名单（一些是华商所有，一些是得到特许）：坤通（Kuntong），船长为金高（Chin Kao），运载胡椒、苏木、红木、蜂蜡等货物；春华（Chun - ha），由廷纳功（Tinnakorn）王子置办，船长为金信（Chin Sin），运载苏木、红木、胡椒、锡、蜂蜡、船舵、木板、黄糖等货物；玉财（Ngek - chai）由帕萨瓦里（Pra Swadwari）置办；利财（Li - chai）、利亨（Li - heng）、丰财（Hong - chai）、利丰（Li - hon）、利顺（Li - sun）、易西（Ek - si）、春利（Chun - li）由帕颂巴瓦尼（Pra Sombat - wanit）置办；恩泰（Eng - tai）、恩顺（Eng - sun）、恩威（Eng - euy）由銮迈蒂瓦尼（Luang Maitri - wanit）置办；华盛（Huat - seng）由銮波卡拉（Luang Po - karat）置办；吉源（Gi - nguan）由銮帕塞瓦尼（Luang Prasert - wanit）置办；满顺（Man - sun）由坤帕迪阿贡（Khun Pakdi - akon）置办；恩利（Eng - Li）由坤瓦达纳披隆（Khun Wattana - pirom）置办。这些船显然是受拉玛三世之命，运送官方船货前往广州、宁波、上海贸易。同前书，หน้า183-184.（首引原缺，据其博论增补。——译者注）

③ 《明清史料·庚编》第 6 本，第 577 页；Burney, *The Burney Papers*, Vol. 2, Part 4, p. 80.

暹罗的贸易往来非常频繁。①

1820 年代中期，马洛赫随伯尼使团前往曼谷。据他亲眼所见，拉玛三世时期头三年，广东、海南和邻近地区驶来曼谷湄南河水面的帆船"一度不下 150 艘"，平均 2.5 万多吨。考虑到暹罗的对外贸易正快速增长，他进一步评论道，因当时柚木、大米可自由出口（经由华人），故海运量至少上升 1 万吨指日可待。此外，他还评价华商善于用敏锐的眼光捕捉"百姓需求"。②

1830 年前后，约翰·克劳福德估计，中暹贸易总量为 6 万～7 万吨，若加上每艘载重约 150 吨的小型海南帆船，则总量约 8 万吨。1830 年代初，中国帆船前往交趾支那、暹罗、新加坡及南洋群岛贸易者，主要来自潮州、闽南，而暹罗的潮州船最多。时人郭实猎言道，在东南亚，像曼谷那样聚集如此多潮州红头船的港口绝无仅有。每年约有广州、江门帆船 20 艘起航前往南洋群岛，年贸易额为银 20 万～30 万两。此外，有浙江、江南（以生丝、茶叶和南京棉布闻名于世）帆船约 24 艘驶往暹罗贸易，另有 16 艘赴交趾支那，5 艘赴菲律宾。两省大型帆船总计 45 艘，贸易总量不下 1.7 万吨。1832 年，美国政府首次派埃德蒙·罗伯茨（Edmund Roberts）出使暹廷。他估计，每年前往东南亚贸易的中国船只不少于 100 艘，其中 1/3 是广州来船。据他说，6～8 艘赴东京，18～20 艘赴暹罗、交趾支那和柬埔寨，4～5 艘赴新加坡、爪哇、苏门答腊和槟榔屿，而赴

① "The Island of Hainan," *The Asiatic Journal and Monthly Register for British India and Its Dependencies*, Vol. 21, No. 121 (February 1826), pp. 15 – 16. 一般说来，海南位于广东海上交通的"西路"，广州位于"中路"，粤东北的碣石、南澳位于"东路"。故而，西方船只理所当然汇集于广州，而罕有造访海南诸港者。《筹办夷务始末》咸丰朝，卷 3，第 28b～29a 页。

② Malloch, *Siam*, pp. 28, 8.（增量原作 10 万吨，核实后改。——译者注）

婆罗洲、菲律宾、西里伯斯者更多。① 罗伯茨还说道，在出洋
及返航途中，许多福建和北方港口南来的船只停靠广州，然而
广州商人进行的对东南亚的直接贸易规模相对较小。

1832 年，留居曼谷的传教士雅裨理（David Abeel）提到，当
年有 80 艘中国帆船造访曼谷。② 而鲁申贝格（W. Ruschenberger）
医生作为医务官和历史学者，曾随罗伯茨使团前往暹罗。他观察
到，从 2 月到 5、6 月，有中国帆船 30～70 艘，各搭载船员 20～130
名，平均载货 200～600 吨，排成长队停泊于曼谷的河面上，绵延
两英里有余。它们主要是海南、广州、上海③ 来船，但船员都说潮
州方言。据说，1833～1834 年，与东南亚进行贸易的中国帆船不下
100 艘，其中 1/3 属广州来船，且有 18～20 艘前往暹罗、交趾支那
和柬埔寨进行贸易。1836 年，另一名留居曼谷的传教士约翰逊
（Johnson）写道，每年造访曼谷的中国各省帆船不计其数。④

---

① Phipps, *A Practical Treatise on the China and Eastern Trade*, pp. 201, 203 - 204；王赓
武：《南洋华人简史》，第 80 页；Roberts, *Embassy to the Eastern Courts of Cochin -
China*, pp. 121 - 122.（"广州"原作"广东"，核实后改。——译者注）

② "Religious Intelligence: Siam," *The Chinese Repository*, Vol. 1, No. 11（March
1833），p. 469.

③ 原作 Leang - Hae，据所引著作应为 Seang - Hăe，作者标记"Fukien?"，即
可能为福建某港，然据 Gutzlaff, *Journal of Three Voyages along the Coast of
China*, pp. 53, 101 实为上海。——译者注

④ W. S. W. Ruschenberger, *A Voyage round the World; including an Embassy to
Muscat and Siam, in 1835, 1836, and 1837*. Philadephia: Carey, Lea & Blanchard,
1838, pp. 278 - 280；"Description of the City of Canton," *The Chinese Repository*,
Vol. 2, No. 7（November 1833），pp. 293 - 294；"Religious Intelligence: Bankok,"
*The Chinese Repository*, Vol. 5, No. 5（September 1836），p. 235. 1830 年代末，霍
华德·马尔科姆到访暹京曼谷。他也推测，每年造访暹罗的中国帆船不少于 200
艘，其中许多载重 500～600 吨，而有些则不下 1000 吨。一度有 70～80 艘帆船
浮于曼谷河面之上。他继而同意约翰·克劳福德的看法："毋庸置疑，在世界
上白人尚未留居之地，曼谷的贸易规模最大，仅次于广州。" Malcom, *Travels in
South - Eastern Asia*, Vol. 2, pp. 148 - 149.

一份写于 1838 年①前后的英人报告显示，广东与东南亚的
贸易虽无法和国内贸易相提并论，但确实"非常可观"。这一
贸易主要由潮州人所有之载重 150～500 吨的船只经营。它们装
运五花八门的商品，并搭载数百移民。该报告进而指出，广东
与暹罗的贸易或许是这一地区最大的，所雇帆船达 20～30 艘。②
40～50 艘广东本地帆船（各载重 200～600 吨，海南船除外）
开展对外贸易的总额最高达 500 万西班牙银元，约相当于广州
城与其他省份海上贸易的 1/6。因此，广东一半帆船从事对暹
贸易。③ 该报告总结道："这些买卖获利如此丰厚，以至于投身
其中者无不累积下万贯家财。事实上，时人将其视为所有海上
贸易最有利可图的部分。广东船仅驶往［暹罗］两个港口，即
尖竹汶和曼谷。"④

赴华贸易的中暹两国帆船似乎都从事沿海贸易。它们将货
物运到中国，北上山东，南下海南进行贸易。例如，福建船驶
往暹罗进行贸易，返航途中通常先停靠广东，然后继续北航至

---

① 原作 1846 年，核实后改。——译者注
② "A Dissertation upon the Commerce of China" (written circa 1838), in Murphey,
ed. , *Nineteenth Century China*, pp. 34, 35.
③ "A Dissertation upon the Commerce of China" (written circa 1838), in
Murphey, ed. , *Nineteenth Century China*, p. 36. 潮州人经营贸易者如此众
多，原因之一或许是广东东北部人口过剩，民众流离失所，地方官府
不得不给予民间自由对外贸易之权。此外，当地百姓获准移民海外以
躲避叛乱。他们寄回大量侨汇；每次航程，帆船带回侨汇 6 万西班牙银
元，这已为世人所知。Gutzlaff, *Journal of Three Voyages along the Coast of
China*, pp. 165 – 166. （帆船数原作 40～60 艘，核实后改。——译者
注）
④ "A Dissertation upon the Commerce of China" (written circa 1838), in Murphey,
ed. , *Nineteenth Century China*, p. 35.

浙江、上海——许多福建、宁波商人居住于此。① 田汝康推断，
嘉道年间，中国沿海帆船甚多，共约5800艘，总载重68万吨。
浙江、江苏的沿海贸易帆船达2000多艘，总载重30万~50万
吨；广东沿海一带有帆船1200艘，总载重18万吨。广东沿海
的进出口贸易主要由潮州船经营，但其中的福建船最大。1831
年广东沿海贸易的详细船数，如表9-2所示。

表9-2　1831年进行沿海贸易的广东船只

单位：艘

| | |
|---|---|
| 泉州府来船 | 80 |
| 漳州府来船 | 150 |
| 惠州、潮州来船 | 300 |
| 往返于江门、福建的船 | 300 |
| 广州驶往天津、辽东的船 | 16 |
| 合计 | 846 |

资料来源：Phipps, *A Practical Treatise on the China and Eastern Trade*, pp. 201 - 202.②

　　田汝康③也就这一贸易的价值额提出了自己的看法：上海
帆船与华北、宁波帆船与华北、宁波帆船与福建的贸易额分别

① 田汝康：《再论十七至十九世纪中叶中国帆船业的发展》，《历史研究》1957年第12期，第6页。长江流域最重要的商港上海迅速崛起成为中国沿海贸易的主要中转港。至1796年，汇聚于此之宁波商人甚众，遂成立一个行会。Susan Mann Jones, "Finance in Ningpo: The 'Ch'ien Chuang,' 1750 - 1880," in William E. Willmott, ed., *Economic Organization in Chinese Society*. Stanford: Stanford University Press, 1972, p. 57. （1796年原作1769年，核实后改。——译者注）
② 原作"田汝康：《再论十七至十九世纪中叶中国帆船业的发展》，《历史研究》1957年第12期，第6页"，核实后改。——译者注
③ 原作Phipps, 即John Phipps（约翰·菲普斯），核实后改。——译者注

为 1000 万、40 万、30 万西班牙银元。据估计，所有沿海贸易的总额为 2600 多万西班牙银元。[①]

中国沿海港口星罗棋布，大多是受保护的内陆港，吃水浅的帆船可以畅行无阻。当时，在广东，广州、江门是主要帆船港，澳门、香山、三水是次港。在海南岛，海口、铺前、清澜是主港，榆林、福田是次港。[②] 在潮州地区，樟林是主港，黄冈、海门、神泉、饶平、揭阳、南澳等为次港。[③]

福建的中暹帆船贸易港首推厦门、[④] 漳州、泉州，其次为海澄、同安。在福建以北，暹罗帆船经常造访宁波、苏州、上海。至 1830 年代，上海的对外贸易已变得举足轻重，其本地贸易的规模远超广州。例如，1830 年代初，一周之内驶入上海的帆船便在 700 艘以上。道光年间，随着广州一口通商禁令的逐渐松弛及江南地区社会经济的发展，上海与东南亚、朝鲜、日本的贸易规模相应有所扩大。至于宁波，进入 1840 年代，因人烟稠密、百姓勤勉、市镇庞大、水路交通便利、

---

① 田汝康：《再论十七至十九世纪中叶中国帆船业的发展》，《历史研究》1957 年第 12 期，第 7 页。

② Skinner, *Chinese Society in Thailand*, p. 42. （原注置于"神泉"后，据博论移至此。——译者注）

③ Gutzlaff, *Journal of Three Voyages along the Coast of China*, p. 84. 郭实猎说，暹罗帆船未获正式执照就不能停靠潮州内地，只得泊于南澳，内地小艇会驶来接载船员。Ibid., p. 85.

④ 1830 年代初，郭实猎描写道，厦门"不但是中华帝国最大的贸易中心之一，而且是亚洲最重要的市场之一"。当地民众是敢为人先、拼搏进取的商人，他们也移居台湾、印度支那、暹罗、荷属东印度。他也提到，厦门地方官不准外国人抵港贸易。Gutzlaff, *Journal of Three Voyages along the Coast of China*, pp. 173 – 174.

商人富甲一方，故对外贸易仍旧欣欣向荣。① 1830 年代初之某年与上海、宁波、苏州进行贸易的海外帆船数可见表9－3。

表9－3　1830 年代某年从东亚海域前往上海、宁波、苏州贸易的外国船

单位：艘

| 归属地 | 数量 |
| --- | --- |
| 日本（10 艘帆船，2 次航行） | 20 |
| 菲律宾 | 13 |
| 苏禄群岛 | 4 |
| 西里伯斯 | 2 |
| 婆罗洲 | 13 |
| 爪哇 | 7 |
| 苏门答腊 | 10 |
| 新加坡 | 8 |
| 廖内 | 1 |
| 马来半岛东海岸 | 6 |
| 暹罗 | 89 |
| 柬埔寨 | 9 |
| 交趾支那 | 20 |
| 东京 | 20 |
| 合计 | 222 |

注：表中所列数字实为前往各地区贸易的中国（包括但不局限于上海、宁波、苏州）帆船数，而非前往中国贸易的各地区船只数；且它们本出自1830 年 3 月 25 日克劳福德呈递英国下议院的一份报告，对应时间应在 1830 年前，而非 1830 年代。作者解析似有误。——译者注。

资料来源：Phipps, *A Practical Treatise on the China and Eastern Trade*, p. 203.

---

① Skinner, *Chinese Society in Thailand*, p. 42；Phipps, *A Practical Treatise on the China and Eastern Trade*, p. 204；黄苇：《上海开埠初期对外贸易研究（1843—1863 年）》，第 6 页；Robert Fortune, *Three Years' Wanderings in the Northern Provinces of China*, *including a Visit to the Tea, Silk, and Cotton Countries*. London：John Murray, 1847, p. 90.

在与上述沿海港口有贸易往来的东亚海域各地中，曼谷依然最重要。1830 年代初，乔治·厄尔（George Earl）到访该城。在他的笔下，暹京的湄南河面挤满了帆船、小艇、水上房舍，它们"横七竖八，遮天蔽日"。许多买卖成交于停泊河面的帆船上。商人们在覆盖顶篷的甲板上各自摆摊，铺开货品售卖，河面遂成为大型水上集市，这与新加坡的帆船贸易别无二致。①与往常一样，这一贸易中的进出口商品种类繁多。华人享用的各类物件，如茶叶、瓷器、南京棉布、折扇、雨伞、大米、纸张、熏香等，是主要进口商品。因暹罗的对华出口仍旧远在进口之上，故暹廷也大量进口银条；借由进口白银（早在拉玛二世时期，暹廷就用这种方式从中国进口银锭）用于铸造钱币，进出口差额得以弥补。暹罗对按工计酬华人劳工日渐增多的雇用，及对西方货物（如火器）日益增长的需求，是铸币、现钱大规模流通的重要原因所在。暹廷将银条熔铸成银锭或"碎银"，用作主要货币。暹罗还从中国进口奢侈品（如细瓷、丝绸）及黄铜、铁等战略物资，因而主要通过朝贡渠道采购。此外，暹罗也从中国运回精巧美观的商品，如绫罗绸缎、象牙雕、羽毛扇及蜜饯，并转运至新加坡；1830 年代末，暹罗人每年从中赚得的净利润不低于 50%，约 500 万西班牙银元。②

---

① George Windsor Earl, *The Eastern Seas, or Voyages and Adventures in the Indian Archipelago in 1832 - 33 - 34.* London: Wm. H. Allen and Co., 1837, p. 160. 也参见同书对 1820 年代中国帆船停靠新加坡情景的描写，这种情景可能在曼谷也不鲜见。Ibid., pp. 365 - 367.（原作 Charles Burton Buckley, *An Anecdotal History of Old Times in Singapore.* Singapore: Fraser & Neave, Limited, 1902 所提情景，然据上文，实出自 Earl 著作，故改之。——译者注）

② Walter F. Vella, *Siam Under Rama Ⅲ, 1824 - 1851.* Locust Valley, NY: J. J. Augustin Incorporated Publisher, 1957, pp. 19 - 20; Malcom, *Travels in South - Eastern Asia*, Vol. 2, p. 128.

　　相比较而言，暹罗向中国出口的货物要多得多。每年前往中国贸易的船只，所载出口货物随目的地的不同而不同。如驶往中国北方地区的船只运载苏木、槟榔，尤其是蔗糖，其中苏木主要用作帆船的货垫或染料木。暹罗苏木丰富且价廉，1832 年出口中国 20 余万担。到 1830 年代，蔗糖取代大米成为暹罗的主要出口商品。[①] 马儒翰言道："数年前［1820 年代］，每年从中国运至孟买的原糖不下 10 万担，但因有马尼拉和暹罗蔗糖的竞争，这一数量现已明显减少。这是中国人常用的一种糖，其均价为每担约 5 西班牙银元。"[②] 1832 年，暹罗向中国出口蔗糖约 9.6 万担。[③]

　　此外，暹罗继续将胡椒出口至中国诸港。1830 年代初，东南亚胡椒的总产量 4500 万～5000 万磅，其中约 150 万磅由外国船（含暹罗船）运往中国。其时，暹罗每年至少出产胡椒 6.5 万担（870 万磅），其中 4 万担运至曼谷，为国王所购，并最终出口至中国。而在马来半岛东海岸，北大年、吉兰丹每年也出产胡椒约 1.6 万担，丁加奴则出产 8000 担，这些地方的胡椒不少也被运往中国。[④]

----

① Gutzlaff, *Journal of Three Voyages along the Coast of China*, p. 53；Phipps, *A Practical Treatise on the China and Eastern Trade*, p. 285

② Morrison, *A Chinese Commercial Guide*, 3rd ed., p. 181.（引文原作"从孟买运至中国"，核实后改；因马礼逊著作问世于 1848 年，故方括号内时间疑应为 1840 年代。——译者注）

③ Roberts, *Embassy to the Eastern Courts of Cochin - China*, p. 316. 1859 年，暹罗的蔗糖出口达到峰值。1850 年代，那坤巴统（即佛统，邻近曼谷）的甘蔗种植园、糖厂雇用了数千名劳工。当地也有 30 多处制糖中心，每处雇用 200～300 名华人。游仲勋『華僑経済の研究』、100 - 101 頁。与蔗糖生产不同，大米种植是暹罗本地人的专属领域；华人充当中间商、碾米商和承运商。

④ Morrison, *A Chinese Commercial Guide*, 3rd ed., p. 161；Phipps, *A Practical Treatise on the China and Eastern Trade*, p. 329.［本段前两个数值原作 4050 万磅、"一半"（即 2025 万磅），核实后改。——译者注］

　　暹罗人也建造帆船。1826 年，伯尼上校曾言，世界上几乎没有什么地方的造船条件比曼谷更为得天独厚。当时，他试图从暹廷处获批一项允准英国人经营造船业的协议，未能成功。[①] 说到 1830 年，约翰·克劳福德向英国下议院特别委员会指出，东亚海域从事中暹贸易的 89 艘大型帆船，其中至少 81 艘建造于暹罗，并归暹罗人所有，不过从事海南贸易的小型帆船建造于中国，并归中国人所有。[②] 他估计，这些大型帆船平均载重约 300 吨。[③]

　　1832 年，埃德蒙·罗伯茨描述道，帆船建造是曼谷少数手工业之一。[④] 1833 年，另一名到访的西方人乔治·厄尔就曼谷南部所见记述道："大量华人铁匠受雇打铁，忙前忙后，这些铁器很可能是供正建造于河岸上的帆船使用。"[⑤] 当时抵暹的西方商人和访客都或多或少提到帆船建造，这说明其规模必定相当庞大。[⑥]

　　据说，1820 年代、1830 年代，帆船造价为每吨 25 铢或每担 2.3 铢。时人认为，这一成本非常低廉。因此，只要经营管理得当，在暹罗建成一艘载重 400 吨的帆船仅需 2 万铢或 4000 暹两。

## 暹罗的区域贸易

　　拉玛二世统治时期，除对华直接贸易外，暹罗还与邻近地

① Burney, *The Burney Papers*, Vol. 2, Part 4, p. 104.
② 建造于暹罗的每一艘船都有一位暹罗贵族庇护或赞助，此乃郭实猎亲眼所见。Gutzlaff, *Journal of Three Voyages along the Coast of China*, p. 72.
③ Phipps, *A Practical Treatise on the China and Eastern Trade*, p. 204.
④ Roberts, *Embassy to the Eastern Courts of Cochin – China*, pp. 272, 311.
⑤ Earl, *The Eastern Seas*, p. 159.
⑥ Earl, *The Eastern Seas*, p. 206.

区保持着活跃的贸易；后者也全由留居暹罗的华人经营，其方式与前者相同。总体而言，这一贸易总共有三个分支：曼谷到暹罗湾东西两侧暹罗港口的沿海贸易，暹罗与柬埔寨、交趾支那的贸易，暹罗与南洋群岛的贸易。

## 沿海贸易

暹罗的沿海贸易港包括马来半岛东西海岸的春蓬（尖喷）、万伦、宋卡、洛坤、养西岭（普吉），及暹罗湾东侧的万佛岁、邦帕、邦拉蒙、罗勇、尖竹汶①、桐艾（达叻）、戈公等。这些港口的共同特点是有华人居留点。其主要商业活动是为中国贸易，及在较小的程度上为马来半岛区域贸易采购货物。因华人农民在尖竹汶、桐艾、宋卡、洛坤大量种植胡椒用以出售，故它似乎已成为主要的采购品。尖竹汶年产胡椒3万～4万担（400万～520万磅），桐艾年产胡椒1万～1.5万担（130万～200万磅）。其他商品有小豆蔻、藤黄、象牙、沉香、染料木、金鸡纳霜。从事沿海贸易的大部分帆船归暹王所有。他进购上述货物，以作销往中国市场，并进贡清廷之用。如前文所述，曼谷王朝的君主们从尖竹汶、桐艾的华人椒农手中以优惠价购入胡椒，并源源不断地运出（暹廷严禁外国商人进入这两府）。国王通常把运送当地物产的特权承包给华商，这是从郑信时期开始就成功推行的一项举措。他们一年到头都可以驾船往来于这些港口，因为暹罗湾岛屿众多、

---

① 1820年代初，乔治·芬利森（George Finlayson）到访尖竹汶，称其为暹罗最富裕的府之一；它拥有天然良港，盛产造船木料；居民大部分是华人，他们在当地经济中占主导地位。George Finlayson, *The Mission to Siam, and Hué, the Capital of Cochin China, in the Years 1821 - 2*. London: John Murray, 1826, pp. 255 - 257.

港湾密布、地形优越，可以为躲避反常气流和季风的帆船提供栖身之所。①

## 柬埔寨和交趾支那

暹罗与柬埔寨、交趾支那进行的贸易，是其区域贸易的第二个分支。暹罗帆船将中国、印度和欧洲的产品，运往柬埔寨的河仙、磅逊（今西哈努克市）、白马、贡布开展贸易，并载回主要供应中国贸易的货物，尤其是藤黄、小豆蔻、兽皮等。② 暹罗与交趾支那的贸易，全由从曼谷起航，驶往西贡、海铺（会安）、顺化的船只经营，而暹罗与西贡的贸易是其对交趾支那贸易中最大规模者。③ 每年有小型帆船 40 ~ 50 艘，将生铁、铁锅、烟草和鸦片运往交趾支那，并载货垫、船篷、生丝、熟丝返回曼谷。④1830 年代、1840 年代，从事暹罗与交趾支那贸易的更小型船只尚有 20 ~ 50 艘。这种贸易本应继续良性发展，然而事与愿违，原因之一是交趾支

① Crawfurd, *Journal of an Embassy from the Governor - General of India to the Court of Siam and Cochin China*, Vol. 1, p. 290; Vol. 2, pp. 206, 162 – 163.

② Crawfurd, *Journal of an Embassy from the Governor - General of India to the Court of Siam and Cochin China*, Vol. 2, p. 164. 在中国贸易所需之货物，1818 年版嘉庆《钦定大清会典》（卷31，第15a 页）还提及鱼干、虾米、槟榔、黄蜡。

③ Crawfurd, *Journal of an Embassy from the Governor - General of India to the Court of Siam and Cochin China*, Vol. 2, pp. 364 – 365. 但据《钦定大南会典事例》（卷48，第8a 页）记载，19 世纪初，也有河仙的暹罗船前往越南嘉定省的城镇贸易。

④ Crawfurd, *Journal of an Embassy from the Governor - General of India to the Court of Siam and Cochin China*, Vol. 2, p. 164.《钦定大南会典事例》（卷48，第3a ~ 4a 页）云，在越南港口，广东、福建、澳门、东南亚船缴纳的关税最高，潮州船次之，海南船最低。（前两地原作"广州"、"上海"，核实后改。——译者注）

那（至少河仙）优待中国帆船，结果使得暹罗帆船常需缴纳高关税。

暹罗从交趾支那进口的主要商品，包括船篷、槟榔、丝绸、粗棉布、藤黄、小豆蔻、沉香、兽皮、象牙、虫胶也销往中国市场。而暹罗出口至交趾支那的商品有铁、染色或其他用途的树皮、大米等。交趾支那船也开展对暹贸易，如在一年不同的时间里，约30艘小型沿海帆船会将交趾支那的商品运至曼谷。

### 南洋群岛

暹罗与南洋群岛（包括马六甲海峡）邻近国家的贸易，是其区域贸易的第三个分支。这一贸易发展迅猛，尤其是1819年新加坡开埠后更是如此。到1821～1822年，暹罗与吉兰丹、丁加奴、彭亨（以上属马来半岛）、廖内、新加坡、马六甲、槟榔屿、巴达维亚、三宝垄、井里汶、巴邻旁（巨港）、坤甸进行贸易；各地均有大型华人商行，且常有中国帆船（主要自厦门、闽南驶来）造访。暹罗的大宗出口商品包括蔗糖、胡椒、食盐、食油、大米，及虫胶、铁锅、粗陶、猪油等小物件；进口商品则包括畅销中国市场的当地物产和欧洲货，如布匹、鸦片。克劳福德说：“目前，暹罗的贸易由某些居留当地的华人经营。他们将暹罗货运往欧洲人移殖的马六甲海峡诸港，并采购欧洲货、印度货带回。”拉玛二世时期，在暹廷的支持下，洛坤、宋卡两府府尹雇用华人前往马来半岛（尤其是槟榔屿）乃至印度贸易。1786年，吉打苏丹将槟榔屿割让给英国。当时它人烟稀少，1790年人口仅1万。1810年代，因有许多福建商人参与，其贸易蓬勃发展。槟榔屿向暹罗出口鸦片、布匹，而其主要进口货物是蔗糖。槟榔屿也与曼谷进行直接贸易。①

19 世纪初，华人建议暹王与爪哇贸易。1815 年后，暹王出资并派遣 2 艘各载重 120 吨的帆船，由华人管驾前往巴达维亚。华人也会将"巨量"暹罗物产（尤其是价格低廉的蔗糖）运入马六甲海峡各商港，再转运至欧洲。莱佛士爵士（Sir Thomas Stamford Raffles）开埠新加坡后，欲借重中国帆船之力，开辟新加坡对安南、中国、日本的贸易。② 中国帆船随即驶往新加坡进行贸易。新加坡在对暹贸易的地位逐渐超越槟榔屿，而槟榔屿最终与暹罗所属马来半岛西海岸地区开展贸易。克劳福德曾向身处威廉堡的英国内阁大臣乔治·斯温顿（George Swinton）汇报云，1821～1822 年，"新加坡与暹罗贸易往来的数量、价值都在继续增长：在过去的六个月内，已有 21 艘帆船从曼谷驶抵本地；而一艘大型王船，以前习惯于开往加尔各答或孟买，今年也停靠新加坡，出售了价值可观的货物，包括锡、胡椒和蔗糖"。③

当华人蜂拥而至时，新加坡迅速崛起为一个贸易中心。1819 年，当地华人仅有 30 名，但到 1824 年已达 3317 名，而当年的岛民总数是 10683 人。显然，新加坡跻身贸易中心的消息在华人中广为流传，因此更多华人前来，帆船贸易亦紧随而至。1823 年，新加坡对外贸易的规模、地位已超越巴达维亚。对此，新加坡的中国帆船贸易功不可没。事实上，新加坡成为当

---

① Crawfurd, *History of the Indian Archipelago*, Vol. 3, pp. 182 - 183; Crawfurd, *The Crawfurd Papers*, p. 191; จดหมายเหตุรุงรัตนโกสินทร์รัชกาลที่สอง, ค.ศ. 1813 and 1817,Nos. 12, 2; L. A. Mills, "British Malays, 1824 - 67," *Journal of the Malayan Branch of the Royal Asiatic Society*, Vol. 33, No. 3 (1960), p. 155.

② Crawfurd, *History of the Indian Archipelago*, Vol. 3, p. 186; 田汝康:《17—19世纪中叶中国帆船在东南亚洲》，第 38 页。

③ Crawfurd, *The Crawfurd Papers*, p. 186.

时东西方货物集散的最大中心。在中国帆船中，厦门船造价最高（如果并非最大），樟林船、广州船、恩平船最大，海南船最小。①

1823 年，经营海外贸易的暹罗帆船达 136 艘（总载重 38856 吨），其中 35 艘与马来半岛贸易，内有 27 艘小型船（总载重 2531 吨）与新加坡贸易，而仅有 5 艘（总载重 1503 吨）造访槟榔屿、马六甲，3 艘（总载重 1409 吨）停靠巴达维亚。次年，即 1824 年，与新加坡贸易的暹罗帆船增至 44 艘，而当年从柬埔寨、交趾支那、暹罗驶抵新加坡的帆船共 70 艘。到 1826 年，新加坡明显已兴起成为与南洋群岛贸易之暹罗帆船最重要的泊船港。②

1830 年代，暹罗从新加坡进口的主要商品英国棉布牢牢掌控在华人手中。如 1835~1836 年，对暹贸易占新加坡贸易总量的 18%，且比重不断上升。暹罗是英国棉布的主要买主，占据了这一贸易的大部分。同时，华人也控制着暹罗对新加坡的出口贸易，包括蔗糖、大米、苏木、椰油、食盐。如 1830 年，暹罗华人出口至新加坡的货物总额为 771057 印度卢比，其中大米 79095 印度卢比（19500 担）、苏木 72633 印度卢比、食盐 42967 印度卢比（15600 担）。其时，这些商品每担的售价颇高，成为贸易的理想之选。不过蔗糖才是当年暹罗出口至新加坡的主要商品，共计 14260 担，价值 353067 印度卢比。

---

① Comber, *Chinese Secret Societies in Malaya*, pp. 49 – 50；田汝康：《17—19 世纪中叶中国帆船在东南亚洲》，第 38 页；Crawfurd, *Journal of an Embassy from the Governor – General of India to the Court of Siam and Cochin China*, Vol. 2, p. 361.

② Wong Lin Ken, "The Trade of Singapore, 1819 – 1869," *Journal of the Malayan Branch of Royal Asiatic Society*, Vol. 33, No. 4（December 1960）, pp. 34, 138.

运往新加坡的蔗糖最终会被转运至欧洲，而西方船只也直接开往曼谷采购，如1830年它们就采购蔗糖约6000担。同年，暹罗出口至槟榔屿的货物总额为216788印度卢比，其中大米、蔗糖分别为4800印度卢比、5200印度卢比；出口至马六甲的货物总额为140940印度卢比，其中大米、食盐、蔗糖分别为76685印度卢比、25680印度卢比、11975印度卢比。[①]

与广州船、厦门船相比，这一贸易中的暹罗帆船小得多，载重仅100~350吨，通常为150~200吨，所装载的货物价值3000~5000西班牙银元。[②] 表9-4所示为拉玛三世时期赴新加坡贸易的暹罗船只的最少数量。

除经常往来的暹罗帆船外，30艘马来船只也从事马来邦国与曼谷之间的贸易。它们将砂金、燕窝、达玛树脂、锡等运至曼谷，将稻谷（糙米）、食油、蔗糖、食盐、铁锅、虫胶、安息香等载回。[③]

在拉玛三世统治时期，有小帆船约50艘，各载重700担（92210磅），从吉打、北大年、吉兰丹、丁加奴（前两者由暹罗直接统治，后两者乃暹罗属邦）起航驶往暹罗贸易。它们所运货物会先卖给曼谷华商，再销往中国市场。返航时，它们也载回大批中国货。[④] 暹罗也与南洋群岛其他地区开展贸易，不过规模较小。

---

① Wong Lin Ken, "The Trade of Singapore, 1819 – 1869," *Journal of the Malayan Branch of Royal Asiatic Society*, Vol. 33, No. 4 (December 1960), pp. 151 – 152; Phipps, *A Practical Treatise on the China and Eastern Trade*, p. 286; Burney, *The Burney Papers*, Vol. 3, Part 1, pp. 187 – 189.

② Burney, *The Burney Papers*, Vol. 3, Part 1, p. 189.

③ Burney, *The Burney Papers*, Vol. 2, Part 4, p. 80.

④ Malloch, *Siam*, pp. 30 – 31.

拉玛二世、三世时期中暹贸易（含华人经营之区域贸易）的总体情况，可见 19 世纪中期马洛赫编制的表 9 - 5、表 9 - 6。

表 9 - 4　1829~1851 年停靠新加坡的暹罗船

单位：艘

| 年份 | 船只数量 |
|---|---|
| 1829~1830 | 31 |
| 1832~1833 | 37 |
| 1835~1836 | 23 |
| 1838~1839 | 23 |
| 1841~1842 | 28 |
| 1844~1845 | 22 |
| 1847~1848 | 20 |
| 1850~1851 | 63 |

资料来源：Wong Lin Ken, "The Trade of Singapore, 1819 - 1869," *Journal of the Malayan Branch of Royal Asiatic Society*, Vol. 33, No. 4 (December 1960), p. 148.

表 9 - 5　拉玛二世时期常造访暹罗的帆船

| 始发港 | 帆船数量（艘） | 总载重（万磅） | 总值（英镑） | 备注 |
|---|---|---|---|---|
| 广东，1 月抵达，5 月中旬至 7 月中旬启航 | 3 | 600 | 15000 | 属暹廷 |
| | 22 | 1200 | 33000 | 属暹廷和暹罗华人 |
| | 25 | 830 | 25000 | |
| | 3 | 320 | 9700 | |
| | 3 | 400 | 11250 | |
| 福建、宁波、江南、上海，1 月抵达，5 月中旬至 7 月中旬启航 | 8 | 850 | 20000 | 属各港的中国人 |
| | 10 | 800 | 25000 | |
| 海南，1 月抵达，5~6 月启航 | 45 | 1500 | 56250 | 往海南 |
| 交趾支那，1 月抵达，5~6 月启航 | 36 | 370 | 31500 | 往海南和交趾支那 |

续表

| 始发港 | 帆船数量(艘) | 总载重(万磅) | 总值(英镑) | 备注 |
|---|---|---|---|---|
| 马来半岛沿海,抵达和启航的时间不同 | 35 | 330 | 17000 | 往马来亚和暹罗 |
| 新加坡,抵达和启航的时间不同 | 22 | 730 | 55000 | |
| | 25 | 670 | | |
| | 2 | 140 | 10000 | |
| 美国 | 1 | 50 | 7500 | |
| 波斯湾,9月抵达,12月启航 | 1 | 40 | 3750 | |
| 新加坡和槟榔屿经吉打的陆路贸易 | | | 25000 | |
| 总计 | 241 | 8830 | 344950 | |

资料来源：Malloch, *Siam*, p. 65.

### 表9-6 拉玛三世时期常造访暹罗的帆船

| 始发地 | 帆船数量(艘) | | | | | | 货物/帆船平均值(英镑) | 备注 |
|---|---|---|---|---|---|---|---|---|
| | 1825年 | 1826年 | 1827年 | 1836年 | 1843年 | 1850年 | | |
| 广东,1月抵达,5月中旬至7月启航 | 3 | 3 | 3 | 4 | 4 | 4 | 5000 | 属暹廷 |
| | 22 | 18 | 21 | 25 | 26 | 27 | 1500 | 属暹廷和曼谷华人 |
| | 25 | 26 | 24 | 28 | 30 | 30 | 1000 | |
| | 3 | 3 | 3 | 4 | 4 | 4 | 3125 | |
| | 3 | 3 | 4 | 4 | 4 | 4 | 3750 | |
| 福建、宁波、江南、上海 | 12 | 8 | 13 | 14 | 13 | 15 | 2500 | 属各港 |
| | 14 | 12 | 11 | 13 | 13 | 14 | 2500 | |
| 海南 | 64 | 52 | 64 | 63 | 65 | 68 | 1250 | 海南人 |
| 海南、交趾支那 | 38 | 40 | 43 | 47 | 50 | 51 | 875 | 往海南和交趾支那 |
| 马来半岛沿海 | 30 | 27 | 34 | 38 | 40 | 45 | 500 | 马来半岛和暹罗 |

续表

| 始发地 | 帆船数量（艘） | | | | | | 货物/帆船平均值（英镑） | 备注 |
|---|---|---|---|---|---|---|---|---|
| | 1825年 | 1826年 | 1827年 | 1836年 | 1843年 | 1850年 | | |
| 新加坡 | 23 | 24 | 25 | 28 | 30 | 30 | | |
| 新加坡 | 24 | 27 | 29 | 29 | 30 | 35 | 2500 | |
| 新加坡（停留三个月） | 2 | 3 | 1 | 2 | 2 | 2 | | 英国人 |
| 美国 | 1 | 1 | | 2 | 2 | 2 | | 美国人 |
| 波斯湾 | 1 | 2 | | 1 | 1 | 1 | | 穆斯林 |
| 总计 | 265 | 249 | 275 | 302 | 314 | 332 | | |

资料来源：Malloch, *Siam*, p. 65.

# 第十章 拉玛三世时期的华人移民 及其经济影响（1824~1850）

拉玛三世时期中暹帆船贸易最重要的影响是华人的涌入暹罗，及随之而来的华人地位的提升。马洛赫曾言及该时期的华人移民："华人对暹罗及自身前景颇为满意，中国帆船载来的乘客如此之多，而其带走者却寥寥无几。每年都有大量的华人来投奔亲友，从事贸易，追名逐利，但鲜有归去者。"[1]

对暹罗华人的人口估算因时而异，表 10-1 所列数据或可作为参照。[2] 每年华人移民暹罗的数量相当可观。亨利·伯尼估计，1820 年代中期每年移入 2000~3000 人。而当时一名观察家估计，1820 年代下半叶每年移入 2000~12000 人，至 1840年代末拉玛三世统治晚期，据说每年涌入高达 15000 人。[3] 对此，

---

① Malloch, *Siam*, p. 8.

② 施坚雅认为，1822 年和 1827 年华人人口数据（分别由克劳福德、马洛赫提供）言过其实；他们可能是基于对华人聚居的暹南、暹罗湾沿岸主要贸易地区及曼谷的印象，因此并不能代表国家的真实情况，观察家们使用了上述数字。施坚雅估计 1822 年华人人口更接近 20 万，不高于 25 万。他还发现 1849 年华人人口有误，认为应不超过 32.5 万。Skinner, *Chinese Society in Thailand*, pp. 71-72.

③ 此外，施坚雅认为每年 15000 人太高，他本人主张 6000~8000 人。Skinner, *Chinese Society in Thailand*, p. 58.

沃尔特·维拉（Walter Vella）写道："这些估算若完全准确，那说明仅拉玛三世时期就有超过 25 万华人移入暹罗。然而，这些数据仅属猜测（原文如此）。而可以肯定的是，拉玛三世时期华人人口众多且增长迅速。"[1]

表 10－1　拉玛三世时期的华人人口

单位：人

| 年份 | 华人人口 | 暹罗总人口 |
| --- | --- | --- |
| 1822 | 440000 | 2790500 |
| 1827 | 800000 | 3252650 |
| 1835 | 500000 | 3620000 |
| 1839 | 450000 | 3000000 |
| 1849 | 1100000 | 3653150 |

资料来源：Skinner, *Chinese Society in Thailand*, p. 68.

随着人数的增长，华人的地位亦有所提升。中暹帆船贸易的发展似与华人人口的增长成正比。华人通常勤劳肯干、拼搏进取，因此也很快涉足暹罗国内贸易各领域。敢为人先的福建人开采了暹南，尤其是养西岭（普吉）的锡矿。而除开设商铺外，潮州移民还从事田园经济。

拉玛三世时期，华人人口的增长带来两个明显的结果：第一，华人在手工业领域占据主导地位；第二，以徭役为基础的暹罗传统财富观念解体，并开始转向货币经济。当时到访暹罗的西方人均注意到，华人工匠多以建造帆船、铸造铁锅（比欧洲的铁铸器具更实惠、耐用）、制锁、木匠，及金、

---

[1]　Vella, *Siam under Rama Ⅲ*, p. 27.（正文原作 2.5 万，核实后改。——译者注）

银、铜加工为业。这些手工艺无疑是经由帆船贸易传至暹罗的。[①] 事后观之，这群职业匠人作为一个企业家阶层的崛起，是对商人、田园农民阶层的补充，有助于防止暹罗轻易落入西方帝国主义者之手。在与暹罗统治阶级的互利共生关系中，他们得以顶住西方（尤其是当时英国）日益增强之经济影响的冲击。

这些特定方言群匠人的共同特点是，直到19世纪下半叶，他们才成立专门行会。诚如本书第二章所述，暹罗（含曼谷）华人的活动均以寺庙为中心。如曼谷王朝初期，客家人在其建于吞武里的三奶夫人庙集会。曼谷（特别三昇、达叻仔、挽叻地区）海南人在三座及以上寺庙举行商业洽谈、社会及宗教活动。他们大多经营木材生意。[②]

相当一部分华人移民是劳工和苦力。拉玛三世时期，相比从平民中征召的徭役，暹罗官府更中意按工计酬的华人劳工，因为后者效率更高，且可随时随地轻易招募而来。马洛赫观察到：“华人几乎从事所有体力劳动，官府向来也热衷于招募他们；因为官府深知，华人总会按部就班、保质保量地完成任务，而这正是暹罗本国人所不及的。”[③]

在宏大的建设工程中，拉玛三世充分利用按工计酬的华人

① Earl, *The Eastern Seas*, pp. 169 – 170; Fortune, *Three Years' Wanderings in the Northern Provinces of China*, pp. 173 – 174; Joseph P. L. Jiang, "The Chinese in Thailand: Past and Present," *Journal of Southeast Asian History*, Vol. 7, No. 1 (March 1966), p. 45; 游仲勋『華僑経済の研究』、103页。（末引原属下注，据博论移至此。——译者注）

② 萧戟儒：《本会会史》，《泰国华侨客属总会三十周年纪念特刊》，泰国华侨客属总会，1958，第4页；梁寄凡：《馆史》，《泰国海南会馆新厦落成纪念特刊》，第1页。（末引原属下注，据博论移至此。下文引郑林宽著作之前各注释，据博论均前移一位。——译者注）

③ Malloch, *Siam*, p. 10.

劳工，此举动摇了暹罗传统社会制度的根基。在这种制度中，社会基本划分为乃、派两个阶级。乃为特权阶级，根据各自的萨迪纳等级，有权享受派的徭役与效忠。派（理论上包括所有平民）每年须在规定时间内，通常以应召私人、公共工程体力劳动的方式尽其本分；亦可缴纳大笔金钱或用实物来替代徭役。国王手下有一批派銮，他们直接为其服徭役，通常包括战俘，或属国为暹王招募的外国人。因此，随着华人劳工越来越多，派的作用变得越来越小。拉玛五世时期（1868～1910），在货币经济的驱动下，这一变化促成了徭役制度的废除。在货币经济体系下，派的劳动或土地财富的核心地位大不如前；国家更易于从扩张的包税制及持续发展的帆船贸易中获得财政收入。阿金·拉比巴达那（Akin Rabibhadana）评论道："曼谷王朝初期，随着经济的变化，人力不再是唯一的财富来源。那些能从新渠道获得财富的贵族，如财务兼外务大臣，取代阿瑜陀耶王朝时期诸亲王，成为非正式等级制度的头领。"①

　　拉玛三世时期，曼谷有一个主要由华人组成的大型商业区。他们沿河岸聚居于木筏屋中，这些木筏屋是住宅兼店铺。② 这些华人大多是潮州人，他们既从事帆船贸易，又从事手工业。表 10 - 2 是基于不同的资料，对拉玛三世时期曼谷的华人人口进行的统计。

---

① Rabibhadana, *The Organization of Thai Society in the Early Bangkok Period*, p. 153.

② 当时到访暹罗的法国人布吕吉埃（M. Bruguière）描述了曼谷河沿岸众多的木筏屋："华商为了节省开支，将房屋搭建在河上；他们建造一个竹筏，其两侧系于柱桩上，因缆绳可松动，故竹筏随潮汐起起落落。房屋、店铺都建在这些竹筏上，需要时可从柱桩上解开缆绳，顺流而下，漂往新地。" M. Bruguière, "Notices of the Religion, Manners, and Customs of the Siamese," English tr., *The Chinese Repository*, Vol. 13, No. 4 (April 1844), p. 196.

表 10 – 2　拉玛三世时期曼谷的华人人口

单位：人

| 年份 | 华人人口 | 总人口 |
| --- | --- | --- |
| 1822 | 31000 | 50000 |
| 1826 | 60700 | 134090 |
| 1828 | 36000 | 77300 |
| 1839 | 60000 | 100000 |
| 1843 | 70000 | 350000 |
| 1849 | 81000 | 160154 |

　　注：表中数字无法确保绝对可靠，仅供参考。有些数字明显不准确或有所夸大，另一些数字则接近事实。1826 年、1843 年原作 1827 年、1840 年，核实后改。——译者

　　资料来源：Skinner, *Chinese Society in Thailand*, p. 81.

　　华人享有在暹罗境内迁徙的自由，这对区域间贸易的发展功不可没。只要能在经济上立足，他们就随时准备迁徙；无论去往何方，他们都保持家乡的风俗习惯和生产方式。例如，我们已指出，19 世纪前十年，潮州的田园农民在尖竹汶、玛哈猜（龙仔厝）及暹罗湾东岸大规模种植甘蔗，同时增加尖竹汶、桐艾（达叻）及暹南东部的胡椒种植。在暹罗北部，华人也从事木料的采伐，它们主要用于建造房屋、帆船。施坚雅断言，暹罗华人的定居模式是职业化模式的一种。

　　在暹罗湾东岸，帆船建造和田园经济占主导地位，潮州人即聚居于此。[①] 1830 年代中期，他们每年在尖竹汶建造 50 余艘船（一两艘排水量为 300 ~ 400 吨，其余为小型船）。[②] 从挽

---

① Gutzlaff, *Journal of Three Voyages along the Coast of China*, p. 71.

② 如 1835 年丹·布拉德利（Dan Bradley）医生所云，引自 Bacon, *Siam*, pp. 209 – 210.

甲乍（距尖竹汶 9 英里，估计有 4000 余名华人）到他迈（亦距尖竹汶不远，有 400～500 名华人），再往东有"大片种植园"，目光所及之处几乎全是潮州人种植的胡椒、甘蔗、烟草等农作物。① 在暹南，华人，主要是有经商天赋的福建人，② 赢得了最大的经济、政治优势。福建移民不仅是经营帆船贸易的重要商人，还是深入山林与本地人做买卖的小商贩。他们从事某些家庭手工业，如制鞋业、成衣业、木工、铁匠及最常见的锡矿开采。③ 自郑信时期以来，数名福建人在暹南已颇具政治影响力。他们统治着暹南最重要之地——宋卡、拉廊和洛坤。这些人通常是出身卑微、家境贫寒的移民，但凭借过人的经济头脑与暹廷建立了至关重要的友好关系。我们已提及，吴让就是经由燕窝包税商之位而成为宋卡府府尹的。1825 年，伯尼也说道，洛坤的统治者是一名华人（纳那空家族的祖先），他的政治影响力归功于其经济事业。因此，福建人在该地区获得政治权力的共同因素，也许可以归结为他们在经济上的优势地位。暹南其他地区的繁荣也由华人贡献。马来半岛西侧的养西岭（普吉）府府尹鼓励华人大量留居当地。18 世纪初期数十年，福建帆船时常造访洛坤正北的港口猜亚；1827 年，当地约有 2000 名华人，主要从事大

---

① Bacon, *Siam*, pp. 211, 215 – 216.（引号内原作 highly civilized，直译"高度文明"，查所引著作，应为 under a high state of cultivation，改之。——译者注）

② 当时，大部分移徙暹南的福建人来自泉州府、漳州府。他们从两府的港口直接出海，或间接从广东、台湾、浙江转口出国。鸦片战争后，大部分福建人才直接从厦门出洋。庄为玑等：《福建晋江专区华侨史调查报告》，《厦门大学学报》1958 年第 1 期，第 114～115 页。

③ 郑林宽：《福建华侨汇款》，福建调查统计丛书之一，福建省政府秘书处统计室，1940，第 14 页。

米贸易。①

拉玛三世时期，暹南并未大量参与对华直接贸易，但它的确以两种方式推动其发展：第一，生产贸易所需的大量商品（主要经由曼谷装运）；第二，接收许多中国的输入品（包括福建移民）。

1826年，伯尼到访洛坤。当时，中国至洛坤的直接贸易已停止，不过华人仍完全控制着货物向曼谷的转运，以便再出口到中国。在董里和北大年，华人也出口象牙、锡及燕窝到曼谷，以进行帆船交易。②

华人参与暹罗经济活动的显著增加，尤其体现在华人移民对税收承包的垄断上。曼谷王朝时期，拉玛三世第一次有意识地实施包税制，以求增加王库收入（当时暹廷发现，仅靠帆船贸易无法应对不断增加的国家支出），并维持王室对国家经济的控制。在暹罗向货币经济转型之际，国王之举意在将商业职能更多地委托给私人部门，并尽量弱化王室贸易制度。

阿瑜陀耶王朝时期，包税制就已存在。1688~1756年，赌博逐渐制度化，其税收承包给华人。③ 拉玛二世时期，包税制的范围进一步扩大，包括酒的酿造与销售、赌博、渔业、燕窝的采集、造船等税。出价最高的竞标者（华人）成为相应地区

① Burney, *The Burney Papers*, Vol. 2, Part 1, 1911, p. 18；岡本隆三『華僑王国：東南アジアの実力者の内幕』講談社、1966、137頁；H. Warington Smyth, *Five Years in Siam, from 1891 to 1896*, Vol. 2. New York: Charles Scribner's Sons, 1898, p. 76. （查所引 Smyth 著作，原文之意实为猜亚有2000名暹罗人及大量华人，而非2000名华人。——译者注）

② Burney, *The Burney Papers*, Vol. 3, Part 1, 1912, pp. 5 - 6.

③ กรมพระยาดำรง ราชานุภาพ, ตำนานการเลิกบ่อนเบี้ยและการเลิกหวย, ประชุมพงศาวดารฉบับห้องสมุดแห่งชาติ, กรุงเทพฯ, ค.ศ. 1964, หน้า4-12 passim; Chakrabongse, *Lords of Life*, p. 150.

的包税商。① 拉玛三世时期，在财务兼外务大臣迪·汶纳的协助下，国王将"伯尼条约"中自由贸易条款可能带来的不利财政因素，转变成对朝廷有利的包税与垄断制度。包税制由此发展为一种正式制度，并逐步取代了单独依赖的王室贸易垄断制度。②

拉玛三世认为，包税制确实会产生多得多的财政收入，因为以此方式获得的收入更为确定。而在确定每年所需的税额方面，包税制也有更大的回旋余地：朝廷可以在各种承包税收的竞标中设定最低金额，只有超过者才能享有包税特权。拉玛三世随后指派王库厅集中管理包税制，而从帆船贸易中所获各种货物有关的旧税则交由王库打理。③

拉玛三世时期，承包的税收共计 38 种，其中最重要的是赌博、彩票、胡椒（从帆船贸易的潜在买家处采购）、苏木、造船木料、红木（从帆船贸易的买家处采购）和食盐。④ 结果，朝廷从税收承包中赚得盆满钵满。在某种程度上，包税制彻底改变了暹廷此前以向民众征收实物税为基础的财政收入结构；在此结构中，暹廷须直接参与对外贸易，以便处理征到的货物。

---

① Rabibhadana, *The Organization of Thai Society in the Early Bangkok Period*, p. 142. 例如，暹廷将猜亚附近地区及苏梅岛可食用的燕窝都承包给清亚的銮参喃（Luang Chamnan）。จดหมายเหตุรุ่งรัตนโกสินทร์รัชกาลที่สอง, กรุงเทพฯ, ฉบับห้องสมุดแห่งชาติเขียนหนังสือ, ค.ศ. 1814, No.19.

② 迪·汶纳是拉玛三世机敏干练的枢密大臣。戴维·怀亚特在文中曾谈及他："在国内之西部诸府，并借由国外贸易，昭披耶帕朗（迪）逐步建立其经济基础。他似乎已与日益扩大的华人社会（在其控制之下）缔结了互惠互利同盟。" David K. Wyatt, "Family Politics in Nineteenth Century Thailand," *Journal of Southeast Asian History*, Vol. 9, No. 2 (September 1968), p. 220.

③ ผ่องพันธุ์ สุภัทรพันธุ์, การศึกษาทางประวัติศาสตร์เกี่ยวด้วยเรื่องพระคลังสินค้า, หน้า 185–186.

④ กรมพระยาดำรง ราชานุภาพ, ตำนานภาษีอากรยางอย่างกับคำอธิบาย, หน้า 11–13. 在此过程中，拉玛三世废除了拉玛二世时期的一些包税。

在承包的税种中，除少数服务税，及其他无关紧要的日常用品、当地消费品税外，还有形形色色的出口税。因此，毋庸置疑，拉玛三世治下的包税制实际上代表了对外贸易垄断的另一面。这意味着，西方商人虽获得了自由贸易的许诺，但仍被排除在暹罗贸易之外。

新兴包税制的扩展还意味着，国王自身的大部分贸易利益转移给了华人。他们是暹罗最初引入此制度时主要的灵感来源。[①]

包税的常规程序是，经由朝廷各部（政务部、军务部等）的赞助，潜在的包税商向国王提出其欲承包的税种。例如，拉玛三世时期，国王恩准名普的披耶拉查蒙提（Praya Ratchamontri, Pu）承包全国的赌博税、彩票税及酿酒税。一旦竞标者所提之最满意出价获准，在新包税商承担职责之前，朝廷会先对其加官晋爵，赐其坤或銮爵衔。根据传统，在获任列席法庭前，一个人的萨迪纳等级不得低于其获赐之上述爵衔，因为收税常发生官司。同时，在封建制度下，国王只与贵族做生意。在曼谷，世人称包税商为"税务官"（khun - nang chao pasi - akon）；在各府则称"港务厅华人"（krom - ta chin）。[②]

在当时已有的收入结构中，包税商的委任自然涉及达官显贵的庇护，因为只有在强有力的庇护下，出价最高的竞标者才

---

① 丹隆亲王说道，暹罗这一制度可能基于华人的限额观。暹罗的包税术语 "pasi"，源自"赋司"（暹文音译"boosi"）一词的潮州话发音，用以指代负责收税的部门。กรมพระยาดำรง ราชานุภาพ, ตำนานภาษีอากรยางอย่างกับคำอธิบาย, หน้า14.

② Rabibhadana, *The Organization of Thai Society in the Early Bangkok Period*, pp. 142 - 143, 135；ประยุทธ์ สิทธิ์พันธุ์, ต้นตระกูลบุนนางไทย, หน้า177；กรมพระยาดำรง ราชานุภาพ, เทศาภิบาล, หน้า30. 在某些府，如宋卡，府尹本人就是包税商。พระยา อนุมานราชธน (ยง เศรียรโกเศศ), ตำนานศุลกากร, หน้า44.

能顺利获得各种包税并进行征收。以下几例将证明这一点。

拉玛二世统治末年，一名出身贫寒的华人获得了财务兼外务大臣及其兄弟披耶诗披帕（Praya Sipipat）的庇护。结果，他进爵坤必达（Khun Pitac），成为年费 30400 泰铢的蔗糖包税商。[①] 在亨利·伯尼上校看来，尽管表面上的包税商是坤必达，他订立合同，以低于市场价的价格给国王供应蔗糖，但实际上"真正的包税商"是庇护者。[②]

伯尼总结道，庇护者往往以履行合同的方式，竭尽所能地从包税商那里榨取利润。在此情况下，坤必达会转而压榨外国买家，或以次充好，用劣质蔗糖欺骗之，而他从中赚得高达 100% 的利润。[③] 同样，1840 年代，每担蔗糖，华人蔗糖包税商向国王缴纳 2 铢，另缴税 0.5 铢，而卖给英国人及其他西方人的价格是 9 铢，当时蔗糖的正常售价则只有 7~7.5 泰铢。[④]

1835 年，曼谷的彩票包税确立。在此实例中，庇护制体现得更为明显。一名承包酒税的华人经由王库大臣披耶拉查蒙提向国王呈递申请。因当时面临资金短缺的问题，拉玛三世遂任命该华人为坤班博武里拉（Khun Banbloburirat），时人简称其坤班（Khun Ban），定年费为 2 万铢。[⑤] 另一名华人效力于拉玛三

---

① Burney, *The Burney Papers*, Vol. 2, Part 4, 1911, pp. 101 - 102. 拉玛三世时期，华人金通高（Chin Tong - kao）于 1834 年承包了白砂糖税。ประยุทธ์ สิทธิ์พันธุ์, ต้นตระกูลบุนนางไทย, หน้า182.

② Burney, *The Burney Papers*, Vol. 1, Part 1, 1910, p. 180.

③ Burney, *The Burney Papers*, Vol. 2, Part 4, pp. 101 - 102.

④ ประยุทธ์ สิทธิ์พันธุ์, ต้นตระกูลบุนนางไทย, หน้า 183-184.

⑤ B. O. Cartwright, "The Huey Lottery," *The Journal of the Siam Society*, Vol. 18, Part 3（January 1925）, p. 222. 事实证明，彩票包税大获成功，至 1916 年被废除，持续了 81 年。

世之八王子，并将其暹人妻子派往国王的三公主府中。基于此，在王子的引荐下，拉玛三世随后任命他为包税商，赐爵坤差亚瓦里（Khun Chaiyawari）。①

各府华人也通过庇护制变成包税商。拉玛三世时期的绝佳例子是许泗漳（暹文音译 Kor‐si‐chiang）。许氏原籍福建龙溪县，先移民槟榔屿，后至暹南经商，并最终获得暹廷军务大臣（管辖暹南）的庇护。因此，拉玛三世任命其为拉廊地区的锡矿包税商，赐爵銮拉达纳塞提（Luang Rattanasetti）。至1854年，他又晋升拉廊府府尹之位，此位后由其子继承。②

因包税商向其庇护者回馈了不菲的财富，故许多贵族、廷臣便试图说服国王，将其华人仆从确立为包税商。当时俗语说："十个商人不及一个贵族的庇护。"③ 这揭示了庇护制度下恩主—仆从关系唯利是图的本质。这种关系的意义还超出了双方眼前的物质利益，正如阿金·拉比巴达那在其对该时期庇护制度的研究中所云："从这些包税商的地位来看，他们中的许多人及其后代成了泰国贵族，并出任不同官职。他们常是府级官员，并被称为'府级华人'（Krommakan Chin）。其中一些人甚至成为府尹，开创了泰国显赫的贵族家系。"④

然而，包税有时也直接赐予贵族。例如，华人贵族董平（Tong‐peng，音译），爵衔披耶诗萨哈提（Praya Sisahatep），

① ประยุทธ์ สิทธิ์พันธุ์, ต้นตระกูลบุนนางไทย, หน้า 179–182.

② กรมพระยาดำรง ราชานุภาพ, ตำนานเมืองระนอง, ประชุมพงศาวดารฉบับห้องสมุดแห่งชาติ, ตอน 50, ฉบับ 12, กรุงเทพฯ, ค.ศ. 1970, หน้า 386–392.

③ กรมพระยาดำรง ราชานุภาพ, ผู้บริหารราชการแผ่นดินในอดีต, หน้า 69.

④ Rabibhadana, *The Organization of Thai Society in the Early Bangkok Period*, p. 163. 例如，许泗漳是纳拉廊家族的始祖。

获赐柚木税收特许权，年费为 8000 暹两。[①]

威尔士说，为了履行义务，包税商不得不频繁进行敲诈勒索。[②] 就朝廷财政收入而言，包税制的利润率体现在如下事实中：据称，拉玛二世时期，每年仅承包的赌税就达 26 万铢；到拉玛三世时期，这一收入已攀升至 40 万铢。[③] 通过将主要物产全部承包给华人的间接方式，朝廷得以继续从对外贸易中获利。1845 年暹廷从华人包税商手中获得的部分收入的清单见表 10－3；1832 年埃德蒙·罗伯茨对暹罗从包税中所获财政收入的估算见表 10－4。

**表 10－3　1845 年缴纳暹廷之部分包税垄断费清单**

单位：铢

| 货物 | 应缴税款 |
| --- | --- |
| 苏木 | 60000 |
| 胡椒 | 33600 |
| 白砂糖 | 52800 |

---

① ประยุทธ์ สิทธิ์พันธุ์, ต้นตระกูลขุนนางไทย, หน้า141－142.

② Wales, *Ancient Siamese Government and Administration*, pp. 219－222. "税收只按照固定税率（通常为 10%）收取，且禁止包税商欺压百姓，尽管除个别包税商性情喜怒无常外，实际情况（他们须在其中工作）常常使他们采取欺压手段，包税商……通常是华人，对王库或其他部负责。一年之中，他必须上缴税款给他们，这是他此前已同意之事。每年各个特定的税收竞标款额。通过对开展特定贸易之地的初步调查、勘验，投标者受其标的之引导。包税商缴款到王库，情形为，第一个月预先上缴三个月的款项，两个月的款额类似保证金，以此类推，税率为每月总额的 1/12，直至第 10 个月，保证金……众人欣然接受，为了获得有利可图的垄断，想要成为包税商的人有时竞标总额。这意味着，为履行职责，他们进行敲诈勒索，这不过是家常便饭。"

③ กรมพระยาดำรง ราชานุภาพ, ตำนานการเลิกบ่อนเบี้ยและการเลิกหวย, หน้า414. 到拉玛四世时期，每年已增至 50 万铢。

续表

| 货物 | 应缴税款 |
| --- | --- |
| 燕窝(春蓬府) | 12800 |
| 棉花和烟草 | 13920 |

资料来源：กรมพระยาดำรง ราชานุภาพ, ตำนานภาษีอากรยางอย่างกับคำอธิบาย, หน้า15-20.

表10-4　1832年部分暹廷垄断包税收入之估算

单位：铢

| 货物 | 应缴税款 |
| --- | --- |
| 柚木 | 56000 |
| 苏木 | 84000 |
| 蔗糖 | 40000 |
| 胡椒 | 23200 |
| 燕窝 | 32000 |
| 酒肆(曼谷) | 104900 |

资料来源：Roberts, *Embassy to the Eastern Courts of Cochin - China*, p. 426.

毫无疑问，包税制的出台确保了王库收入的增加与可预见性，补充了本就有利可图的帆船贸易。拉玛三世由此富甲一方，这让却克里诸先祖望尘莫及。他可以轻而易举地给廷臣发放俸禄、赏赐，郑信以来的君主们显然无法做到。[1]

拉玛三世时期包税制的发展，也促进了华人秘密会党对暹罗经济发展的参与。其时，暹罗经济开始转型，而潮州、闽南、广东、客家、海南等华人方言群的构成也此消彼长。这种变化造成一种局面，即方言群间缺乏团结合作，且在经济领域趋向

_____

[1]　จดหมายเหตุกรุงรัตนโกสินทร์รัชกาลที่สี่, กรุงเทพฯ, ฉบับห้องสมุดแห่งชาติเขียนหนังสือ, ค.ศ. 1853, No. 82.

竞争。① 拉玛二世、三世时期，当王室的贸易垄断，及官府对中国贸易的全面参与最为盛行时，因郑信时期与暹廷建立之密切关系，潮州人处于最有利的地位。在暹罗的海外贸易中，潮州帆船也是最大、最适宜航行的帆船。早在拉玛二世时期，马礼逊（Robert Morrison）就留意到，曼谷几乎所有华人财贸官都是潮州人。然而，各种各样的垄断包税确立后，不同华人方言群为之展开激烈的竞争，华人秘密会党因此逐步渗透到华人的经济活动中。②

18 世纪，华人所到之处，秘密会党紧随其后。三合会（又名三点会、天地会、洪门等）至少可以追溯到郑成功势力活跃于闽台一带之时。反清运动失败后，他们最终逃至东南亚。暹罗秘密会党，亦即当地俗称之"洪字"（潮州话音译 Ang – yi）很可能在拉玛三世时期前就已存在。早在 1799 年，槟榔屿殖民当局就已报告当地秘密会党天地会的集会活动。1810 年代，槟榔屿秘密会党已将势力扩张至附近的养西岭。田汝康认为，18 世纪中期后，经济需求迫使海外华人联合起来，以求自卫。③

然而，据说在拉玛三世时期，暹罗秘密会党即已建立完备

---

① Skinner, *Leadership and Power in the Chinese Community of Thailand*, p. 6. 施坚雅推测，阿瑜陀耶王朝时期，福建人是最具影响力、独一无二的方言群；与此相比，拉玛三世时期的暹罗华人缺乏社群意识。

② 谢犹荣：《新编暹罗国志》，第 276 页；冈本隆三『華僑王国：東南アジアの実力者の内幕』、110 – 111 頁。

③ 温雄飞：《南洋华侨通史》，第 110～111 页；Comber, *Chinese Secret Societies in Malaya*, p. 38；田汝康：《近代华侨史》，转引自游仲勋『華僑経済の研究』、243 頁。（田氏论文应即《近代华侨史的阶段问题》，《厦门大学学报》1958 年第 1 期。——译者注）

的组织，原因之一在于鸦片发挥的"作用"。自暹廷 1813 年在国内严禁吸食鸦片后，为从船上采购鸦片，秘密会党便在沿海城镇，如差春骚（北柳）、沙没巴干（北榄）蓬勃发展起来。这些鸦片主要销售给当地华人，但也有部分流入中国。与马来亚一样，暹罗秘密会党也按方言划分，故而潮州人、闽南人会党通称义兴，广东人称粤东、八角，客家人称明顺、群英，而海南人也称义兴。他们都从事鸦片走私，并与官府暗中勾结，承包赌博税、彩票税、酿酒税。拉玛三世时期，三项包税占朝廷年收入的 40% ~ 50%。①

不过，华人农民和城市手工业者未能从其雇主、包税商处获得满意的收入，遂借秘密会党之力捍卫其利益，但此举于法难容。随着活动的增多，他们让暹廷忧心忡忡，因为秘密会党分子动辄成百上千，可能威胁国家统治。② 更令人不安的是，这些会党会毫不犹豫地聚众暴动。以下是秘密会党挑起事端的几个案例。1845 ~ 1846 年，一伙会党分子纠合海盗在暹罗湾的攀港与朗萱之间抢掠商船，劫持官府粮船，杀害朝廷命官。1847 年，因朝廷对糖厂征收新税，秘密会党在那空猜西（甘蔗中心产区之一③）煽动暴动。1848 年，北柳（差春骚）还发生了另一起骚乱。然而，拉玛三世朝廷虽坚决遏制会党暴力，但

① จดหมายเหตุรุงรัตนโกสินทร์รัชกาลที่สอง, ค.ศ. 1813, No. 17; กรมพระยาดำรง ราชานุภาพ, นิทานโบราณคดี, กรุงเทพฯ, ค.ศ. 1968, หน้า160－161; 潘醒农编著《马来亚潮侨通鉴》，第 30 页；冈本隆三『華僑王国：東南アジアの実力者の内幕』、111 頁; จดหมายเหตุกรุงรัตนโกสินทร์รัชกาลที่สี่, ค.ศ. 1864, No. 94.
② 暹罗秘密会党的增加与台湾三合会在广东、广西、江西和南洋群岛的扩散相一致。平山周：《中国秘密社会史》，商务印书馆，1932，第 24 页。
③ 原有"华人称之为龙仔厝"一句，但沙没沙空才是龙仔厝，而非那空猜西，故删之。——译者注

从未宣布它们为非法，并加以取缔。①

　　拉玛四世时期，随着暹廷进一步由帆船贸易转向包税制，秘密会党的势力更加强大。尽管潮州人的财力最为雄厚，但在并非由单一华人方言群主导的地区，上述转向进一步加剧了各方言群间的经济竞争（进而加剧了秘密会党中的派系斗争）。暹廷对彩票、赌博、酿酒、售酒等包税收入的日益依赖，进一步提升了秘密会党的地位。此外，至拉玛四世时期，此前非法的鸦片生意开始穿上包税的合法外衣向留暹华人开放，而华人鸦片包税商背后的支持者正是秘密会党。

---

① 乃巴差：《曼谷王朝史记：拉玛第三世皇时代》，棠花编译，《中原月刊》第1卷第6期，1941年6月30日，第62页。有趣的是，至今居住在那空猜西的主要是下层华人。1844～1848年，拉玛三世试图铲除华人在沿海的鸦片走私，只是未能奏效。Vella, *Siam under Rama III*, p.18.

# 第十一章 中暹帆船贸易日益衰落的宿命

中暹帆船贸易从18世纪末开始加速发展，1830年代初达到顶峰，之后开始缓慢、持续地衰落下去。衰落的主要原因是，帆船贸易未能适应当时东亚海域变动的经济环境。西方强大的经济、政治动能逐渐形成，直接挑战帆船贸易历史悠久的霸权地位。到1830年代初，暹罗就已承认，西式双桅横帆船优于中国帆船，可取而代之。随之而来的是中暹贸易传统模式的全面变革，其整体重要性也随之降低。

此外，拉玛三世统治初期，包税制不断被强化，成为国家财政收入的主要来源，而在王室贸易垄断制度中，国王的商人身份丧失——这些都意味着对外贸易的重要性有所下降，暹罗逐渐转向国内经济发展。暹廷经营的对外贸易往往容易出现管理问题，且因各种各样无法预见的风险，贸易收入没有绝对保障。而包税制为暹廷提供了一项固定收入。到拉玛二世时期，国家相对稳定，故而更可能开发国内的资源。英国以自由贸易为幌子日益施压；拉玛三世担忧其帆船贸易收入将受到直接威胁，因此深感有必要开征新的国内税种，以弥补新形势可能带来的损失。随着时间的推移，包税制逐渐抗衡帆船贸易，并使之黯然失色。

拉玛四世时期，暹罗与中国的帆船贸易进一步衰落。中国疲于应对西方的纠纷与挑战，其作为暹罗经济活动中心的地位越来越难以为继。而暹廷对中国的兴趣也快速减退，这反映在衰退的朝贡关系中。随着1855年"包令条约"的签订，拉玛四世被迫第一次真正意义上向西方人打开国门。结果，华人不得不面对西方的竞争，而暹廷只得放弃帆船贸易，更加依赖包税制。

最后，但同样重要的是，暹罗不再是东亚海域重要的贸易中心，因为随着香港这一国际自由港的开埠，英国拥有进入中国市场的新通道，暹罗由此丧失了以往中国商品供应国的地位。这一变化直接促成了暹罗商业兴趣向其他地区转移，尤其是转向快速崛起的港口新加坡。暹罗不再主要局限于对华贸易。

其时，中国的贸易也日益转向西方，而中国东南沿海港口与东南亚之间已存在的牢固经济关系开始松动。凭借更大规模的资本及更多的舰船，西方人从四面八方闯入东南亚，逐渐取代组织更为松散的帆船贸易。不过，这并不意味着帆船贸易完全瓦解了。事实上，它继续发挥了一些至关重要的经济作用，如沿中国海岸、河道将货物运送至大型西式船只无法驶入，或西方人兴趣未及之地。

## 拉玛三世时期的转变

对19世纪东亚变迁起推波助澜作用的因素，显然是在蛰伏了一个多世纪后，西方政治经济势力的卷土重来。前人已指出，18世纪下半叶始于西方的工业革命，让欧洲人尤其是英国人在寻求原料产地和产品销售市场的过程中，重新燃起了对东亚海域的兴趣。

　　从拉玛二世统治末年开始，西方重新在暹罗国内和周边地区扩张经济影响力。故为理解中暹帆船贸易的总体进程，在此先对这一情势进行简要讨论实有必要。或可言之，从这一时期开始，西方影响力的增长不可避免地与帆船贸易的发展纠缠在一起。

　　19 世纪初，中国仍是暹罗主要交往的国家。然而，尽管暹罗统治集团仍对 17 世纪欧洲殖民者曾插手暹罗国内近乎命运攸关事务念念不忘，但是拉玛二世并未对西方人避而远之，此乃其性情使然。他虽未完全准备好改变传统的垄断之策，但对采购西方火器饶有兴趣。1818 年，唐·西尔维拉（Don Carlos Manoel Silviera）率领澳门的葡萄牙使团到访暹廷。这是暹罗与西方长期阻隔之后，欧洲使节首次访暹。因当时拉玛二世的船只一直前往澳门贸易［赴澳贸易的王船由港务厅属官披耶素里亚旺蒙尼里（Praya Suriyawong-moniri）负责置办，其航海事宜则委托给銮素拉萨功（Luang Surasakorn）］，故国王赐予葡萄牙人贸易执照，而一名葡萄牙商人获准充任类似港主（贸易代理商）之职，管理停靠曼谷的本国同胞船只。同年，美国也开始对暹展开贸易。两年后，澳门总督又遣使抵暹，恳请暹廷允准建造一艘帆船，并在曼谷采购木料。1818 年，拉玛二世恩准葡萄牙使节建造帆船。后来造船资金短缺，他便慷慨解囊，帮助葡萄牙人造好帆船。[①]

　　此后数年，出于政治、经济考量，暹罗交往最多的欧洲国

---

① พรายน้อย, ส. ชาวต่างประเทศในประวัติศาสตร์ไทย, กรุงเทพฯ, ค.ศ. 1973, หน้า218；Chakrabongse, *Lords of Life*, p. 133；Cady, *Southeast Asia*, p. 326；O. Frankfurter, "The Mission of Sir James Brooke to Siam," *The Journal of the Siam Society*, Vol. 8, Part 3, 1911, p. 6；เจ้าพระยา ทิพากรวงศ์, พระราชพงศาวดารกรุงรัตนโกสินทร์รัชกาลที่หนึ่งรัชกาลที่สอง ฉบับหอสมุดแห่งชาติ, หน้า607.

家是英国。暹罗向马来半岛的领土扩张，意味着会与英国利益发生冲突。许多马来苏丹国无力与暹廷日益增强的势力抗争，遂转而求助于英国，以收相互制衡之效。[①] 因关乎马来半岛的贸易事务，拉玛二世与华商决定尽可能少地向英国做出让步。1821 年，约翰·摩根（John Morgan）率领非官方使团访暹，希望与暹廷缔结商约，但一无所获。随后，印度总督派约翰·克劳福德率团出使暹罗，其目的是实现贸易自由化。更具体地说，克劳福德使团的到访意在消除暹罗对英国在马来半岛意图的疑虑，如此一来槟榔屿、印度乃至英国的贸易都可从中受益。印度殖民政府最期待的是，确定关税税率，从而遏制敲诈勒索，并"最大限度地减少英国商人的烦恼"。[②] 然而，这一尝试也未能奏效。正如克劳福德本人所说，部分原因在于华商妒火中烧，搬弄是非、颠倒黑白，向暹廷歪曲了英国的"真正"意图。1822 年他写道，这些华商说："英国人现在带着甜言蜜语而来，假装仅仅想要贸易。不久之后，他们将会请求设立商馆，然后恳请在其周围筑墙，很快又会在墙上架设大炮；最后，他们会占领这个国家，一如其在类似情形下之所作所为。"[③]

虽然华商的话加深了暹廷的忧虑，但克劳福德使团的无功而返几乎已在预料之中，因为其所提要求与暹罗贸易往来管理制度的基本原则相悖，而国王本人在其中也有相当大的利害关

① 拿破仑战争期间（1793～1813），英国崛起成为一流海上强国，且试图在东方为兰开夏郡的纺织品寻求新市场。除了开拓市场，工业革命让英国对热带原料的需求明显增加了。

② พระยา อนุมานราชธน（ยง เครือยรโกเศศ），ตำนานศุลกากร，หน้า 18 - 19；L. A. Mills, "British Malays, 1824 - 67," *Journal of the Malayan Branch of the Royal Asiatic Society*, Vol. 33, No. 3（1960），pp. 156 - 157.

③ Crawfurd, *Journal of an Embassy from the Governor - General of India to the Court of Siam and Cochin China*, Vol. 1, pp. 138 - 139.

系。按照传统的观念，自由贸易的实行自然意味着朝廷直接财政收入的减少，而王室垄断会直接充实王库。此外，华商"只想获取厚利，且愿意迁就、遵从泰人习俗"，而英国人"渴望维护自己的尊严，并在其贸易中获得巨利"，故朝廷已习惯只与华人贸易，而不欢迎英国人。[①] 不过，克劳福德使团的铩羽而归反映了暹廷内部华人根深蒂固的经济影响力。

因此，拉玛二世成功地将不少西方影响挡在国门之外，同时经由帆船贸易继续发展与中国的密切经济关系。应当注意到，在维持暹罗当时经济结构的运转方面，华人发挥了重要作用，这转而使得西方自由贸易的要求难被暹廷接受。不过，光阴流转，西方尤其英国逐渐施加更多压力，在东亚海域其他地区横行霸道、为所欲为，这让暹罗不得不对西方人平等相待。在这种情况下，中暹贸易的强度自然有所降低。不过此时这种贸易关系仍比以往密切。

1820 年代初，西方的经济影响力已遍及东南亚许多地区。当时，仅有少数帆船在马来半岛、巴达维亚进行贸易。为保持经济独立性，中国帆船常集中活动于荷兰、英国势力相对薄弱的地区，例如加里曼丹、望加锡、安汶、马六甲、丁加奴和吉兰丹。[②]

克劳福德使团失败而归后，孟加拉总督阿美士德（Lord Amherst）委派亨利·伯尼上校率领另一个使团前往暹罗（1825~1826），以解决有关马来半岛吉打的主权问题，并签订允准西

---

① Chakrabongse, *Lords of Life*, p. 136. 然而，克劳福德使团确实取得了一些对于英国人来说积极的成果。它收集的暹罗地理、资源、人口、官府和贸易情报颇有价值。暹廷也允诺，对停靠暹罗港口的英国船只征收的税费不再增加，且将推动贸易发展。

② 田汝康：《17—19 世纪中叶中国帆船在东南亚洲》，第 34 ~ 35 页。

方商人缴纳固定关税，进行自由贸易的商约。① 为应对不断攀升的政府开支，朝廷对新财源的需求日益增长。加之英国施压，② 拉玛三世被迫下令，他将不再垄断各类商品的贸易，即使从拉玛二世时期开始，王室垄断贸易已是惯例。此外，他将不再直接参与对外贸易，亦即放弃商人身份。③

纵观拉玛三世时期，尽管 1826 年、1833 年暹廷分别与亨利·伯尼上校、埃德蒙·罗伯茨签订了商约，但暹罗与西方的直接贸易乏善可陈。到 1832 年为止，因英国船只须缴纳重税，而小型中国帆船少缴甚至免税，故英国人仍较少前来曼谷。一年之中，只有两三艘装载布匹的船只从科罗曼德尔海岸驶来贸易。④ 新加坡正快速崛起为东西方贸易的中心。而如上文所述，在大多数情况下，西方主要经由对新贸易，间接影响暹罗的经济生活。1830 年代，乔治·厄尔写道，英国人通常在新加坡采购中国帆船免税运来的暹罗货。⑤ 包税制的广泛推行，让西方人通过订约（即上述暹英"伯尼条约"、暹美"罗伯茨条约"）所获之优势条款形同虚设。该制度保证了暹廷和华人在所有经济领域（包括直接参与海上贸易）密切、隐秘的合作，因为与以往任何时期相比，当时的出口贸易都更加牢牢地控制在华人手中。

1820 年代和 1830 年代，在曼谷经商的英国人屈指可数，

---

① Siamese Legation in Paris, comps., *State Papers of the Kingdom of Siam*, 1664 – 1886. London: William Ridgway, 169, Piccadilly, 1886, pp. 75 – 80.

② 英国人不仅盘踞在槟榔屿、新加坡和马来亚半岛部分地区，还发动对缅甸的战争，以 1826 年签订对英国有利的"杨达波条约"而告终。Cady, *Southeast Asia*, pp. 322 – 323, 335.

③ Burney, *The Burney Papers*, Vol. 1, Part 1, pp. 50 – 51.

④ Cady, *Southeast Asia*, p. 338.

⑤ Earl, *The Eastern Seas*, p. 177.

仅有罗伯特·亨特（Robert Hunter）、海斯（J. Hayes）两名商人。到 1843 年，仅有一家西方人商行，即亨特与海斯先生公司在当地从事贸易。此外，1840 年代，拉玛三世最终违背先前的承诺，恢复了王室垄断制度。"伯尼条约"规定，除大米外，英国商人可不受干涉地进货。然而到 1840 年，拉玛三世垄断了蔗糖的生产与销售，而它是当时暹罗最重要的出口货物，及英国商人极力购求的物品。1842 年，暹廷再次全面实施蔗糖垄断制度，糖价由此上涨了 40%。这意味着暹廷又一次拥有优先购买任何数量蔗糖的权利，且可任意定价。另外，它要求购买蔗糖时付现款，而非常见的以物易物。① 因此，包税制的不断扩展及此前王室贸易垄断的部分恢复牺牲了其他商人的利益，却加强了华人与暹罗人的互利共生关系。在此也应提及，直到统治末年，拉玛三世仍不接受西方平等贸易的要求。1849 年和 1850 年，美国巴利斯蒂尔（Ballestier）使团、英国詹姆斯·布鲁克（James Brooke）使团先后抵暹，要求修约。而拉玛三世避而不见的原因之一在于决心维持包税制，毕竟它直接为朝廷带来了海量收入。

拉玛三世时期，如同拉玛二世时期，西方人仍被排除在暹罗贸易之外，部分原因在于华商的挑拨离间。据马洛赫说，暹罗华商禀告暹廷，中国帆船前往新加坡、爪哇、槟榔屿、中国进行贸易，暹罗所需的一切商品均可由其提供。这一举动意在阻止英国人和其他西方人涉足对暹贸易。对于约翰·克劳福德

---

① Wong Lin Ken, "The Trade of Singapore, 1819 – 1869," *Journal of the Malayan Branch of Royal Asiatic Society*, Vol. 33, No. 4 (December 1960), p. 140; O. Frankfurter, "The Mission of Sir James Brooke to Siam," *The Journal of the Siam Society*, Vol. 8, Part 3, 1911, pp. 21 – 22; ผ่องพัน สุภัทรพันธุ์, การศึกษาทางประวัติศาสตร์เกี่ยวด้วยเรื่องพระคลังสินค้า, หน้า180.

的愤愤不平，他深有共鸣："因英国人不断挤占颇有价值的贸易，他们〔华人〕总是妒火中烧，遂极尽奸诈狡猾之能事，在朝堂上谗言诽谤、混淆是非，使〔暹罗〕国王和各部大臣对我们〔英国人〕心怀偏见，从而怂恿他们将我们拒之门外。"[1]

值得注意的是，拉玛三世时期，暹罗需经由新加坡等中转港方能间接进口西方商品。不过此举至少表明，与过去 150 年的任何时期相比，当时西方与暹罗的经济关系更为密切。[2]

拉玛三世统治中期，西方侵入暹罗、中国的迹象开始显现。长期以来，西方人尤其英国人对中国帆船在东亚海域贸易中享有的地位深为不满，并千方百计挑战之。在暹罗，这种挑战间接进行。

拉玛三世时期，西方最直接的胜利并非与暹廷订约，而是 1830 年代经暹罗人倡议引入横帆船。1835 年，在英国人、葡萄牙人的影响下，暹廷命财务兼外务大臣之子銮乃实（Luang Nai Sit）[3] 监督，在尖竹汶开工建造其第一艘西式帆船（即双桅横帆船），赐名羚羊号（Kaew klang-samut）。完工下水后，该船即首航澳门、新加坡进行贸易，一举成功。次年，銮乃实再次奉命在尖竹汶建造两艘西式战舰。到此时，暹廷已明显对西式船只感兴趣。国王的长子也跃跃欲试，投身造船事业。不久，拉玛三世谕令，暹廷不再新造旧式帆船，此后只建造欧式船只。国王惟恐中式帆船从此绝迹，最终成为历史遗物，遂下令在一座新建寺院内，按原尺寸建造帆船模型一具，并筑佛塔于其上，

① Malloch, *Siam*, pp. 28 – 29.
② Vella, *Siam Under Rama Ⅲ*, p. 19.
③ 即后来的昭披耶西素里亚旺（Chaopraya Sisuriyawong），乃拉玛四世的枢密大臣和拉玛五世时的摄政。（亦即本书第九章提到的披耶西素里亚旺塞，其名为川·汶纳。Luang 原作 Suang，系西方人转写之误。——译者注）

传诸后世。在赐名该寺为龙船寺时，国王曰，建造帆船模型之意，乃在于"子孙后代欲知帆船为何物，可往观之"。[1]

此举预示着横帆船时代的到来，而在这一时代中，中式帆船与帆船贸易已趋于衰落。大型船只的引入，无疑使暹、中两国一直严重依赖帆船贸易的诸多小港黯然失色，且为汕头这类大港取而代之铺平了道路。[2]

暹廷从未完全废弃中式帆船，因为在与中国进行的贸易中，它仍有某些优势，如较低的港口费。1840 年代、1850 年代，暹罗在建造西式船只时，朝廷试图结合双桅横帆船、传统帆船的特点制造一种新船，且尝试将其充作"真正的"帆船驶往中国港口。李光荣（Praya Anumanrachaton）认为，暹罗人将它们伪装成中式帆船，意在使其进入中国港口时继续享受低关税待遇。他说道，他们起初仅用竹板覆盖船头，每侧漆画眼睛一只，使之形似中国船。后来暹罗人改良了造船技术，使新款船只的船头类似帆船，船尾类似双桅横帆船，而其主桅、缆绳也与中式帆船相似。此类船只俗称"堪潘布"（kampan buey），意为"低级双桅横帆船"。[3] 1856 年，美国使节哈利斯（Townsend Harris）到访曼谷。他注意到泊于港口的船只，并记述印象道："我以前曾注意到暹罗人建造的优良船只，而我现在看到了一个新样本。它是中国帆船和西方船只彻头彻尾融合的产物。它装配了西式的前桅，主桅吊起中式的宽大单帆，后桅则装有三片横帆。船头开阔，有两只中式的圆睁大眼，而甲板外设计了西式的船

---

① "Religious Intelligence：Bankok，" *The Chinese Repository*，Vol. 5，No. 5（September 1836），pp. 235 – 236；พระยา อนุมานราชธน (ยง เศรียรโกเศศ), ตำนานศุลกากร, หน้า26.

② 民国《潮州志稿》，实业志六，第 1b 页。

③ พระยา อนุมานราชธน (ยง เศรียรโกเศศ), ตำนานศุลกากร, หน้า 27 – 28.

首斜桅和起重杆。"①

与此同时，随着私人及自由贸易逐渐取代朝贡贸易，暹廷不再强调朝贡贸易的重要性，所以中暹朝贡关系日益衰落。在暹廷看来，朝贡礼仪一直是朝贡贸易繁荣兴旺不可或缺的力量之源。然而到了1830年代，朝贡礼仪荣光不再。1835年，一名西方人看到广州暹罗驿馆的破旧状况："因希望看到'据说'受暹罗人赞颂的'东方光彩华丽的一面'，我决定下午走访暹王贡使驻节之所……整个驿馆破败不堪。一名华人小吏引我到正使房舍。我们见他正在抽鸦片，神情恍惚以至于几乎无法进行交谈。"②

1844年后，暹罗朝贡贸易的衰落更加明显。1844~1851年，拉玛三世仅在1848年遣使中国一次。

## 拉玛四世时期的瓦解

1851年，拉玛四世（蒙固王）继承了拉玛三世的王位。众所周知，在暹罗历史上，他是第一个意识到与西方建立贸易关系实属当务之急的曼谷王朝国王。1839~1842年，发生了鸦片战争，中国战败。清廷诏告中外，签订《南京条约》不过是一种控驭外夷之道，即借此"绥抚"英国人，以防其惹是生非。包括拉玛三世在内的大部分暹罗人对此深信不疑。根据丹隆亲王的研究，据说当时只有三位高官显要预见到了这一事件的影

---

① Townsend Harris, *The Complete Journal of Townsend Harris*, *First American Consul General and Minister to Japan*. Garden City, NY: Doubleday, Doran & Company, Inc., 1930, pp. 101 - 102.

② "Residence of the Siamese Embassador," *The Chinese Repository*, Vol. 4, No. 4 (August 1835), pp. 190 - 191.

响。第一位是未来的拉玛四世，他出家为僧长达 25 年，期间学习了大量有关西方的知识；另两位是拉玛四世的同父异母兄弟帕宾告（Pra Pinklao）和蒙固王后来的心腹銮乃实。即位后，拉玛四世就决定不应再遵循拉玛三世的国王经营贸易之策，然而此谕令并未严格推行。他也承认，登基之初，他本人就用手中少量余钱作为资本采购了一批货物，并委托给帆船前往海外贸易。当时留居曼谷的让·帕里果瓦主教（Bishop Jean Pallegoix）也证实，在拉玛四世统治初期，国王每年派遣 15 ~ 20 艘船驶往新加坡、爪哇和中国。不过，拉玛四世的谕令可能是基于如下考量，即帆船贸易（或海上贸易）不再那么有利可图，而暹廷已用其他办法开辟财源。在一封致时任香港总督包令（John Bowring）的公函中，财务兼外务大臣解释道，中暹贸易日薄西山，因为中国近来动荡不安，致使货物滞销，贸易衰退在所难免。①

　　銮乃实建议改变以往的封闭经济，因此国王开始放宽与西方贸易的限制，首先宣布降低进口税（包括梁头税，每艘船从 1700 铢降至 1000 铢），鸦片自由进口以供华人吸食（但仅卖给官定的包税商），留居暹罗的西方人可自由迁徙（包括宗教自由），准许大米出口（此前，即使"伯尼条约"签订后，暹王也在这一问题上有所保留）。暹廷的大米出口之策乃是西方施压的直接产物。或可认为，这是西方闯入以往华商专属领域的开端。然而，我们亦可将其视作暹罗大米出口量进一步增长之

① H. R. H. Prince Damrong Rajanubhhab, "The Introduction of Western Culture in Siam," *The Journal of the Siam Society*, Vol. 20, Part 2, 1926 - 1927, p. 96; S. Bateman, "Letter, March 10, 1870," *The Siam Repository*, Vol. 2, No. 2（April 1870）, p. 299; หลวงวิจิตรวาทการ, ภาษีอากร, หนังสือวิจิตรอนุสร, หน้า 105 - 106; Monsignor Jean - Baptiste Pallegoix, เล่าเรื่อง เมืองไทย（*Description du Royaume Thai ou Siam*）, tr. Sunt Komolabut. Bangkok, 1963, p. 306; ผ่องพันธุ์ สุภัทรพันธุ์, การศึกษาทางประวัติศาสตร์เกี่ยวด้วยเรื่องพระคลังสินค้า, หน้า 263 - 264.

肇始。因海外需求不断增长，且到 1850 年国内稻田仅开垦半数，故暹罗大米出口潜力巨大。事实上，从这一时期开始，大米产量大增。而稻田之广，几乎到了排挤其他农作物的地步；即使 1850 年代蔗糖产量达到顶峰，甘蔗园也未能幸免。[①]

拉玛四世急于让步的原因显而易见。拉玛三世时期，国王尚能让詹姆斯·布鲁克使团吃闭门羹，但从拉玛四世时期开始，英国人就从缅甸、马来亚两个方向威胁曼谷，随时准备重申修约要求。必须承认的是，直到 1850 年代中期，英国人才开始关注暹罗事务。[②]

因此，虽然拉玛四世声称他愿意做出让步，但在其统治的最初四年中，驶来暹罗贸易的西方船只寥寥无几，可能每年仅 12 艘左右。欧洲商人纵然获得了上述优待，也无法与华人船商竞争，毕竟他们仍然缴纳低关税且享有其他优待。此外，欧洲人赴暹贸易面临的一个主要障碍是"过度"拖延，因为税务官因循守旧，执意进行敲诈勒索。最重要的是，华人对暹罗、暹廷的影响力仍然如此强劲，以至于任何潜在的西方竞争都被拒之门外。1850 年代初，华人已经几乎完全控制了暹罗本土市场，而暹罗人明显无意挑战华人的优势。帕里果瓦主教曾提及暹罗的国内贸易，尤其是用中国货换取当地大米和棉花的交易。[③]

① Wong Lin Ken, "The Trade of Singapore, 1819 – 1869," *Journal of the Malayan Branch of Royal Asiatic Society*, Vol. 33, No. 4 (December 1960), p. 147; Malloch, *Siam*, p. 27; Wales, *Ancient Siamese Government and Administration*, p. 207.

② โอภาส เสวีกุล, พระราชบิคาแห่งการปฎิรูป, กรุงเทพฯ, ค.ศ. 1970, หน้า152–154.

③ กรมพระยาดำรง ราชานุภาพ, ตำนานเงินตรา, กรุงเทพฯ, ค.ศ. 1933, หน้า4; Graham, *Siam*, Vol. 2, p. 121; Ingram, *Economic Change in Thailand since* 1850, pp. 19 – 20; Monsignor Jean – Baptiste Pallegoix, *Description du Royaume Thai ou Siam*, Vol. 1. London: Gregg International Publishers, Ltd., 1969, pp. 324 – 325.

更有进者，华人与官员关系密切，他们完全控制着包税，而包税是暹罗的主要收入来源。在此结合之下，暹罗出现一种局面，诚如詹姆斯·英格拉姆所说："当华人获得垄断权……垄断者可相互约定，合作开展不同地区之贸易并共享其利。外人会发现，欲打入这一亲密的阵营实属难上加难。"[1]

华人的影响力明显表现在，暹廷欲下令禁烟，却屡屡失败，因为进口、吸食鸦片者大部分是华人。有鉴于此，1851年，拉玛四世做出让步，设立鸦片包税，由华人独占其利。有华人上奏国王，恳请委任他们为包税商，以便在曼谷和外府的华人中严格经营、管理鸦片，他们会缴纳年费1万暹两。除有权进口本地吸食的鸦片外，包税商也可将之出口至中国。[2]

暹廷也将其他税收承包给华人。1854年，一名华人奏请承包大豆和芝麻生产、鲜虾、虾干、鱼和鱼露的税收，国王爽快地恩准了。拉玛四世还恢复了水税（拉玛三世曾废除），涉及曼谷及37个外府的指定地区，并将其承包给数名华人，年费7400暹两。[3]

这一时期，暹罗生产的出口货仍然主要销往中国市场。蔗糖作为主要的出口货，仍大量运往中国。帕里果瓦主教指出，拉玛四世统治初年，蔗糖生产盛行一时；那坤巴统（佛统，曼谷西南）约有糖厂30家，而邦巴功（曼谷以东，邻近暹罗湾）另有20家。此外，胡椒产量也激增。1854年，暹罗出口胡椒约7万担（4200吨），每年从中国驶来采购的华人船只达12艘

---

① Ingram, *Economic Change in Thailand since* 1850, pp. 19 – 20.
② Sir John Bowring, *The Kingdom and People of Siam*, Vol. 1. London: Oxford University Press, 1969, p. 255; กรมพระยาดำรง ราชานุภาพ, ตำนานภาษีอากรยางอย่างกับคำอธิบาย, หน้า43–51.
③ กรมพระยาดำรง ราชานุภาพ, ตำนานภาษีอากรยางอย่างกับคำอธิบาย, หน้า 58 – 67, 17.

或更多。在暹廷或官员的庇护、赞助下，贸易基本上继续由华人控制，而少量贸易也归其自身所有。华人代表副王帕宾告（拉玛四世的同父异母兄弟）经营 5 艘船，前往中国、新加坡和日本贸易。华人富商、朝廷权贵也有 20 艘船驶往中国贸易。每年，海南、广东、福建和中国其他港口的 50 ~ 60 艘帆船，满载货物及成千上万的移民驶来暹罗。① 暹罗也继续维持与新加坡的贸易往来。1851 年，63 艘帆船、16 艘双桅横帆船从暹罗起航赴新贸易。两年后，赴新贸易的两类帆船猛增至 122 艘，包括 85 艘帆船和 37 艘双桅横帆船。②

虽然华人仍在暹罗的经济生活中居于主导地位，但拉玛四世统治初年的事件很快就证明，中暹海上贸易关系每况愈下。第一个重要的标志是，暹罗遣使进贡中国的中断和终结，朝贡贸易随之寿终正寝，而主要原因在于其管理下的其他贸易的发展。1851 年登基后，拉玛四世即遵循惯例，派遣正式使团（乘坐两艘横帆船，由军务大臣披耶西素里亚旺塞置办，两名华人随行并充当司库）前往中国，向清廷禀报拉玛三世逝世，及他即位之事。当时，道光帝恰巧驾崩。广州地方官奉咸丰帝之命谕令曰，国制服丧期内，朝廷不受朝贺，并停止筵宴，暹使无需进京，可先返国，明年再来。使团随即返暹。③ 次年，

① Pallegoix, *Description du Royaume Thai ou Siam*, Vol. 1, pp. 72 - 73, 325; Bowring, *The Kingdom and People of Siam*, Vol. 1, pp. 277 - 281; Pallegoix, Monsignor Jean - Baptiste เล่าเรื่อง เมืองไทย (*Description du Royaume Thai ou Siam*), p. 325.

② Wong Lin Ken, "The Trade of Singapore, 1819 - 1869," *Journal of the Malayan Branch of Royal Asiatic Society*, Vol. 33, No. 4 (December 1960), p. 148. 到 1860 年代末，从暹罗至新加坡贸易的帆船数骤减。1865 ~ 1866 年，据说仅有一艘帆船造访新加坡。

③ 拍因蒙提：《泰国最后一次入贡中国纪录书》，棠花译，《中原月刊》创刊号，1941 年 1 月 30 日，第 15 ~ 17 页。

拉玛四世循例另派使团赴华，恳请册封。该使团也肩负贸易之责。除呈进国王表文外，财务兼外务大臣也具申广州地方官公文，恳请使节登岸后，允准贡船先驶回暹罗"修整"，随带货物（西式船只实际无需运载压舱货物）免税出售。公文亦云，暹船需返航，以便修整桅杆、风帆，拴牢缆绳，且保证其他设备的安全。两广总督答复说，允准暹船返穗时货物免税。[1]

中方盛情接待暹使，并给予了丰厚赏赐。例如，使团成员收到 2000 两（乃清廷所赐，及广州至北京沿途地方官所赠现款），系地方官向商人募捐所赠。[2] 为了运送银两及咸丰帝赏赐暹廷的礼物，暹使需雇 60 辆牛车。不幸的是，使团南返途中被一伙太平军袭击，财物与颜面尽失。暹罗使团返暹途中路过香港，港督包令向正使建议，暹罗已是平等的主权国家，不应再向中国进贡，而此次遇劫事件可为托词。[3] 拉玛四世采纳了这一建议，决定中断对华进贡。

1853 年后，拉玛四世停止入贡中国，表面原因在于太平天国运动引起的中国国内治安不靖，实则这种转变反映了暹廷对当时两国朝贡关系日益增加的矛盾心理，尤其是在西方人东来的情况下这种转变似乎更为真实。随着西方对中国主权的蚕食，暹罗对两国间原有的交往模式越来越不满，深感有必要彻底调整。事实上，暹罗人从未公开反对继续遣使进贡。相反，他们

---

① ศุภอักษรจดหมายอิ๊งเจ้าพระยาพระคลังครั้งที่สี่，Damrong Rajanubhab Files.

② 此句似有歧义，且似与《泰国最后一次入贡中国纪录书》所载不符。据《泰国最后一次入贡中国纪录书》，使团在广州时，两广总督赠银 200 两；抵京后，清廷赏赐 1100 两；南返广州途中，因遭太平军抢劫，各地官府深堪悯惜，共赠银 2010 两，其中 200 两为地方官向商人募捐而来。——译者注

③ 拍因蒙提：《泰国最后一次入贡中国纪录书》，棠花译，《中原月刊》创刊号，1941 年 1 月 30 日，第 17 ~ 26 页。

采取拖延策略。首先对推迟朝贡进行解释，认为中国国内政治局势动荡，遣使至广州，经传统陆路北上进京实难成行。当中国官府再次施压，要求继续派遣朝贡使团时，暹廷提议，允准使节改道，经天津进贡，以避开中国内地的动荡之区。1863年，在广东地方官与暹廷朝臣的公文往来中，暹罗人对完全断绝与中国的朝贡关系一事含糊其辞。这种摇摆不定的态度并未受到朝贡贸易利润（当时暹罗人对此越来越怀疑）因素的影响，而是更多地基于留暹华商可能产生之反应的考量。他们或许会认为，断绝朝贡关系将使其对华贸易遭受损失。暹罗人最终商定的策略是，无限期推迟遣使。① 而拉玛四世统治末期，两国的朝贡贸易基本上就以此方式中止。

蒙固王之子朱拉隆功王子继位（拉玛五世，1868～1910年在位）后不久，暹廷明显意识到许多帆船仍从事对华贸易，且希望清廷如西方国家一样给予其平等地位。基于此，暹廷遂暗示清廷，如果"赠献用授受式，与西洋各国同"，那么暹方希望派遣使团，经天津前往北京。清廷基本上仍将暹罗视为藩属国，故而拒绝了这一提议。1875年，中国再次要求暹罗进贡，但是暹罗又一次采取模棱两可的推延策略，不同意也不拒绝朝贡。三年后，曾纪泽（曾国藩之子）出使英国，前往伦敦途中顺路到访曼谷，要求暹罗进贡，并订立新商约，均为暹廷婉拒。最终，历史的车轮驶到了1882年。当年，暹罗正式拒绝其所有对华朝贡义务，且宣布只承认西方的国际关系体系。通过断绝与中国的正式关系，暹罗明显加强了与英国日益密切的经济关

---

① Câwphrajaa Thíphaakorawoŋ, *The Dynastic Chronicles*, Vol. 2；Text, pp. 282 - 284, 300 - 304. 据拉玛四世本人说，1862年，中暹帆船贸易仍然逐月进行。（此注原置于上句末，据博论移至此，并增补页码。——译者注）

系。从 1850 年代开始，暹罗就小心翼翼地培植它。①

终结遣使朝贡意味着，以前经由进贡而获准进行的中暹官方贸易从此终止。拉玛四世曾公开抱怨，清廷一直以来要求以官方表文、贡物作为贸易的先决条件，这阻碍了暹罗贸易的发展。② 1855 年，为敲开暹罗的贸易大门，包令使团奉英国政府之命出访暹罗，使暹罗的局势进一步复杂化。这一使团得到拉玛四世的积极响应，毕竟他期待并欢迎西方人到暹罗贸易，我们可从其即位后推行的举措看出端倪。③ 双方签订了"包令条约"，把中暹帆船贸易由来已久独享的特权连根拔起。该条约包括如下条款：①进口货物的关税税率定为 3%，允许再出口，滞销货物可全额退税（以往无此先例）；②出口商品只征收一次出口税；③取消梁头税；④帆船和英国船享受同等优待；⑤英国臣民享有治外法权。④ 此后五年，其他几个西方国家（包括美国）也与暹廷签订了类似条约。

因此，暹廷与华人之间以帆船贸易形式运营的贸易垄断制度最终被打破，华人根深蒂固的经济地位受到挑战。英国人第一次获准在暹罗自由造船，由此分享了长期以来华商独享的利用廉价原料的特权。⑤

新条约对曼谷西方船只的快速增加和帆船贸易的衰落产生

---

① 许云樵：《中暹通使考》，第 33 页；曾建屏：《泰国华侨经济》，第 39 页；Suebsaeng Promboon, Sino - Siamese Tributary Relations, 1282 - 1853, Ph. D. dissertation, The University of Wisconsin, 1971, pp. 294 -295.

② ฌรงค์ ไตรวัฒ, เมื่อร.๔ ทรงตัดความไมตรีกับปักกิ่ง, เก็บตก, ค.ศ. 1961, หน้า311–313.

③ Abbot Low Moffat, *Mongkut, the King of Siam.* Ithaca, NY：Cornell University Press，1961，p. 25.

④ Siamese Legation in Paris, comps. , *State Papers of the Kingdom of Siam*, pp. 81 –85. 1856 年，暹罗与美国签订条约。

⑤ 福田省三『華僑經濟論』、327 頁。

了直接影响。格雷厄姆评论道："新条约出炉后数年，对外贸易随之扩张，起初不太引人注目，但后来随着时间的推移，越来越清晰可见。然而，暹罗与欧洲列强订约后，华人贸易一落千丈、繁荣不再。况且，因失去以往赖以生存的贪污腐败的温床，面对白人相对诚实［原文如此］且非常残酷的竞争，华人贸易衰败凋零、大势已去。"①

1850 年代后，除朝贡使团的中断外，另一个明显影响帆船贸易走势的因素是清朝持续的政治衰落，而太平天国运动进一步加剧了这种衰落。② 到 1863 年，潮州地区对外贸易的海运，全为汇集于汕头这一新通商口岸的西方船只所垄断。③ 当时，华人移民由更大、更快的西方船只运送出洋，广东东北部、福建南部地区更是如此。④ 除了从上述经营活动中获取巨额利润，西方船只还运输急需的粮食，如把暹罗大米运至中国东南。⑤ 此外，越来越多人认为，帆船存在不必要的安全风险，而西式船只的装备更先进、精良。基于此，保险公司更喜欢西方船只投保海险；后者为对付海盗，常采取护航行动。⑥

① Graham, *Siam*, Vol. 2, pp. 98 – 99.
② 但在镇压起义的过程中，清廷对用于建造战船之暹罗木料的需求逐渐增加。同治年间，福建巡抚派员前往曼谷采购木料。S. Bateman, "Letter, March 10, 1870," *The Siamese Repository*, Vol. 2, No. 2（April 1870）, pp. 298 –299.
③ 田汝康：《再论十七至十九世纪中叶中国帆船业的发展》，《历史研究》1957 年第 12 期，第 7 页。
④ 韩潮：《潮州风物》，香港上海书局，1970，第 5 页。
⑤ 民国《潮州志稿》，交通志，第 7b 页。汕头与曼谷之间（经香港）的定期轮船航运始于 1876 年，直航始于 1892 年。
⑥ 田汝康：《再论十七至十九世纪中叶中国帆船业的发展》，《历史研究》1957 年第 12 期，第 7~8 页。当时，中国帆船主要受限于特定的航线和特定货物的运输。例如在中国，帆船仍依赖于从东北向华南运送大豆。它们也从停靠大港的大型西式船只采购货物，沿海岸及内陆航道分销到其他小港。同上文，第 10~11 页。

从事中暹贸易的帆船一度达 400 多艘，让暹罗人引以为傲，然而在西方拥有的双桅横帆船、蒸汽船的竞争下，减少到不足 100 艘。1874 年，最后一支暹罗船队，即属华暹混血贵族披耶披讪蓬帕尼奇（Praya Pisanponpanich）所有之万兴（暹文音译 Buanheng）在海上失事。到 1890 年，暹王及廷臣所属的横帆船也最终被排挤出局，而每年前往曼谷贸易的西方船只增至 200 艘。1850 年，驶抵暹罗的外国船只约 332 艘，除 4 艘分属英国、美国外，其余绝大部分仍是中国帆船。但到 1880 年代末，暹罗每年的海运，英国占比超过 70%，而帆船贸易已降至平均 2% ~ 3%。①

在英暹贸易的早期模式中，英国船只在驶抵暹罗前会先开往中国进行贸易。他们会用中国白银购买暹罗货。其时，暹罗市场不断扩大，对银币的需求日益增长，而暹罗铸币厂的铸造能力有限，难以满足需求。暹廷遂引入中国银元，汇率为 5 铢兑换 3 枚中国银元；镌刻王冠、法轮后，将其作为国家货币的一部分，投放各府流通。② 当时，英国船只本质上发挥了帆船在传统中暹海上贸易中的作用。中国被迫开放通商口岸后，受西方竞争的影响，中国帆船继续保持与东南亚（尤其是暹罗）的贸易，不过大型帆船逐渐减少。例如，广东潮州红头船，1858 年达 400 艘，十年后存 300 艘。即使如此，直到第一次世界大战时，小型帆船（尤其是来自海南岛者）仍然是曼谷一道

---

① Graham, *Siam*, Vol. 2, pp. 98 – 99；พระยา อนุมานราชธน (ยง เศรียรโกเศศ), ตำนานศุลกากร, หน้า28；กรมพระยาดำรง ราชานุภาพ, ตำนานเงินตรา, หน้า4；田汝康：《17—19 世纪中叶中国帆船在东南亚洲》，第 41 页；Smyth, *Five Years in Siam*, Vol. 2, p. 268.（此注与下两注原合为一注，据博论拆分为三。——译者注）

② กรมพระยาดำรง ราชานุภาพ, ตำนานเงินตรา, หน้า 5 – 6.

亮丽的风景线。①

　　尽管以往兴盛的中暹帆船贸易明显日渐衰落，但华人在暹罗的影响力仍然有增无减，留暹华人的对外贸易也并未停止。1859年，除国王拥有双桅横帆船外，华人也拥有大量此类船只，它们每年出海两次，一次驶往中国，另一次驶往新加坡；随后十年，在蒸汽船不断增多的情况下，它们仍继续进行贸易。②

　　暹罗国内的包税垄断是华人最具优势的领域，这是拉玛四世延续拉玛三世政策的结果。暹廷与众多西方国家订约后，华人在包税制方面的经济基础比以往更加牢固。因当时西方商人获准以固定关税税率自由贸易，暹廷的对外贸易收入受到明显影响。有鉴于此，暹廷不得不更加依赖包税，以增加收入。包令曾要求废除当时存在的所有包税，但暹廷坚称，若如此行事，则特有的财源将被切断。国王也解释道，在王室贸易垄断中，朝廷对"违禁"货物拥有优先购买权和专营权，其他人的确无任何机会享受其利；而在包税制中，朝廷摒弃直接参与商业事务之权，平民百姓遂有机会参与贸易，朝廷不会干涉。所以，朝廷又一次将目光转向拼搏进取的华人，并在推行包税制的过程中利用他们的聪明才智，以求在一定程度上阻挡或抗衡西方资本主义的严重侵蚀。拉玛四世统治初年，暹廷设立 38 种包税（包括鸦片税），由各部大大小小的官吏监管，一如拉玛三世时期。③

---

①　民国《潮州志稿》，交通志，第 3b 页；Skinner, *Chinese Society in Thailand*, p. 45.

②　Wong Lin Ken, "The Trade of Singapore, 1819 – 1869," *Journal of the Malayan Branch of Royal Asiatic Society*, Vol. 33, No. 4 (December 1960), p. 149.

③　กรมพระยาดำรง ราชานุภาพ, ตำนานภาษีอากรยางอย่างกับคำอธิบาย, หน้า21; กรมพระยาดำรง ราชานุภาพ, ประวัติสมเด็จเจ้าพระยามหาศรีสุริยาวงศ์, หน้า22; ผ่องพัน สุภัทรพันธุ์, การศึกษาทางประวัติศาสตร์เกี่ยวด้วยเรื่องพระคลังสินค้า, หน้า264–265; 井出季和太『華僑』、67頁; หลวงวิจิตรวาทการ, ภาษีอากร, หนังสือวิจิตรอนุสร, หน้า88.

考虑到当时暹罗已允准开放贸易，而西方人挟庞大的资本而来，可能买断生活必需品（如大米及其他粮食），从而引发国内经济危机，暹廷深感忧虑。因此，除扩展包税制外，在枢密大臣昭披耶西素里亚旺的实际谋划和领导下，拉玛四世采取措施，推动国家全面发展。开凿运河，兴建道路、桥梁等一一展开，以改善交通，开垦更多农田，促进农业发展。在这些公共工程中，受雇的华人移民比以往更多。[①] 1855 年，暹廷还建造了其第一艘蒸汽船。到 1860 年代初，暹罗商船队由 23 艘蒸汽船、76 艘横帆船组成。[②]

在这一历史发展进程中，暹罗华商继续积极投身经济领域。至少到 1860 年代，他们已驾驶蒸汽船前往中国贸易。[③] 事实证明，华人机敏聪慧、精明能干，是经商高手。他们可迅速适应不断变化的形势，而这种灵活性正是其赖以生存的特质、奥秘所在。

---

[①] กรมพระยาดำรง ราชานุภาพ, ประวัติสมเด็จเจ้าพระยามหาศรีสุริยาวงศ์, หน้า 22, 25 – 26. 1847~1874 年近 30 年间，移民海外（主要前往东南亚）的华人达 25 万~50 万。暹罗的发展与华人的上述移民时期相吻合。

[②] Skinner, *Chinese Society in Thailand*, p. 43.

[③] Cāwphrajaa Thíphaakorawoŋ, *The Dynastic Chronicles*, Vol. 2: Text, p. 300. （原作 1860 年，核实后改。——译者注）

# 结　论

在鸦片战争前的两百年间，中暹帆船贸易已成为东亚海域中国海上贸易的重要分支。事实证明，在东亚前现代经济的最后阶段，中暹双方管理贸易的架构互斥互利。在此背景下，帆船贸易切实可行。一方面是暹罗的王室贸易垄断制度（随着时间推移，它日渐成为暹廷对华贸易的既得利益所在），1688年后，该制度将越来越多的精力放在中国市场；另一方面，中国朝贡体系虽有其限制的立场，但已变得足够灵活，以适应暹罗制度的需要。这种朝贡定位的确为贸易提供了相当多的机会，而暹廷正是对其善加利用的行家里手。可以断言，从暹罗方面看，正式朝贡使团的数量纯粹只是判定帆船贸易真正规模的一种手段。除官方承认的定期使节（但以不定期的方式前来）外，中国当局（北京朝廷和广州官府）实际默认了暹罗派遣其他类型之半正式或非正式使团的尝试，这些使团的首要目的是贸易。

暹罗王室贸易也已获准在固定贡期外做生意（可从18世纪中期后每年进行的夏季贸易中看出端倪），而这是在对华经济交往中，该国整体潜力至关重要的另一组成部分。从1810年代开始，暹罗至中国的私人帆船贸易获得前所未有的快速发展，而暹罗一直派遣正式使团，对其予以鼓励、支持。私人贸易很快将朝贡贸易甩在身后，并保持自身的独立性。其间显然得到中国东南地方官府的"帮助"，后者以"敲诈勒索"的形式与私人贸易休戚相关。事实上，管理架构继续存在，这意味着私人贸易本质上由暹廷掌控于庇护制中。

其他因素也进一步推动了中暹贸易管理特征的形成和发展：地理、政治及对打理此贸易华人的雇用。暹罗距中国东南、南洋群岛市场都比较近，足以发挥中转港的作用，且拥有得天独厚的自然资源，适宜帆船贸易，这两点决定了暹罗在中国海外贸易中的地位。政治上，暹罗大部分时期都是强大、统一之国，由务实的国王统治，他们孜孜不倦地致力于充实其王庭。此外，整整一个半世纪，暹罗未受到西方贸易、政治的干扰。17 世纪末西方贸易、政治运势的彻底转变（而从这方面说，我们也会留意到，半世纪前开拓进取的日本人所遭受的类似际遇），铸就了暹廷和华人坚不可摧的联盟，后者热衷于利禄、功名（封官加爵，位极人臣，富甲一方，名满天下，流芳百世）。

暹廷雇用华商和穆斯林商人做官商由来已久。穆斯林商人是实力雄厚的商业集团，通常专注于经营印度洋和马来半岛地区的贸易，然而到了 17 世纪，他们已经衰落。其竞争者华商，在贸易知识、组织及王室支持方面都更胜一筹，遂接棒成为暹罗独一无二的贸易集团。

因此，华人与暹罗统治阶级（贵族、官僚和廷臣）之间相互依存关系的存在，可归因于实用主义态度，暹王寻求华人之效力便可证明这一点。华人经营的海上贸易成为大部分时期国家财政收入的一种重要来源。财政收入不但来源于直接销售王室帆船所运载货物的获利，而且源自税收及相关产业（如造船业）的收益。然而，"消极"影响逐渐从这种制度中浮现出来。在某种程度上，华人的专营说明别无其他充满活力的模式可供选择，且不利于本地贸易的发展。暹罗统治者出于安全考量，一般劝阻其子民经营船只，前往海外贸易。基于此，华人对贸易的垄断颇受暹廷青睐、欢迎。尽管大量华人及其后代终究会逐渐同化于暹罗社会，但值得注意的是，同化进程对他们的影响越深，他们就越游离于与帆船贸易直接相关的活动之外。故而，参与帆船贸易者似乎大多是说中文比暹文更多、更习惯，也更认同中华文化的某些华人。华人后代中，认同暹罗文化者，常常在正式的官僚机构中谋一差事；而坚持华人认同者，则倾向于从事贸易活动。

到目前为止，学界对朝贡贸易实际作用的研究可谓凤毛麟角，尽管对朝贡运行的讨论已较为深入。从某种意义上来说，在阐明藩属国利用朝贡贸易获利之驾轻就熟方面，暹罗的实例堪称典范。因而，压舱货物免税、贡船一抵港口货物就直接发卖、一个使团4次航行的借口都是暹罗人用以获取贸易收益的手段而已。为此，清廷常大发雷霆，但他们对暹罗人极其宽厚仁慈。当然，随后暹方从未表明与遣使背后主要动机有关的任何要求，且十分感激、重视随遣使而来的贸易机会，而这些机会本质上正是"遇事之贡"的意义所在。

中国和暹罗贸易定位的相辅相成特征，也与华人涌入暹罗息息相关。17世纪，华人移民为数甚少；19世纪初，已增至数十万。如果说华人移民是帆船贸易的后续产物，那么它反过来促进了后者的发展。这种促进效果通过以下方式实现：第一，华人移民成为两国贸易"货"运的关键元素（特别在郑信时期之后）；第二，经由大量增加的货物，尤其是随之而来的暹罗田园经济的开发，及相关日用品的进口，华人移民有助于推动贸易的发展。移民活动直接扩大了帆船队的规模，增加了可用劳动力的数量。此外，华人移民将暹罗社会向货币经济推进了一步，因它对按工计酬劳工的增加和传统徭役的减少都有直接贡献（毫无疑问，徭役一直被视为暹罗社会总体经济资产的重要组成部分；在农业、封建社会背景中，它仍旧是计算财富、决定地位的一种方式）。这些都有助于暹罗本土社会应对 19 世纪中期西方人武力敲开国门所引发的变局。

我们在此讨论的该时期中暹贸易的研究，还须充分考虑私人贸易层面。就暹罗而论，私人贸易在朝贡贸易的保护性架构中进行。官商经营暹王贸易的同时，也开展自己的贸易。所以，暹王的贸易乃是一种有特权的私人贸易。这些人获准派所属若干船只，跟随贡船驶往广州（郑信所遣 1781 年使团是最让人信服的证明），或携带自己、国王的货物，前往广东、福建、浙江贸易。暹廷也给一些商船颁发执照，以便其赴华贸易，尤其在 1750 年代后，每年广州的夏季贸易获准时更是如此。这些形形色色的私人贸易昭示了华人为暹廷效力的动机所在，但它们实际上使华商和廷臣、官吏受益。除了直接拥有船只运载货物的销售权利，华商在暹罗建造的所有船只，统治阶级都是其庇护者，他们享受着由此带来的好处。

许多因素导致了中国商人从事的私人贸易发生波动，不过清廷制定的政策对其影响特别大。虽然广州是朝贡贸易的中心，且在某种程度上也是 17 世纪下半叶部分私人贸易的中心，但直到 1757 年，中国不少私人贸易都与厦门地区有关。闽南人有与暹罗及其他东南亚地区贸易的悠久传统，而 1727 ~ 1757 年 30 年间，他们是独占鳌头的内地商人，尽管广州在地理（邻近帆船贸易地区，且位置适中）、结构（官僚体制和完善的市场）因素更占优势。

众所周知，闽南商人也前往广东、浙江，进而与东南亚、日本和西方商人贸易。厦门因 1757 年乾隆帝的谕令而黯然失色，中国对暹贸易的中心遂转至广东东北部的潮州，而非广州或宁波。潮州人夺取了中暹贸易里闽南人长期享有的显赫地位，部分原因在于一名潮州人（即郑信）登上了暹罗王位。19世纪初期数十年，潮州船执暹罗贸易之牛耳，定期北上、南下中国沿海运送暹罗物产（最北至上海）。它们的贸易事业得到潮州移民的大力帮助，他们在暹罗发展田园经济，以供给海上贸易。19世纪后，海南人也加入了中暹贸易的行列，不过其活动实难与潮州人匹敌。

值得一提的是，宁波商人在对暹贸易中占有一席之地。17世纪末，他们与福建水手一起进行中日暹三角贸易，它是对当时中暹直接贸易的补充。他们通常驶往暹南港口，且似乎主要专注于采购与长崎贸易的货物。18世纪后，他们的作用减弱。

在暹廷财务部中，港务厅居于主体地位。许多华人经由它得以在暹罗官僚等级制中加官晋爵。在中国东南，总督、巡抚、海关监督及布政使衙门都在贸易往来过程中发挥重要的作用——玩忽职守、贪污腐败亦然。商业的实际运作掌握在有组织的商人行会手中。在厦门，洋行管理港内的暹罗贸易，并通过连环保制度参与本地商人的对暹贸易。厦门的商人行会似乎主要经营与东南亚的贸易。另外，广州的行会似乎规模更大、数量更多。18世纪，我们发现行会组织向越发紧密、专门的结构转变。在其内部，主体洋行经营西方贸易，同时另有一个总行经营中暹贸易。但厦门、广州的这些正规商人行会在面对地方官的敲诈勒索，及闲杂人等进行的秘密贸易时，经常无能为力，他们自身也骄奢淫逸，故而常面临破产困境。17世纪，贸易的特点是买卖经由正规渠道进行，但到了19世纪初，随着清廷的衰落及行会的奄奄一息（与中暹贸易相关者），私人或不太规范的贸易似乎繁荣起来。然而在这一时期，留暹潮州商人经营大量中暹贸易，故这一贸易的重点已转向暹方。

若要选出对中暹贸易贡献最大的产品，则非暹罗大米莫属。从 1710 年代开始，大米贸易逐渐发展起来，其对中暹两国的重要性也日益凸显。中国东南粮食短缺严重（主要是人口显著增长、农作物歉收及自然灾害所致），这第一次激发了清廷对大量进口暹米的兴趣。在此之前，暹罗所产大米主要供本地食用，只是偶尔运往南洋群岛、日本。中国需求的骤增使得米价腾贵，大米遂成为有吸引力的出口货，而这刺激了大规模生产，且转而使之变成对外贸易的值钱货。到 1700 年代初，华商已确立在暹罗对外贸易中的主导地位。他们由此顺理成章地掌控了对华大米出口，即使他们并未直接投身水稻种植，这是暹罗本地人的传统营生。1720 年代到 1750 年代，大米出口实乃暹罗首屈一指的外汇收入来源，且促进了当地造船业的发展。造船日渐成为暹罗的基础产业，为 19 世纪中暹帆船贸易的进一步发展创造了条件。

中国对暹米的需求是促使清廷在 1720 年代最终废除第二次对东南亚海禁的主要因素。清廷的改弦更张及随后对内地商人大量进口暹米的鼓励，保证了一段时期中暹贸易的蓬勃发展。1760 年代闽南人摒弃了大米贸易的领导权之后，部分因官府制定的议叙之例，澄海人取而代之。自此开始，澄海商人在中暹贸易中的运势便已确定。

考虑到进口暹米的重要性，对暹罗频繁雇用华人经营朝贡贸易之举，清廷展现出非同寻常的宽容。直到 19 世纪初，清廷认为暹罗人的"滥用"之举已过了头（几乎越礼犯分），才最终明令禁止。不过，这些谕令的有效性值得怀疑。

暹米出口中国也给中暹贸易增添了一个重要维度。此前，仅供中国上层社会享用的贵重"奢侈品"一直是两国贸易的主要货物。大米则是一种惠及普通民众的商品。或可言之，大米对便利更多民间日用品的流通功不可没，而这些日用品逐渐占据了中暹贸易的中心地位。最后，暹罗盛产大米的潜力吸引了大量华人移徙而来；而经由田园经济和其他形式的国内开发，这转而为 19 世纪暹罗经济的加速发展奠定了基础。

当然，就中暹贸易潜在、真正的利润率而言，因缺乏充足的实证数据，我们难以对其进行量化。然而在描述性研究方法中，认定暹方以"周转"方式（亦即买卖商品的次数等）获利是可行的。通过担保几乎每一次买卖，潜在风险（如台风、海盗劫掠）似乎可与潜在收益相抵。由于华商擅长捕捉具体的市场需求，因此王室船只运载的货物非常畅销，且无论暹罗人运来何物进行朝贡贸易，清廷大多允准其卸货。朝贡体系之外的贸易也似乎有一定程度的担保。在占主导地位的物物交易制度中，无论暹罗人卖什么，他们都能收到以实物支付的全款，就像官府担保一样，因此违约的可能性很小，风险因素随之减少。此外，暹罗对华帆船贸易急剧增长（尤其是郑信时期之后），主要原因在于清廷给予税收特惠。中国商品是暹罗市场上的抢手货，利润常常超过 100%。不过，19 世纪初期，暹罗进口中国银条用于铸造钱币，部分抵消了其贸易顺差。由此可见，暹罗似乎一直保持着有利的贸易平衡。

中国人从大米贸易中获利并不少。我们已注意到大米赈济的影响，18 世纪初期数十年更是如此。尽管大米通常并不像其他商品（尤其是舶来品如燕窝、犀角）那样，可售得丰厚利润（数量对比），但越来越多的内地商人经营大米贸易。似有迹象表明一种更大的可能性，尤其对漳州、泉州等沿海地区以海上贸易为生的民众而言，大米贸易可以带来可观的利润。但是，一直获得大量贸易红利的利益集团，或许正是直接负责管理对外贸易的闽粤地方官。他们借掌控官僚体制之便，经常肆无忌惮地对商人进行敲诈勒索，这种陋习沿袭已久。清廷几乎从未直接惩治此类贪污腐败，毕竟朝中大臣本身每年都会收到地方官贿赂的"孝敬钱"。地方官确实不容忽视，因为他们代表皇帝监管贸易事务，而皇帝远在京城。是故，对朝廷决策而言，他们的意见至关重要。

从1781年郑信遣使一事中，我们可以清楚地看到地方官权力所能发挥的作用。郑信对广州地方官的敲诈勒索颇有微词，但两广总督巴延三未上奏清廷。不仅如此，乾隆帝在某些问题上并未恩准暹罗之请，这明显也受到总督草拟奏折方式的影响。此例证表明了与地方官进行合作的重要性，此乃成功的不二法门。然而在多数情况下，暹罗人似已知悉朝贡制度运作之道，而这反过来彰显了他们满足自身商业利益的能力。或许可以说，海外贸易基本上仅直接影响城市地区，如以农业为主的大城，及本地贸易中心北大年、曼谷等，而远离海外贸易的地区则无关紧要。不过，在增强统治阶级及影响暹罗命运之人的实力方面，对外贸易发挥着重要作用。此外，相对暹罗全国的经济生产而言，对外贸易占比较小，但它在整个货币交易中占有重要地位。

中暹贸易对暹罗的影响，最主要表现在大城陷落后国家的迅速恢复，及曼谷王朝最初数王统治下的国家发展，这与不断增长的对华帆船贸易（曼谷由此成为中国本土外的主要帆船港）直接相关。在阿瑜陀耶王朝覆灭后的岁月中，帆船贸易成为保证暹罗国家收入的快速、便捷之法。国王把从中获得的利润作为俸禄、赏赐，大部分发放给各部官吏及王公贵族。华人在王室贸易和暹廷上下日益增强的存在感也强化了这一论断：若国家经济等同于国王、朝廷之贸易，那我们就可以理直气壮地说，华人的影响无处不在。拉玛四世后来声称，清廷随意推行的各种限制之策已使暹廷处于不利境地，但这种指责或许是对其弱化中暹贸易，且将注意力转向发展对西方贸易之决定的一种辩解。

我们还应留意到17世纪后期暹罗、日本、中国之间三角贸易的重要性。在促进仍处起步阶段的中暹贸易（以第一次海禁的强力实施为标志）发展方面，三角贸易一度发挥了重要的作用。华人以私人身份效力于暹廷，他们将兽皮及其他货物运至长崎，并载回暹罗人梦寐以求的红铜、珠贝、漆器、屏风，途中也与中国港口进行贸易。这种贸易对推动中暹之间的直接交往厥功至伟。宁波船、厦门船也造访暹南的北大年、宋卡、洛坤。因此，从某种程度上来说，这三个港口的国际港地位得益于三角贸易。闽南人主要留居暹南，其中原因即在此。

19世纪，中暹贸易的发展也带动了暹罗与其东南亚邻近地区之间的贸易往来。这一贸易由暹罗华人专门经营。

中暹帆船贸易是19世纪西方向东亚殖民扩张的直接受害者。因为这一贸易繁荣兴旺于中暹双方"封闭"的制度中，所以当西方以遵守条约义务为由，不断施压以推进贸易自由、开放时，中暹帆船贸易变得落伍过时。优良的西式船只加速了帆船的衰落，它们的到来直接导致中国东南沿海大港的开埠（可以进出大型船只），小型帆船此前经常造访的小港随之衰落。但是，我们可以说，帆船贸易是西方海洋帝国主义最终殖民扩张的动力所在；或可进一步说，西方经济活动为东南亚经济资源的开发带来许多益处的同时，也引起当地社会严重的社会、经济混乱（例如，廉价、批量生产的商品充斥市场，危及本地家庭手工业）。另外，帆船贸易可以在规避不利影响的情况下发展东南亚市场，事实上实现互惠互利。

但是，帆船贸易的衰落并不意味着华人在暹罗经济中的影响力随之衰退。前人指出，暹罗之所以免于西方的政治、经济侵略，实因华人的贸易地位（通过与暹廷建立互利共生关系得以保证）。实际上，在随后的各个时期，西方商人虽有条约制度下得来不易的自由贸易权利，却仍然不能从经济上取代华人，因为华人适应了新的经济形势，并力求在自由贸易条件下尽可能多地获益。

暹廷对外贸的传统认知是，自由贸易对健全的朝廷财库并无裨益。为增加财政收入，暹廷深感必须直接参与贸易。同理，朝中大小官员的收入随王库一年一变，故暹廷也鼓励他们经营贸易，开辟财源。

19 世纪，帆船贸易的不确定性逐渐增加。有鉴于此，同时因西方施压要求自由贸易，且王室贸易垄断的收入不断减少，故拉玛三世及随后的拉玛四世越来越倚赖包税制，将其作为国家创收的新方式。事实证明，它所增加的国家收入常常可以预见。1850 年代，暹罗被迫接受自由贸易条款，并打开国门进行贸易。其时，国家主导式贸易所带来的收入大幅减少，故而在拉玛四世朝廷看来，增加包税数量实有必要。此举增强了华人及其秘密会党的实力。或可认为，暹廷对包税制的依赖，是以国家干预经济发展理念为基础的传统模式的延续，有点像以往贸易垄断本身的重商主义取向。

中暹帆船贸易的进程与两国朝贡关系的发展并行不悖。1652 年，那莱王首次遣使进贡清廷，两国贸易正式开始。1853 年朝贡使团中断后，帆船贸易的衰落已显而易见。在这两个世纪中，朝贡与贸易相辅相成，而中暹帆船贸易的命运起落无常，塑造了暹罗的经济结构。现如今，我们仍可在泰国感知这一经济力量影响之所及。

# 参考文献

## 资　料

陈鸿墀、梁廷枏等纂修《广东海防汇览》，道光十八年刻本。

陈伦炯：《海国闻见录》，乾隆五十八年刻本。

《筹办夷务始末》，抄本，故宫博物院，1930。

道光《重纂福建通志》，同治十年重刊本，华文书局1968年影印本。

道光《广东通志》，同治三年重刊本。

道光《广东通志》，中华丛书编审委员会1959年影印本。

道光《厦门志》，道光十九年刻本。

道光《厦门志》，台湾银行经济研究室编辑、标点，《台湾文献丛刊》第95种，台湾银行，1961。

鄂尔泰、张廷玉编《雍正朱批谕旨》，乾隆三年内府活字朱墨套印本。

《福建省例》，台湾银行经济研究室编辑、标点，《台湾文献丛刊》第199种，台湾银行，1964。

《高宗纯皇帝圣训》，《大清十朝圣训》，文海出版社，1965。

《高宗实录》，《大清历朝实录》，东京大藏出版株式会社1937年影印本。

故宫博物院辑《清代外交史料》，成文出版社 1968 年影印本。

故宫博物院编《史料旬刊》，故宫博物院文献馆，1930～1931。

故宫博物院编《文献丛编》，国风出版社 1964 年影印本。

光绪《钦定大清会典事例》，光绪二十五年石印本。

光绪《漳州府志》，台北 1964 年影印本。

光绪《漳浦县志》，光绪十一年刻本，哈佛－燕京图书馆藏。

黄叔璥：《台海使槎录》，台湾银行经济研究室编辑、标点，《台湾文献丛刊》第 4 种，台湾银行，1957。

嘉庆《钦定大清会典》，嘉庆二十三年刻本。

嘉庆《同安县志》，嘉庆四年刻本。

蓝鼎元：《鹿洲初集》，雍正十年刻本。

李基宪：《燕行日记》，《燕行录选集》下卷，成均馆大学校大东文化研究院 1962 年影印本。

李增阶：《外海纪要》，陈坤辑《如不及斋会钞·从政绪余录》，光绪九年刻本。

梁寄凡：《馆史》，《泰国海南会馆新厦落成纪念特刊》，泰国海南会馆，1958。

梁廷枏：《粤海关志》，道光粤东省城龙藏街业文堂承刊本。

梁廷枏：《暹罗国》，《海国四说·粤道贡国说》卷 1、2，《中华文史丛书》第 7 辑第 58 册，华文书局 1968 年影印本。

刘建韶：《福建通志政事略》，日期不详，哈佛－燕京图书馆藏稿本。

民国《潮州志稿》，饶宗颐编集《潮州志汇编》，龙门书店，1965。

《明清史料·甲编》第 7 本，国立中央研究院历史语言研究所，1930。

《明清史料·己编》第 7 本，中研院历史语言研究所，1957。

《明清史料·庚编》，中研院历史语言研究所，1960。

拍因蒙提：《泰国最后一次入贡中国纪录书》，棠花译，《中原月刊》创刊号，1941 年 1 月 30 日。

乾隆《广州府志》，乾隆二十三年刻本。

乾隆《南澳志》，乾隆四十八年刻本。

乾隆《续修台湾府志》，台湾银行经济研究室编辑、标点，《台湾文献丛刊》第121种，台湾银行，1962。

《钦定大南会典事例》，东京，1962。

清史馆编《清史列传》，中华书局，1928。

屈大均：《广东新语》，康熙三十九年木天阁刻本。

《仁宗实录》，《大清历朝实录》，东京大藏出版株式会社1937年影印本。

《圣祖实录》，《大清历朝实录》，东京大藏出版株式会社1937年影印本。

《世宗实录》，《大清历朝实录》，东京大藏出版株式会社1937年影印本。

宋福玩、杨文珠辑《暹罗国路程集录》，香港中文大学新亚书院研究所，1966。

苏清淮：《福建沧桑史话》，《泰国福建会馆成立五十周年暨新址落成纪念特刊》，曼谷，1961。

《泰国福建会馆成立五十周年暨新址落成纪念特刊》，曼谷，1961。

王锡祺辑《小方壶斋舆地丛钞》，光绪十七、二十、二十三年上海著易堂印本。

王庆云：《石渠余纪》，光绪十六年龙璋刻本。

王先谦：《东华录》，宣统三年上海存古斋铅印本。

王之春：《国朝柔远记》，光绪二十二年湖北书局重刊本。

魏源：《海国图志》，光绪二年平庆泾固道署重刊本。

吴迪：《吞武里皇朝史》，陈礼颂译，《中原月刊》第1卷第8期，1941年8月31日。

向达校注《两种海道针经》，中华书局，1961。

萧载儒：《本会会史》，《泰国华侨客属总会三十周年纪念特刊》，泰国华侨客属总会，1958。

谢清高：《海录》，道光二十二年刻本。

徐继畬：《瀛寰志略》，同治癸酉掞云楼校刊本。

《宣宗实录》，《大清历朝实录》，东京大藏出版株式会社 1937年影印本。

杨汉铮：《近百年来暹罗米业概述》，《暹京米商公所卅周年纪念刊》，曼谷，1949。

印光任、张汝霖：《澳门纪略》，嘉庆五年重刊本，成文出版社1968 年影印本。

张登桂等：《大南实录正编》，庆应义塾大学语言文化研究所1963～1981 影印本。

赵尔巽等：《清史稿》，联合书店，1942。

Savary des Bruslons, Jacques and Philemon Louis Savary 著、宫崎市定訳「清初廣東貿易に關する一資料」『東亞經濟研究』第25 卷第 6 号、1941 年 11 月 20 日。

金澤兼光編集『和漢船用集』三枝博音編『日本科学古典全書』第 12 卷第 3 部、朝日新聞社、1943。

林春勝・林信篤編、浦廉一解説『華夷變態』東洋文庫、1958－1959。

西川求林齋『增補華夷通商考』滝本誠一編『日本經濟大典』卷 4、史誌出版社、1928。

早川純三郎『通航一覽』國書刊行會、1912。

จดหมายเหตุกรุงรัตนโกสินทร์รัชกาลที่หนึ่ง. กรุงเทพฯ, ฉบับห้องสมุดแห่งชาติเขียนหนังสือ.

《拉达纳哥信王朝（曼谷王朝）一世王史料汇编》，曼谷，国家图书馆写本部。①

---

① 泰语文献附上了中文翻译，王杨红译。——编者注

จดหมายเหตุรุงรัตนโกสินทร์รัชกาลที่สอง. กรุงเทพฯ, ฉบับห้องสมุดแห่งชาติเขียนหนังสือ.

《拉达纳哥信王朝（曼谷王朝）二世王史料汇编》，曼谷，国家
　图书馆写本部。

จดหมายเหตุกรุงรัตนโกสินทร์รัชกาลที่สาม. กรุงเทพฯ, ฉบับห้องสมุดแห่งชาติเขียนหนังสือ.

《拉达纳哥信王朝（曼谷王朝）三世王史料汇编》，曼谷，国家
　图书馆写本部。

จดหมายเหตุกรุงรัตนโกสินทร์รัชกาลที่สี่. กรุงเทพฯ, ฉบับห้องสมุดแห่งชาติเขียนหนังสือ.

《拉达纳哥信王朝（曼谷王朝）四世王史料汇编》，曼谷，国家
　图书馆写本部。

จดหมายเหตุมิชชันนารีอเมริกัน, ประชุมพงศาวดารฉบับห้องสมุดแห่งชาติ. ตอน
　31, ฉบับ 7, กรุงเทพฯ, ค. ศ. 1964.

《美国传教士史料汇编》，国家图书馆编《诸王系年要录》第 31
　辑第 7 卷，曼谷，1964。

จดหมายเหตุแผ่นดินสมเด็จพระนารายณ์มหาราช.ประชุมพงศาวดารฉบับห้องสมุดแ
　ห่งชาติ. ตอน 18, ฉบับ 5.

《那莱王史料汇编》，《诸王系年要录》第 18 辑第 5 卷。

จดหมายเหตุรายวันทัพสมัยกรุงธนบุรี. ประชุมพงศาวดารฉบับห้องสมุดแห่งชาติ.
　ตอน 65−66. กรุงเทพฯ, ค. ศ. 1969.

《吞武里王朝的战事》，《诸王系年要录》第 65 ~ 66 辑，曼
　谷，1969。

จุลจอมเกล้า. พระราชชีวจารณ์. กรุงเทพฯ, ค. ศ. 1908.

朱拉宗告王（拉玛五世或朱拉隆功）主编《帕拉查维作》，曼
　谷，1908。

กฤตศนานที, กุหลวบ. มหามุขมาตยานุกุลางศ์. กรุงเทพฯ, ค. ศ. 1905.

库拉·吉萨纳侬:《暹罗诸贵族世系》，曼谷，1905。

Rajanubhab, Damrong Files, ฉบับห้องสมุดแห่งชาติเขียนหนังสือ, กรุงเทพฯ.

丹隆·拉查努帕卷宗，国家图书馆写本部，曼谷。

ราชานุภาพ, กรมพระยาดำรง. ตำนานภาษีอากรยางอย่างกับคำอธิบาย.สัทธิธรรม
เนียมต่างๆ 16 , กรุงเทพฯ, ค. ศ. 1930.

丹隆·拉查努帕亲王：《税收及其评论史话》，《关税与思想》
第 16 期，曼谷，1930。

ราชานุภาพ, กรมพระยาดำรง. ตำนานเงินตรา. กรุงเทพฯ, ค. ศ. 1933.

丹隆·拉查努帕亲王：《泰国货币史话》，曼谷，1933。

ราชานุภาพ, กรมพระยาดำรง. นิทานโบราณคดี. กรุงเทพฯ, ค. ศ. 1968.

丹隆·拉查努帕亲王：《古典故事集》，曼谷，1968。

ราชานุภาพ, กรมพระยาดำรง. พระราชพงศธรฉบับพระราชหัตถเลขา. ฉบับ 2.
กรุงเทพฯ, ค. ศ. 1952.

丹隆·拉查努帕亲王主编《帕拉查·哈叻卡版王朝编年史》，2
卷，曼谷，1952。

ราชานุภาพ, กรมพระยาดำรง. ตำนานการเลิกบ่อนเบี้ยและการเลิกหวย.ประชุมพงศาวดารฉบับห้อ
งสมุดแห่งชาติ. กรุงเทพฯ, ค. ศ. 1964.

丹隆·拉查努帕亲王：《赌博与彩票包税废除史话》，《诸王系
年要录》，曼谷，1964。

ราชานุภาพ, กรมพระยาดำรง. ตำนานเมืองระนอง. ประชุมพงศาวดารฉบับห้องส
มุดแห่งชาติ. ตอน 50, ฉบับ 12 กรุงเทพฯ, ค. ศ. 1970.

丹隆·拉查努帕亲王辑《拉廊府史话》，《诸王系年要录》第 50
辑第 12 卷，曼谷，1970。

ศุภอักษรจงตึกมูอี้ถึงเจ้าพระยาพระคลังครั้งที่สี่. Damrong Rajanubhab Files.

《两广总督致披耶帕朗的四封公函》，丹隆·拉查努帕卷宗。

ทิพกาวงศก, เจ้าพระยา. พระราชพงศาวดารกรุงรัตนโกสินทร์รัชกาลที่หนึ่งรัชกาลที่สองฉบับหอสมุดแ
ห่งชาติ. กรุงเทพฯ, ค. ศ. 1962.

昭披耶提帕功翁：《国家图书馆版拉玛一世、二世王编年史》，
曼谷，1962。

ราชานุภาพ, กรมพระยาดำรง. รื่องอังกฤษเข้ามาขอทำสัญญากลางรัชกาลทีสอง. ประชุมพงศาวดารฉบับห้อง
สมุ ดแห่งชาติ. ตอน 55, ฉบับ 12, กรุงเทพฯ, ค.ศ. 1971, หน้า178–180.

丹隆·拉查努帕亲王:《拉玛二世中期英人要求订约考》,《诸
王系年要录》第 55 辑第 12 卷,曼谷,1971,第 178 ~
180 页。

White, George. เรื่องจดหมายเหตุในแผ่นดินสมเด็จพระรายณ์มหาราช. ประชุมพงศาวดารฉบับห้อ
งสมุดแห่งชาติ. ตอน 18, ฉบับ 5, กรุงเทพฯ, ค.ศ. 1964.

乔治·怀特:《那莱王遣使考》,丹隆·拉查努帕亲王译,《诸
王系年要录》第 18 辑第 5 卷,曼谷,1964。

"A Dissertation upon the Commerce of China" (written circa
1838), in Rhoads Murphey, ed. , Nineteenth Century China: Five
Imperialist Perspectives. Ann Arbor: Center for Chinese Studies,
The University of Michigan, 1972, pp. 25 –44.

Anderson, John. English Intercourse with Siam in the Seventeenth
Century. London: Kegan Paul, Trench, Trübner, & Co. ,
Ltd. , 1890.

Bacon, George B. . Siam: The Land of the White Elephant as It Was
and Is. New York: Charles Scribner's Sons, 1881.

Bowring, Sir John. The Kingdom and People of Siam. Oxford in Asia
History Reprints, 2 vols. . London: Oxford University Press,
1969 (originally published by London: John W. Parker and Son,
West Strand, 1857) .

Bruguière, M. . "Notices of the Religion, Manners, and Customs
of the Siamese," English tr. , The Chinese Repository, Vol. 13,
No. 4 (April 1844), pp. 169 –217.

Brunnert, H. S. , and V. V. Hagelstrom. Present Day Political
Organization of China, tr. A. Beltchenko and E. E. Moran, Taipei,

n. d. （originally published by Shanghai, Hongkong, Singapore and Yokohama: Kelly and Walsh, Limited, 1912）.

Buckley, Charles Burton. *An Anecdotal History of Old Times in Singapore*, 2 vols. . Singapore: Fraser & Neave, Limited, 1902.

Burney, Captain Henry. *The Burney Papers*, 5 vols. . Bangkok: The Vajirañāna National Library, 1910 – 1914.

Caron, François, and Joost Schouten. *A True Description of the Mighty Kingdoms of Japan and Siam*, reprinted from the English edition of 1663 with Introduction, Notes, and Appendixes by C. R. Boxer. London: The Argonaut Press, 1935.

Crawfurd, John. *History of the Indian Archipelago*, 3 vols. . Edinburgh: Archibald Constable and Co. , London: Hurst, Robinson, and Co. , 1820.

Crawfurd, John. *Journal of an Embassy from the Governor – General of India to the Court of Siam and Cochin China*, 2nd ed. , 2 vols. . London: Henry Colburn and Richard Bentley, 1830.

Crawfurd, John. *The Crawfurd Papers, A Collection of Official Records relating to the Mission of Dr. John Crawfurd Sent to Siam by the Government of India in the Year 1821.* printed by order of the Vajirañāna National Library, Bangkok, 1915.

De la Loubère, Simon. *A New Historical Relation of the Kingdom of Siam.* Oxford in Asia History Reprints, 2 vols. . Kuala Lumpur: Oxford University Press, 1969 （originally published by London: F. L. , 1693）.

Earl, George Windsor. *The Eastern Seas, or Voyages and Adventures in the Indian Archipelago in 1832 – 33 – 34.* London: Wm. H. Allen and Co. , 1837.

Finlayson, George. *The Mission to Siam, and Hué, the Capital of Cochin China, in the Years 1821 - 2.* London: John Murray, 1826.

Fortune, Robert. *Three Years' Wanderings in the Northern Provinces of China, including a Visit to the Tea, Silk, and Cotton Countries.* London: John Murray, 1847.

Fu, Lo - shu. comp. , tr. and anno. , *A Documentary Chronicle of Sino - Western Relations ( 1644 - 1820)*, 2 parts. Tucson: The University of Arizona Press, 1966.

Graham, W. A.. *Siam*, 3rd ed. , 2 vols. . London: Alexander Moring Limited, The De la More Press, 1924.

Gutzlaff, Charles. *Journal of Three Voyages along the Coast of China, in 1831, 1832, & 1833, with Notices of Siam, Corea, and the Loo - choo Islands.* London: Frederick Westley and A. H. Davis, 1834.

Haas, Joseph. "Siamese Coinage," *Journal of the North - China Branch of the Royal Asiatic Society*, New Series, Vol. 14 ( 1879 ), pp. 35 - 64.

Hamilton, Captain Alexander. *A New Account of the East Indies*, 2 vols. . London: C. Hitch and A. Millar, 1744.

Harris, Townsend. *The Complete Journal of Townsend Harris, First American Consul General and Minister to Japan.* Garden City, NY: Doubleday, Doran & Company, Inc. , 1930.

Hughes, George. *Amoy and the Surrounding Districts: Compiled from Chinese and Other Records.* Hongkong: De Souza & Co. , 1872.

Hummel, Arthur W. . ed. , *Eminent Chinese of the Ch'ing Period ( 1644 - 1912 )*, 2 vols. . Washington, D. C. : United States Government Printing Office, 1943.

Hunter, William C. . *The "Fan Kwae" at Canton before Treaty Days*

*1825 - 1844*, 2nd ed. . Shanghai, Hongkong, Singapore and Yokohama: Kelly and Walsh, Limited, 1911.

"Import of Rice," *The Asiatic Journal and Monthly Register for British India and Its Dependencies*, Vol. 21, No. 122 ( February 1826 ), pp. 242 - 243.

"The Island of Hainan," *The Asiatic Journal and Monthly Register for British India and Its Dependencies*, Vol. 21, No. 121 ( February 1826 ), pp. 15 - 16.

Koenig, J. G. . "Journal of a Voyage from India to Siam and Malacca in 1779," tr. from his ms. in the British Museum, *Journal of the Straits Branch of the Royal Asiatic Society*, Vol. 26 ( January 1894 ), pp. 58 - 201.

Launay, Adrien. *Histoire de la mission de Siam*, *1662 - 1811*, 4 vols. . Paris: P. Tégui, 1920.

Light, Francis. "A Letter from Captain Light to Lord Cornwallis, dated 20th June, 1788," *Journal of the Malayan Branch of the Royal Asiatic Society*, Vol. 16, Part 1 ( July 1938 ), pp. 115 - 122.

MacGowan, D. J. . "Chinese Guilds or Chambers of Commerce and Trades Unions," *Journal of the China Branch of the Royal Asiatic Society*, New Series, Vol. 21, Nos. 3 & 4 ( March 1887 ), pp. 133 - 192.

Malcom, Howard. *Travels in South - Eastern Asia, Embracing Hindustan, Malaya, Siam, and China*, 2 vols. . Boston: Gould, Kendall, and Lincoln, 1839.

Malloch, D. E. . *Siam: Some General Remarks on Its Productions*. Calcutta: J. Thomas at the Baptist Mission Press, 1852.

Matheson, James. *The Present Position and Prospects of the British Trade with China*. London: Smith, Elder and Co. , 1836.

Milburn, William. *Oriental Commerce; Containing a Geographical Description of the Principal Places in the East Indies, China, and Japan*, 2 vols. . London: Black, Parry, & Co. , 1813.

Morrison, John Robert. *A Chinese Commercial Guide, Consisting of a Collection of Details and Regulations Respecting Foreign Trade in China*, 1st ed. . Canton: The Albion Press, 1834; 3rd ed. . Canton: The Office of the Chinese Repository, 1848.

Morse, Hosea Ballou. *The Chronicles of the East India Company Trading to China, 1635 – 1834*. Oxford at the Clarendon Press, 1926.

Pallegoix, Monsignor Jean – Baptiste. Description du Royaume Thai ou Siam, 2 vols. . London: Gregg International Publishers Ltd. , 1969 ( originally published by Mission de Siam in Paris, 1854 ) .

Pallegoix, Monsignor Jean – Baptiste. เล่าเรื่อง เมืองไทย ( Description du Royaume Thai ou Siam ) , tr. Sunt Komolabut. Bangkok, 1963.

Phipps, John. *A Practical Treatise on the China and Eastern Trade*. London: Wm. H. Allen, and Co. , Calcutta: W. Thacker and Co. , 1836.

Rama Ⅳ. " The Establishments of the Kingdom," tr. S. J. S, *The Siam Repository*, Vol. 1, No. 2 ( April 1869 ) , pp. 66 – 68, 111 – 112.

Roberts, Edmund. *Embassy to the Eastern Courts of Cochin – China, Siam, and Muscat during the Years 1832 – 3 – 4*. New York: Harper & Brothers, 1837.

Ruschenberger, W. S. W. . *A Voyage round the World; including an Embassy to Muscat and Siam, in 1835, 1836, and 1837*. Philadephia: Carey, Lea & Blanchard, 1838.

Satow, E. M.. "Notes on the Intercourse between Japan and Siam in the Seventeenth Century," *Transactions of the Asiatic Society of Japan*, Vol. 13 (1885), pp. 139 – 210.

Savary des Bruslons, Jacques and Philemon Louis Savary. *The Universal Dictionary of Trade and Commerce*, tr. Malachy Postlethwayt. London: John and Paul Knapton, 1751 – 1755.

Siamese Legation in Paris, comps.. *State Papers of the Kingdom of Siam, 1664 – 1886*. London: William Ridgway, 169, Piccadilly, 1886.

Smyth, H. Warington. *Five Years in Siam, from 1891 to 1896*. New York: Charles Scribner's Sons, 1898.

*The Chinese Repository.*

*The Siam Repository.*

Thíphaakorawoŋ, Câwphrajaa. *The Dynastic Chronicles, Bangkok Era: The Fourth Reign, B. E. 2394 – 2411 (A. D. 1851 – 1868)*, tr. by Chadin (Kanjanavanit) Flood, with the assistance of E. Thadeus Flood. Tokyo: The Centre for East Asian Cultural Studies, Vol. 1 – 2: Text, 1965/1966; Vol. 3: Annotations and Commentary, 1967.

Turpin, F. Henri. *History of the Kingdom of Siam and of the Revolutions that Have Caused the Overthrow of the Empire up to A. D. 1770*, tr. by B. O. Cartwright. Bangkok: American Presby Mission Press, 1908 (published originally at Paris in 1771).

Uchida, Naosaku. *The Overseas Chinese: A Bibliographical Essay Based on the Resources of the Hoover Institution*, 2nd printing. Stanford: Hoover Institution on War, Revolution, and War, Stanford University, 1960.

Winterbotham, W.. *An Historical, Geographical, and Philosophical View of the Chinese Empire.* London: The Editor, J. Ridgway, and W. Button, 1795.

Wood, W. A. R.. *A History of Siam, from the Earliest Times to the Year A. D. 1781, with a Supplement Dealing with More Recent Events.* Bangkok: Chalermnit Bookshop, 1959 ( originally published by London: T. Fisher Unwin Ltd. , 1926; 2nd ed. , Bangkok: The Siam Barnakich Press, 1933 ).

# 论　著

包遵彭:《郑和下西洋之宝船考》,"国立"编译馆中华丛书编审委员会,1961。

曹永和:《郑成功之通商贸易》,《郑成功复台三百周年纪念专辑》,海内外郑氏宗亲会,1962。

陈达:《南洋华侨与闽粤社会》,商务印书馆,1938。

陈大端:《雍乾嘉时代的中琉关系》,明华书局,1956。

陈荆和:《清初华舶之长崎贸易及日南航运》,《南洋学报》第13卷第1辑,1957年6月。

陈荆和:《十七世纪之暹罗对外贸易与华侨》,凌纯声等:《中泰文化论集》,"中华文化出版事业委员会",1958。

陈序经:《暹罗与中国》,商务印书馆,1941。

陈育崧:《陈怡老案与清代迁民政策之改变》,《南洋学报》第12卷第1辑,1956年6月。

陈昭南:《雍正乾隆年间的银钱比价变动(一七二三—一七九五)》,中研院经济研究所,1966。

冯柳堂:《中国历代民食政策史》,进学书局1970年影印本。

韩潮:《潮州风物》,香港上海书局,1970。

侯厚培：《五口通商以前我国国际贸易之概况》，《清华学报》第4卷第1期，1927年6月。

黄苇：《上海开埠初期对外贸易研究（1843—1863年）》，上海人民出版社，1961。

李长傅：《中国殖民史》，商务印书馆，1937。

李光涛：《华裔与暹罗》，《民主评论》第8卷第18期，1957年9月20日。

李光涛：《明清两代与暹罗》，凌纯声等：《中泰文化论集》，中华文化出版事业委员会，1958。

李光涛：《记清代的暹罗国表文》，《中央研究院历史语言研究所集刊》第30本下册，1959年10月。

李光涛：《跋乾隆三十一年给暹罗国王敕谕》，《中央研究院历史语言研究所集刊》第39本上册，1969年1月。

梁嘉彬：《论明清广东国际贸易与近代中泰之关系》，凌纯声等：《中泰文化论集》，中华文化出版事业委员会，1958。

梁嘉彬：《广东十三行考：鸦片战前广东国际贸易交通史考》，私立东海大学，1960。

罗尔纲：《太平天国革命前的人口压迫问题》，《中国社会经济史集刊》第8卷第1期，1949年1月。

乃巴差：《曼谷王朝史记：拉玛第二世皇时代》，棠花编译，《中原月刊》第1卷第4期，1941年4月30日。

乃巴差：《曼谷王朝史记：拉玛第三世皇时代》，棠花编译，《中原月刊》第1卷第6期，1941年6月30日。

潘醒农编著《马来亚潮侨通鉴》，南岛出版社，1950。

彭泽益：《清代广东洋行制度的起源》，《历史研究》1957年第1期。

平山周：《中国秘密社会史》，商务印书馆，1932。

清史编纂委员会编纂《清史》，"国防研究院"，1961。

全汉昇：《乾隆十三年的米贵问题》，《中国经济史论丛》第 2
册，香港中文大学新亚书院新亚研究所，1972。

全汉昇：《清朝中叶苏州的米粮贸易》，《中央研究院历史语言
研究所集刊》第 39 本下册，1969 年 10 月。

全汉昇、王业键：《清雍正年间（1723—35）的米价》，《中
央研究院历史语言研究所集刊》第 30 本上册，1959 年
10 月。

全汉昇、王业键：《清代的人口变动》，《中央研究院历史语言
研究所集刊》第 32 本，1961 年 7 月。

田汝康：《再论十七至十九世纪中叶中国帆船业的发展》，《历
史研究》1957 年第 12 期。

田汝康：《17—19 世纪中叶中国帆船在东南亚洲》，上海人民出
版社，1957。

田汝康：《十五至十八世纪中国海外贸易发展缓慢的原因》，
《新建设》1964 年第 8、9 期合刊。

汪杼庵：《十三行与屈大均广州竹枝词》，《历史研究》1957 年
第 6 期。

王赓武：《南洋华人简史》，水牛图书出版公司，1969。

王世庆：《清代台湾的米产与外销》，《台湾文献》第 9 卷第 1
期，1958 年 3 月。

王孝通：《中国商业史》，台湾商务印书馆，1965。

温雄飞：《南洋华侨通史》，东方印书馆，1929。

吴晗：《书籍评论：广东十三行考》，《中国社会经济史集刊》
第 6 卷第 1 期，1939 年 6 月。

武堉干：《中国国际贸易史》，商务印书馆，1928。

萧一山：《清代通史》，台湾商务印书馆，1962。

谢犹荣：《新编暹罗国志》，译报社，1953。

许云樵：《郑昭贡使入朝中国纪行诗译注》，《南洋学报》第 1
　　卷第 2 辑，1940 年 12 月。

许云樵：《北大年史》，南洋编译所，1946。

许云樵：《中暹通使考》，《南洋学报》第 3 卷第 1 辑，1946 年
　　9 月。

许云樵：《郑昭入贡清廷考》，《南洋学报》第 7 卷第 1 辑，
　　1951 年 6 月。

曾建屏：《泰国华侨经济》，海外出版社，1956。

张德昌：《清代鸦片战争前之中西沿海通商》，《清华学报》第
　　10 卷第 1 期，1935 年 1 月。

郑林宽：《福建华侨汇款》，福建调查统计丛书之一，福建省政
　　府秘书处统计室，1940。

庄为玑等：《福建晋江专区华侨史调查报告》，《厦门大学学报》
　　1958 年第 1 期。

安部健夫「米穀需給の研究—『雍正史』の一章としてみた」
　　『東洋史研究』第 15 卷第 4 号、1957 年 3 月 31 日。

『長崎市史』清文堂出版、1938。

成田節男「泰國華僑と米」『東亞論叢』第 4 輯、1941 年 4 月。

成田節男『華僑史』螢雪書院、1941。

稲葉岩吉「清代の廣東貿易」（一）（二）（三）（四）『東亞經
　　濟研究』第 4 卷第 2、3、4 号、第 5 卷第 1 号、1920 年 4、
　　7、10 月、1921 年 1 月。

福田省三『華僑經濟論』巖松堂書店、1942。

岡本隆三『華僑王国：東南アジアの実力者の内幕』講談
　　社、1966。

高崎美佐子「十八世紀における清タイ交渉史 – 暹羅米貿易の考察を中心として」『お茶の水史学』第 10 号、1967 年 12 月 15 日。

根岸佶『支那ギルドの研究』斯文書院、1932。

根岸佶『合股の研究』東亞研究所、1943。

根岸佶『中国のギルド』日本評論新社、1953。

宮崎市定「中國南洋關係史概説」『アジア史研究』第 2 巻、東洋史研究会、1959。

和田清監修『清代のアジア』小沼勝衛編『東洋文化史大系』第 6 巻、誠文堂新光社、1938。

加藤繁「清代福建江蘇の船行に就いて」『史林』第 14 巻第 4 号、1929 年 10 月 1 日。

井出季和太『華僑』六興商會出版部、1943。

郡司喜一『十七世紀に於ける日暹関係』外務省調査部、1934。

平瀬巳之吉『近代支那經濟史』中央公論社、1942。

三木榮『日暹交通史考』古今書院、1934。

山脇悌二郎『長崎の唐人貿易』吉川弘文館、1964。

矢野仁一「支那の開國に就いて」『史學雜誌』第 33 編第 5 号、1922 年 5 月 20 日。

松尾弘『暹羅國民經濟の特徴』臺北高等商業學校、1943。

笹本重巳「廣東の鐵鍋について：明清代における内外販路」『東洋史研究』第 12 巻第 2 号、1952 年 12 月 25 日。

田中克己「清初の支那沿海：遷界を中心として見たる」（一）（二）『歴史學研究』第 6 巻第 1 号、第 3 号、1936 年。

岩生成一「泰人の對日國交貿易復活運動」『東亞論叢』第 4 輯、1941 年 4 月。

岩生成一『朱印船貿易史の研究』弘文堂、1958。

岩生成一『朱印船と日本町』至文堂、1962。

游仲勲『華僑経済の研究』アジア経済研究所、1969。

佐佐木正哉「粤海関の陋規」『東洋學報』第 34 巻第 1–4 号、
　　1952 年 3 月。

อนุมานราชธน, พระยา (ยง เศรียรโกเศศ). ตำนานศุลกากร. กรุงเทพฯ, ค. ศ. 1939.

披耶阿努曼拉查东（镛·沙天哥色，李光荣）：《泰国古代的政
　　府税收与王室贸易》，曼谷，1939。

กาญจนาคพันธุ์, สงา. ประวัติกานะค้าของประเทศไทย, กรุงเทพฯ, ค. ศ.
　　1943.

沙－纳·甘查纳卡蓬：《泰国对外贸易史》，曼谷，1943。

กาญจนาคพันธุ์, สงา. ภาพประวัติศาสตร์กรุงรัตน์โกสินทร์. กรุงเทพฯ, ค. ศ.
　　1962.

沙－纳·甘查纳卡蓬：《曼谷王朝绘画史》，曼谷，1962。

พรายน้อย, ส. ชาวต่างประเทศในประวัติศาสตรไทย, กรุงเทพฯ, ค. ศ. 1973.

拜农：《泰国史中的外国人》，曼谷，1973。

พฤฒิทารากร, พรนิกา. สืบวัฒนะ ทวีศิลป์. ข้าวในปลายอยุธยา, วารสารธรรมศาสตร์
　　4. 3：40–60，ค. ศ. 1975.

波尼帕·蒲迪纳拉功、苏瓦达纳·塔维实：《阿瑜陀耶王朝末期
　　的大米》，《法政学报》第 4 卷第 3 期，1975 年，第 40～60 页。

ราชานุภาพ, กรมพระยาดำรง. ประวัติสมเด็จเจ้าพระยามหาศรีสุริยาวงศ์. กรุงเทพฯ,
　　ค. ศ. 1929.

丹隆·拉查努帕亲王：《颂戴昭披耶波隆玛哈西素里亚旺传》，
　　曼谷，1929。

ราชานุภาพ, กรมพระยาดำรง. เทศาภิบาล, กรุงเทพฯ, ค. ศ. 1960.

丹隆·拉查努帕亲王：《地方行政》，曼谷，1960。

ราชานุภาพ, กรมพระยาดำรง. ผู้บริหารราชการแผ่นดินในอดีต. กรมพระยาคำราจานภาพ.

เรื่อง เที่ยวที่ต่างๆ, ฉบับ 2, ค. ศ. 1962.

丹隆·拉查努帕亲王：《泰国旧时之统治者与官员》，收入朱拉隆功（拉玛五世）、丹隆·拉查努帕亲王等：《游记》第 2 卷，1962。

ราชานุภาพ, กรมพระยาดำรง. เรื่องอังกฤษเข้ามาขอทำสัญญากลางรัชกาลที่สอง.ประชุมพงศาวดารฉบับ.

บ.ห้องสมุ ดแห่งชาติ. ตอน 55, ฉบับ 12, กรุงเทพฯ, ค. ศ. 1971, หน้า 178−180.

丹隆·拉查努帕亲王：《拉玛二世中期英人要求订约考》，《诸王系年要录》第 55 辑第 12 卷，曼谷，1971，第 178 ~ 180 页。

รัตนะสวัสดี, สวัสดิ์. ประวัติศาสตร์เมืองนหครศรีธรรมราช, ตำนานพระบรมธาตุ, ค. ศ. 1973.

沙瓦·拉达纳塞维：《洛坤史》，《洛坤帕波隆达寺史话》，那空是贪玛叻，1973。

เสวีกุล, โอภาส. พระราชบิดาแห่งการปฏิรูป. กรุงเทพฯ, ค. ศ. 1970.

屋帕·诗威坤：《拉玛四世——泰国改革之父》，曼谷，1970。

สิทธิ์พันธุ์, ประยุทธ์. ต้นตระกูลบุนนางไทย. กรุงเทพฯ, ค. ศ. 1962.

巴育·西蒂蓬：《暹罗贵族世系》，曼谷，1962。

สิทธิ์พันธุ์, ประยุทธ์. ราชล้านักไทย. กรุงเทพฯ, ค. ศ. 1968.

巴育·西蒂蓬：《暹罗王室》，曼谷，1968。

สุภัทรพันธุ์, ผ่องพันธ์. การศึกษาทางประวัติศาสตร์เกี่ยวด้วยเรื่องพระคลังสินค้า. กรุงเทพฯ, ค. ศ. 1968.

彭蓬·素帕达蓬：《暹罗王室垄断制度史之研究》，硕士学位论文，朱拉隆功大学，1968。

ไตรรัตน์, ฉรงค์. เมื่อร.๔ ทรงตัดความไมตรีกับปักกิ่ง. เก็บตก, ค.ศ. 1961.

纳隆·岱瓦：《拉玛四世断绝对华关系》，《合集》，1961。

หลวงวิจิตรวาทการ. การเมืองการปกครองของสยาม. กรุงเทพฯ, ค. ศ. 1932.

銮威集哇他干（金亮）：《暹罗的政府与政治》，曼谷，1932。

หลวงวิจิตรวาทการ. ภาษีอากร. หนังสือวิจิตรอนุสร. กรุงเทพฯ, ค. ศ. 1962.
銮威集哇他干：《税考》，收入《銮威集哇他干纪念集》，曼谷，1962。

Blankwaardt, W.. "Notes upon the Relations between Holland and Siam," *The Journal of the Siam Society*, Vol. 20, Part 3 (March 1927), pp. 241 – 258.

Cady, John F.. *Southeast Asia: Its Historical Development.* New York: McGraw – Hill, 1964.

Cartwright, B. O.. "The Huey Lottery," *The Journal of the Siam Society*, Vol. 18, Part 3 (January 1925), pp. 221 – 239.

Chakrabongse, Prince Chula. *Lords of Life: A History of the Kings of Thailand*, 2nd ed.. London: Alvin Redman Limited, 1967.

Chang, Te – ch'ang, "The Economic Role of the Imperial Household in the Ch'ing Dynasty," *The Journal of Asian Studies*, Vol. 31, No. 2 (February 1972), pp. 243 – 273.

Chang, T'ien – tsê. *Sino – Portuguese Trade, from 1514 to 1644: A Synthesis of Portuguese and Chinese Sources.* Leiden: E. J. Brill, 1969 (originally published by the same press in 1933).

Comber, L. F.. *Chinese Secret Societies in Malaya: A Survey of the Triad Society from 1800 to 1900.* Locust Valley, NY: J. J. Augustin Incorporated Publisher, 1959.

Dermigny, Louis. *La Chine et l'Occident: Le commerce A Canton au XVIIIe siècle, 1719 – 1833.* Paris: S. E. V. P. E. N., 1964.

Dermigny, Louis. "A Dissertation upon the Commerce of China" (written circa 1846), in Rhoads Murphey, ed., *Nineteenth Century China: Five Imperialist Perspectives.* Ann Arbor: Center for Chinese Studies, The University of Michigan, 1972, pp. 25 – 44.

Fairbank, John King. *Trade and Diplomacy on the China Coast*: *The Opening of the Treaty Ports*, *1842 - 1854*, 2 vols. . Cambridge, MA: Harvard University Press, 1953.

Fairbank, John King. ed. , *The Chinese World Order*: *Traditional China's Foreign Relations*, Cambridge, MA: Harvard University Press, 1968.

Fairbank, J. K. and S. Y. Têng. " On the Ch'ing Tributary System," in John K. Fairbank and Ssü - yu Têng, *Ch'ing Administration*: *Three Studies*, 3rd printing. Cambridge, MA: Harvard University Press, 1968, pp. 107 - 218.

FitzGerald, C. P. . *A Concise History of East Asia.* New York: Frederick A. Praeger, Inc. , 1966.

Frankfurter, O. . "The Mission of Sir James Brooke to Siam," *The Journal of the Siam Society*, Vol. 8, Part 3, 1911, pp. 19 - 33.

Frankfurter, O. . " The Unofficial Mission of John Morgan, Merchant, to Siam in 1821," *The Journal of the Siam Society*, Vol. 11, Part 1 (1914 - 1915), pp. 1 - 8.

Furnivall, J. S. . *Netherlands India*: *A Study of Plural Economy.* Cambridge: At the University Press, 1939.

Gerini, G. E. . " Siam's Intercourse with China ( Seventh to Nineteenth Centuries)," *The Imperial and Asiatic Quarterly Review and Oriental and Colonial Record*, 3rd Series, Vol. 14, Nos. 27 & 28 (July - October 1902), pp. 391 - 407.

Gerini, G. E. . "Historical Retrospect of Junkceylon Island," *The Journal of the Siam Society*, Vol. 2, Part 2 (1905), pp. i - iv, 1 - 148.

Hall, John. "Notes on the Early Ch'ing Copper Trade with Japan," *Harvard Journal of Asiatic Studies*, Vol. 12, No. 3 - 4

(December 1949), pp. 444 – 461.

Ingram, James C. . *Economic Change in Thailand since* 1850. Stanford: Stanford University Press, 1955.

Ishii Yoneo. "Seventeenth Century Japanese Documents about Siam," *Journal of the Siam Society*, Vol. 59, Part 2 (July 1971), pp. 161 – 173.

Jacobs, Norman. *The Origin of Modern Capitalism and Eastern Asia.* Hong Kong: Hong Kong University Press, 1958.

Jiang, Joseph P. L. . "The Chinese in Thailand: Past and Present," *Journal of Southeast Asian History*, Vol. 7, No. 1 (March 1966), pp. 39 – 65.

Jones, Susan Mann. "Finance in Ningpo: The 'Ch'ien Chuang,' 1750 – 1880," in William E. Willmott, ed. , *Economic Organization in Chinese Society.* Stanford: Stanford University Press, 1972, pp. 47 – 77.

MacNair, Harley Farnsworth. *The Chinese Abroad: Their Position and Protection, A Study in International Law and Relations*, 3rd reprint. Shanghai: The Commercial Press, Limited, 1926.

Mancall, Mark. "The Ch'ing Tributary System: An Interpretative Essay," in John K. Fairbank, ed. , *The Chinese World Order: Traditional China's Foreign Relations.* Cambridge, MA: Harvard University Press, 1968, pp. 63 – 89.

Mills, L. A. . "British Malays, 1824 – 67," *Journal of the Malayan Branch of the Royal Asiatic Society*, Vol. 33, No. 3 (1960), pp. 1 – 424.

Moffat, Abbot Low. *Mongkut, the King of Siam.* Ithaca, NY: Cornell University Press, 1961.

O'Kane, John. tr. , *The Ship of Sulaimān.* New York: Columbia University Press, 1972.

Paske – Smith, M. . *Western Barbarians in Japan and Formosa in Tokugawa days*, *1603 – 1868*. Kobe: J. L. Thompson & Co. (retail) Ltd. , 1930.

Perkins, Dwight H. . *Agricultural Development in China*, *1368 – 1968*. Chicago: Aldine Publishing Company, 1969.

Pritchard, Earl H. . "The Crucial Years of Early Anglo – Chinese Relations, 1750 – 1800," *Research Studies of the State College of Washington*, Vol. 4, Nos. 3 – 4, 1936.

Promboon, Suebsaeng. Sino – Siamese Tributary Relations, 1282 – 1853, Ph. D. dissertation, The University of Wisconsin, 1971.

Purcell, Victor. *The Chinese in Southeast Asia*, 2nd ed. . London: Oxford University Press, 1965.

Rabibhadana, Akin. *The Organization of Thai Society in the Early Bangkok Period*, *1782 – 1873*. Ithaca, NY: Cornell University, 1969.

Rajanubhhab, H. R. H. Prince Damrong. "The Introduction of Western Culture in Siam," *The Journal of the Siam Society*, Vol. 20, Part 2, 1926 – 1927, pp. 89 – 100.

Schurz, William Lytle. *The Manila Galleon*. New York: E. P. Dutton & Company, Inc. , 1939.

Sheldon, Charles David. *The Rise of the Merchant Class in Tokugawa Japan 1600 – 1868: An Introductory Survey*. Locust Valley, NY: J. J. Augustin Incorporated Publisher, 1958.

Skinner, G. William. *Chinese Society in Thailand: An Analytical History*. Ithaca, NY: Cornell University Press, 1957.

Skinner, G. William. *Leadership and Power in the Chinese Community of Thailand*. Ithaca, NY: Cornell University Press, 1958.

Song, Ong Siang. *One Hundred Years' History of the Chinese in*

Singapore. Singapore: University of Malaya Press, 1967 (originally published by London: John Murray, 1923).

Steinberg, David Joel. ed. , *In Search of Southeast Asia: A Modern History*. New York: Praeger Publisher, 1971.

Sternstein, Larry. " 'Krung Kao' : The Old Capital of Ayutthaya, " *The Journal of the Siam Society*, Vol. 53, Part 1 (January 1965), pp. 83 – 121.

Thompson, Laurence G. . "The Junk Passage across the Taiwan Strait: Two Early Chinese Accounts, " *Harvard Journal of Asiatic Studies*, Vol. 28 (1968), pp. 170 – 194.

Uchida, Naosaku. *The Overseas Chinese: A Bibliographical Essay Based on the Resources of the Hoover Institution*, 2nd printing. Stanford: Hoover Institution on War, Revolution, and Peace, Stanford University, 1960.

Van der Heide, J. Homan. "The Economic Development of Siam during the Last Half Century, " *The Journal of the Siam Society*, Vol. 3, Part 2 (1906), pp. 74 – 101.

van Leur, J. C. . *Indonesian Trade and Society: Essays in Asian Social and Economic History*. The Hague and Bandung: W. van Hoeve Ltd. , 1955.

Vella, Walter F. . *Siam under Rama III, 1824 – 1851*. Locust Valley, NY: J. J. Augustin Incorporated Publisher, 1957.

Wakeman, Frederic, Jr. . "The Canton Trade and the Opium War, " a draft of chapter 4 in John K. Fairbank, ed. , *The Cambridge History of China*, Vol. 10, scheduled for publication in 1977.

Wales, H. G. . Quaritch. *Ancient Siamese Government and Administration*. New York: Paragon Book Reprint Corp. , 1965 (originally published by London: Bernard Quaritch, Ltd. , 1934）.

Wang, Gung – wu. "Early Ming Relations with Southeast Asia: A Background Essay," in John K. Fairbank, ed. , *The Chinese World Order: Traditional China's Foreign Relations.* Cambridge, MA: Harvard University Press, 1968, pp. 34 – 62.

Wang, Tseng – tsai. *Tradition and Change in China's Management of Foreign Affairs: Sino – British Relations 1793 – 1877.* Taipei: China Committee for Publication Aid & Prize Awards under the Auspices of Soochow University, 1972.

Wenk, Klaus. *The Restoration of Thailand under Rama I , 1782 – 1809*, tr. Greeley Stahl. Tucson: The University of Arizona Press, 1968.

Wertheim, W. F. . "Early Asian Trade: An Appreciation of J. C. van Leur," *The Far Eastern Quarterly*, Vol. 13 , No. 2 ( February 1954）, pp. 167 – 173.

Wickberg, Edgar. "Early Chinese Economic Influence in the Philippines, 1850 – 1898 ," *Pacific Affairs*, Vol. 35 , No. 3 ( Autumn 1962）, pp. 275 – 285.

Wills, Jr. , John E. . *Pepper, Guns, and Parleys: The Dutch East India Company and China, 1622 – 1681.* Cambridge, MA: Harvard University Press, 1974.

Wong, Lin Ken. "The Trade of Singapore, 1819 – 1869 ," *Journal of the Malayan Branch of Royal Asiatic Society*, Vol. 33 , No. 4 ( December 1960）, pp. 4 – 315.

Wyatt, David K. . "Family Politics in Nineteenth Century Thailand," *Journal of Southeast Asian History*, Vol. 9 , No. 2 ( September 1968）, pp. 208 – 228.

# 附　录

## 附录1　暹罗船至长崎贸易年表

| 年份 | 详情 | 出处 |
|---|---|---|
| 1679 | 据一艘暹罗船报告,当年有 4 艘暹罗船驶往日本 | 『華夷變態』上册、296 頁 |
| 1680 | 据一艘暹罗船报告,大城华人所属 3 艘船,及另外 3 艘厦门船当年从暹罗起航。该船途中曾停靠厦门,装运红糖(漳州、泉州二府及台湾盛产甘蔗) | 『華夷變態』上册、307 頁 |
| 1681 | 据一艘暹罗船报告,该季节预计有 5 艘暹罗船驶来,实际仅 3 艘抵达 | 『華夷變態』上册、324 - 326 頁 |
| 1682 | 2 艘暹罗船抵达 | 『華夷變態』上册、348、357 頁 |
| 1683 | 5 艘暹罗船造访,其中一艘曾停靠广州进货 | 『華夷變態』上册、366、368、397 - 399 頁 |
| 1684 | 4 艘暹罗船驶往长崎,其中 2 艘先停靠广州 | 『華夷變態』上册、403 - 406 頁 |
| 1686 | 4 艘暹罗船驶至日本贸易;明确提到其中 2 艘船的船长是在暹廷为官的福建人;据他们报告,1685 年并无暹罗船冒险赴日(暹罗船停靠长崎,船员呈报其相应的萨迪纳爵衔时说的是漳州话。这说明了当时闽南人在暹罗三角贸易中的主导地位。Ishii Yoneo, "Seventeenth Century Japanese Documents about Siam," *Journal of the Siam Society*, Vol. 59, Part 2 (July 1971), p. 167.) | 『華夷變態』上册、616 - 619、633 頁 |

续表

| 年份 | 详情 | 出处 |
|------|------|------|
| 1687 | 1 艘暹罗船抵达,搭载 114 名华人、19 名暹罗人 | 『華夷變態』上册、783 頁 |
| 1688 | 2 艘暹罗船造访,据说其中一艘载有鹿皮、蔗糖(后者可能购于厦门地区) | 『華夷變態』中册、988 – 989、990 – 991 頁 |
| 1689 | 2 艘暹罗船驶抵长崎贸易,每船搭载 100 多名华人船员 | 『華夷變態』中册、1124 – 1126 頁 |
| 1690 | 据称,3 艘暹罗船停靠长崎 | 『華夷變態』中册、1273 – 1275、1279 – 1281、1283 – 1284 頁 |
| 1691 | 3 艘暹罗船抵达,据称另有 2 艘驶来 | 『華夷變態』中册、1387 – 1388、1394 – 1395 頁 |
| 1692 | 4 艘暹罗船抵达 | 『華夷變態』中册、1466 – 1467、1478 – 1479 頁 |
| 1693 | 1 艘暹罗船到访 | 『華夷變態』中册、1588 – 1590 頁 |
| 1694 | 2 艘暹罗帆船抵达,其中一艘途中曾造访潮州 | 『華夷變態』中册、1655 – 1656、1674 – 1675 頁 |
| 1695 | 1 艘暹罗船从厦门驶抵,搭载 44 名华人船员 | 『華夷變態』中册、1735 – 1737 頁 |
| 1696 | 2 艘暹罗船抵达;其中一艘本是宁波船,1695 年驶抵暹罗贸易后将船售出;据双方报告,当年有 3 艘来自福建、广东、浙江的中国船驶抵暹罗贸易 | 『華夷變態』中册、1828 – 1829、1832 – 1833 頁 |
| 1697 | 3 艘暹罗船驶抵长崎贸易;据称 2 艘中国船在暹罗进行贸易后起航前来 | 『華夷變態』下册、1932 – 1933、1935 – 1936、1947 – 1948 頁 |
| 1698 | 据称,1 艘暹罗船停靠长崎;提及当年有 7 艘中国船停靠暹罗 | 『華夷變態』下册、1998 頁 |

| 年份 | 详情 | 出处 |
|---|---|---|
| 1699 | 2 艘暹罗船抵达;据称,当年有 6 艘中国船驶抵暹罗贸易,其中 2 艘欲前往长崎,其余返回中国;据一艘台湾船和一艘厦门船报告,第三艘和第四艘开往长崎的暹罗船在途中受损,不得不驶入厦门修理(最终这两艘船在厦门采购货物,返回暹罗)。同年,另一艘的暹罗船从日本装载铜返暹,也在途中受损,而不得不驶入厦门修理;该船设法采购了另一批厦门货物,运回大城 | 『華夷變態』下册、2080 – 2081、2091 – 2092、2126、2127、2135、2150 頁 |
| 1700 | 据一艘高州帆船报告,当年秋天,1 艘暹罗船在驶往日本途中停靠广州;这是当年起航开往日本的 2 艘暹罗船之一;另据一艘宁波船报告,另有 2 艘暹罗船驶抵厦门、南澳贸易 | 『華夷變態』下册、2163、2175、2214 頁 |
| 1701 | 1 艘暹罗船抵达,搭载 104 名华人船员,途中曾停靠南澳修理;据一艘南京船报告,1700 年,2 艘暹罗船在前往日本途中,因遭遇风暴不得不停靠广州;据称,同年又有 1 艘暹罗船和 1 艘台湾船一并驶入广州 | 『華夷變態』下册、2174、2200、2204 – 2205 頁 |
| 1703 | 3 艘暹罗船造访;据其中一艘船报告,1702 年,10 艘中国船前往暹罗贸易;所有暹罗船的船长都是受雇于暹廷的福建人 | 『華夷變態』下册、2332 – 2335 頁 |
| 1704 | 1 艘暹罗船驶抵长崎,搭载 76 名华人船员,及 3 名暹罗官员 | 『華夷變態』下册、2409 頁 |
| 1707 | 3 艘暹罗船抵达,船长均为福建人 | 『華夷變態』下册、2496 – 2498、2499 頁 |
| 1708 | 1 艘暹罗船到达,它是 1707 年驶往长崎之船队(4 艘船组成)的一部分,其余船只不得不停靠广南(安南)修理;另据一艘广东船报告,1707 年已造访日本的 1 艘暹罗船停靠广州,以采购一批广州货,船上有 82 名华人船员 | 『華夷變態』下册、2563 – 2564、2579 頁 |
| 1709 | 1 艘暹罗船造访;它于 1708 年起航前往日本,但不得不驶入南澳修理,船长是受雇于暹王的福建人 | 『華夷變態』下册、2636 – 2637 頁 |

| 年份 | 详情 | 出处 |
|---|---|---|
| 1710 | 1 艘暹罗船抵达,船长为代表暹廷的福建人;同年,据一艘停靠长崎的南京船报告,2 艘暹罗船正驶来日本,而一艘造访长崎的厦门船也报告,1 艘驶抵厦门的暹罗船受损 | 『華夷變態』下册、2665、2667 - 2668 页;補遺、3 页 |
| 1711 | 3 艘暹罗帆船造访;其中一艘从宁波出发,搭载 43 名华人;另一艘报告,1 艘暹罗船于 1710 年从暹罗扬帆前往宁波贸易;第三艘船搭载 89 名华人,外加 3 名暹罗官员 | 『華夷變態』補遺、18 - 19、22、23 页 |
| 1717 | 2 艘暹罗帆船抵达;其中一艘报告,1716 年,它从暹罗出发,但因遭遇风暴,不得不先后停靠南澳、浙江舟山,并出售一半货物;其船长也报告,1716 年另有 1 艘暹罗船开往日本,但最终返航 | 『華夷變態』下册、2718 - 2720、2737 - 2738 页 |
| 1718 | 1 艘暹罗船抵达,搭载 62 名华人、2 名暹罗官员 | 『華夷變態』下册、2805 - 2806 页 |
| 1719 | 1 艘暹罗船抵达,搭载 98 名华人船员、3 名暹罗官员 | 『華夷變態』下册、2849 - 2850 页 |
| 1722 | 1 艘暹罗船造访,搭载 57 名华人船员;它从上海驶来,由一名福建船长管驾;据该船长报告,1721 年,1 艘暹罗船在驶往日本途中遭遇风暴,不得不停靠浙江温州;他还报告,自 1717 年清廷重新实施对东南亚的游历和贸易禁令以来,暹罗的帆船贸易并未受到影响 | 『華夷變態』下册、2928 - 2929 页 |
| 1723 | 1 艘暹罗船抵达;它本是宁波船,1722 年前往暹罗贸易,并将船卖给暹罗人;搭载 47 名船员(这说明 1717 年清廷第二次实施的东南亚贸易禁令并未完全奏效) | 『華夷變態』下册、2987 - 2988 页 |

## 附录2　北大年船至长崎贸易年表

| 年份 | 详情 | 出处 |
| --- | --- | --- |
| 1675 | 1 艘北大年船造访 | 『華夷變態』上册、118 页 |
| 1683 | 1 艘北大年船造访 | 『華夷變態』上册、379 - 381 页 |
| 1684 | 1 艘北大年船造访；它于五月二十六日起航，八月驶抵长崎，航程耗时 9 周 | 『華夷變態』上册、435 - 436 页 |
| 1686 | 1 艘北大年船驶抵长崎贸易 | 『華夷變態』上册、647 - 648 页 |
| 1687 | 2 艘北大年船造访，一艘途中曾停靠宁波，另一艘从厦门运来鹿皮、蔗糖、蜂蜜；据船长陈天运报告，其船搭载 38 名船员，有从厦门、马六甲和其他地方到北大年进行贸易的船只；居留当地华人却减少至 50 人 | 『華夷變態』上册、770 - 771、799 - 800 页 |
| 1689 | 1 艘北大年船造访，搭载 36 名华人船员；它本是广东船，1688 年驶抵北大年贸易。据说当年另有 3 艘厦门船停靠北大年 | 『華夷變態』中册、1120 - 1122 页 |
| 1690 | 2 艘北大年船造访；其中一艘搭载 68 名船员，也曾停靠厦门，它报告留居北大年的华人有数百名 | 『華夷變態』中册、1269 - 1670 页 |
| | 3 艘厦门船、1 艘漳州船、1 艘广东船造访北大年 * | 陈荆和：《清初华舶之长崎贸易及日南航运》，第28 页 |
| 1693 | 1 艘北大年船造访，搭载 66 名船员 | 『華夷變態』中册、1606 - 1607 页 |
| 1694 | 2 艘北大年船造访长崎；其中一艘曾停靠温州进货；另一艘搭载 37 名船员，也曾停靠普陀山进货 | 『華夷變態』中册、1683 - 1684、1685 - 1686 页 |
| 1695 | 1 艘北大年船造访；它搭载 65 名船员，从广州起航前往日本 | 『華夷變態』中册、1735 页 |
| | 2 艘厦门船造访北大年 | 陈荆和：《清初华舶之长崎贸易及日南航运》，第37 页 |

| 年份 | 详情 | 出处 |
|---|---|---|
| 1696 | 1 艘北大年船造访,搭载 40 名华人船员;它本是宁波船,1695 年驶抵北大年贸易 | 『華夷變態』中册、1838 - 1839 页 |
| | 5～6 艘中国船驶抵北大年贸易 | 陈荆和:《清初华舶之长崎贸易及日南航运》,第39 页 |
| 1697 | 2 艘北大年船造访;其中一艘搭载 56 名船员,本是宁波船,曾驶往爪哇、北大年贸易,最后将船卖给北大年商人,他们用当地物产装载之,并运往长崎,途中停靠宁波;另一艘搭载 41 名船员,本是厦门船 | 『華夷變態』下册、1940、1944 - 1945 页 |
| | 5 艘中国船造访北大年 | 陈荆和:《清初华舶之长崎贸易及日南航运》,第42 页 |
| 1700 | 据一艘高州船报告,当年秋天,1 艘北大年船停靠广州 | 『華夷變態』下册、2214 页 |
| 1701 | 1 艘北大年船造访;据称,它不得不驶入广州修理;船长还提到,2 艘暹罗船停靠南澳,其中一艘在当地贸易并返回暹罗,而另一艘驶往日本 | 『華夷變態』下册、2203 - 2204 页 |
| 1709 | 1 艘北大年船造访;它搭载 37 名船员,本是宁波船 | 『華夷變態』下册、2639 - 2640 页 |

注: ＊本处及本附录下引陈文及附录 3、附录 4 引陈文,均据博论增补。
——译者

## 附录3　宋卡船至长崎贸易年表

| 年份 | 详情 | 出处 |
| --- | --- | --- |
| 1686 | 1艘宋卡船造访,曾停靠厦门 | 『華夷變態』上冊、646 - 647 頁 |
| 1689 | 1艘厦门船驶抵宋卡贸易 | 陈荆和:《清初华舶之长崎贸易及日南航运》,第22页 |
| 1693 | 1艘宋卡船造访长崎;它搭载 70 名华人船员,本是厦门船,1693 年驶抵宋卡贸易 | 『華夷變態』中冊、1573 - 1574 頁 |
| 1694 | 2艘宋卡船造访长崎;其中一艘搭载 46 名华人;另一艘搭载 104 名船员,途中曾停靠普陀山 | 『華夷變態』中冊、1647 - 1648、1687 - 1688 頁 |
| 1695 | 1艘宋卡船造访;它搭载 38 名船员,本是宁波船,途中停靠普陀山进购了一批丝绸 | 『華夷變態』中冊、1751 - 1752 頁 |
| 1696 | 1艘宋卡船造访;它搭载 46 名船员,本是南澳船 | 『華夷變態』中冊、1831 - 1832 頁 |
| | 1艘厦门船造访宋卡 | 陈荆和:《清初华舶之长崎贸易及日南航运》,第39页 |
| 1697 | 1艘宋卡船造访;它本是厦门船,驶抵宋卡贸易;载有 73 名船员和一批宋卡货,在驶往长崎的途中停靠厦门 | 『華夷變態』中冊、1942 - 1943 頁 |

## 附录4　洛坤船至长崎贸易年表

| 年份 | 详情 | 出处 |
|---|---|---|
| 1684 | 1 艘洛坤船驶来运铜 | 『華夷變態』上册、433 - 435 頁 |
| 1689 | 1 艘洛坤船造访,搭载 62 名华人船员,途中曾停靠厦门 | 『華夷變態』中册、1116 - 1117 頁 |
| | 据称,1 艘厦门船驶抵洛坤贸易 | 陈荆和:《清初华舶之长崎贸易及日南航运》,第25 页 |
| 1690 | 1 艘洛坤船驶抵长崎贸易;搭载 65 名船员、1 名暹罗人,途中曾停靠厦门 | 『華夷變態』中册、1260 - 1261 頁 |
| | 1 艘厦门船和 1 艘宁波船驶往洛坤 | 陈荆和:《清初华舶之长崎贸易及日南航运》,第23 页 |
| 1691 | 1 艘洛坤船抵达;搭载 61 名华人船员,途中曾停靠厦门;该船进而报告,5 艘暹罗船正驶来日本 | 『華夷變態』中册、1359 - 1360 頁 |
| 1692 | 1 艘洛坤船驶抵长崎贸易,搭载 39 名华人船员 | 『華夷變態』中册、1474 - 1475 頁 |
| 1693 | 1 艘洛坤船抵达,搭载 41 名华人船员 | 『華夷變態』中册、1595 - 1596 頁 |
| 1694 | 1 艘洛坤船驶抵长崎贸易,搭载 41 名华人船员 | 『華夷變態』中册、1668 - 1669 頁 |
| 1696 | 2 艘洛坤船抵达,各搭载 42 名、37 名华人船员;本都是宁波船,1695 年已驶抵洛坤贸易 | 『華夷變態』中册、1820 - 1821、1839 - 1840 頁 |
| 1697 | 2 艘洛坤船抵达;本都是宁波船,驶抵洛坤贸易时卖给当地华商,他们转而装载当地货销往长崎;其中一艘搭载 55 名华人船员,其船长报告,当年有 3 ~ 4 艘中国船停靠洛坤;另一艘搭载 47 名华人船员,其船长报告,有 5 艘中国船在洛坤进行贸易 | 『華夷變態』下册、1948 - 1950 頁 |
| | 2 艘厦门船驶抵洛坤贸易 | 陈荆和:《清初华舶之长崎贸易及日南航运》,第41 页 |

## 附录5  拉玛二世时期派往广东贸易之王船

1. 小历 1175 年［公元 1813 年］一月，金玉顺（Gim yok sun）帆船华人水手翁贴（Un‐tiew）谨禀报［船只庇护者王储殿下］："［去年，即小历 1174 年，公元 1812 年］八月，金玉顺①途经［越南］昆仑岛，因风信不顺，至九月方驶抵广州地界……吾等雇用 10 艘渔船，将帆船牵引至广州河口一处锚地停泊，以待风顺［上行至广州城］。数日后……吾等和另 6 艘朝廷［可能是港务左局］帆船，即金玉盛（Gim yok seng）、金永利（Gim yung lee）、金顺华（Gim sun huat）、怡顺金（Yee sun gim）、因罗萨（Inraksa）、护送（Hoo‐song）一起溯河而上。第七艘船送使（Song‐praratchasarn）着火，渔船救起其中两人，其余船员或已溺水身亡。同季，又有 5 艘暹罗船，即布金（Buk‐gim）、金顺盛（Gim sun seng）、怡布金（Yee buk gim）、怡顺金（Yee sun gim）、金岁兰（Gim sui lum）驶抵上海贸易。此外，还有 7 艘帆船，即金顺盛（Gim sun seng）、金顺安（Gim sun an）、泰利（Tai‐lee）、怡本金（Yee pun gim）、怡旺兴（Yee ong heen）、金万盛（Gim bun seng）、泰丰（Tai‐hong）驶往宁波。另有 5 艘船，即祥利（Siang‐Lee）、春金（Chun‐gim）及不知其名之三船停靠［广东］高州。"

资料来源：จดหมายเหตุรุงรัตนโกสินทรรัชกาลที่สอง, ค.ศ. 1813, No.2.

2. 金玉顺船长金贵（Chin Gui）谨禀报国王陛下："金玉顺帆船驶抵广州地区……［去年，即小历 1174 年，公元 1812

---

① 注意以"金"冠名的船只最多。

年］十月，［船上］店铺开张［售货］。胡椒每担售价 3［暹］两，水牛皮 3 两 2 钱 1 钫（fuang），锡 10 两，象牙 45 两，藤条 1 两 3 铢 1 钱，鹿皮 4 两 1 铢 1 钫，槟榔 2 两 460 派（bia）……然而，这批货销路如何，吾等尚不知晓。尽管有人出价 2200 西班牙银元，欲购买木锚、乌木，但所运木材尚未售出。金玉顺帆船可能于［今年，即小历 1175 年，公元 1813 年］二月返回［暹罗］，但其船长的确切决定尚不得而知。［除编号 1 所提驶往上海、宁波、高州贸易的船只外，还有 3 艘到访天津，即］万聚（Bun - jui），及不知其名之另两船。汶琅（Boonruang）之船和另两艘帆船驶入东宁……"

资料来源：จดหมายเหตุรุงรัตนโกสินทร์รัชกาลที่สอง, ค.ศ. 1813, No.3.

3. 金泊盛（Gim bok seng）船长金恩求（Chin Eng - chiu）命其水手禀报拉玛二世，［去年，即小历 1174 年，公元 1812 年］十月，该船驶抵厦门河口［原文如此］。因遇大浪，该船的货物转移至另一船，并运到厦门。然而，由于预期费用甚巨［含过高的官员规礼］，货物运回广州。由于许多船只停泊于港口，货物售价低廉，因此直到十二月，［船上］店铺才开张［售货］。胡椒售价为每担 3 两 1 铢，苏木 1 两 3 铢 3 钱 1 钫，红木 1 两 1 铢 3 钱，水牛皮 2 两 3 铢 2 钱 480 派，小豆蔻 2（暹）斤（chang）7 两（tamlung）1 铢，锡 9 两 2 铢 3 钱，槟榔 2 两 1 钱 232 派。象牙、藤条、水篮、白砂糖尚未售出……"

资料来源：จดหมายเหตุรุงรัตนโกสินทร์รัชกาลที่สอง, ค.ศ. 1813, No.4.

### 附录6　暹王枢密大臣就置办帆船前往厦门贸易
### 致宋卡府府尹书

1. [国王枢密大臣] 致宋卡 [府尹] 书:"[枢密院收到]蒙森(Muen Sen)所呈送公函,内称 [小历 1182 年,公元 1820 年] 六月……驶往厦门贸易的帆船(此前谕令置办)已返回。[据说] 船长出售锡每担 11 两 1 铢,苏木 1 两 1 铢 1 钫……红木 3 铢 2 钱 [等等],一旦账目结清,交易尾款就送过去。[尔亦言及,船员说] 该船漏水,不能在厦门出售,所以提议将其拆解,并回收金属器具。[枢密院] 已将此事面呈国王陛下。陛下谕令,因该船已不能再为中国贸易效力,不可在宋卡拆解之,宜予以 [临时] 必要之修理,并将该受损帆船带至曼谷,以便择机出售给华人。"

此信落款日期为小历 1182 年七月。

资料来源:จดหมายเหตุรุงรัตนโกสินทร์รัชกาลที่สอง, ค.ศ. 1820, No.5.

2. [国王枢密大臣] 致宋卡 [府尹] 书:"关于 [尔遣] 坤因蒙恬(Kun In-montien)呈送公函,并呈进厦门售货所获收益——总计 [约] 5153 两,及 [宋卡百姓进贡之若干玻璃器皿和布匹],[枢密院] 已及时 [将此事] 上奏国王陛下,并对所有物件进行核查和说明……总计 [相当于进贡白布之数],披耶宋卡 [宋卡府府尹] 委派坤因蒙恬,将其分发给进贡的百姓。一钫一厘都不能遗漏。"

此信落款日期为小历 1182 年九月。

资料来源:จดหมายเหตุรุงรัตนโกสินทร์รัชกาลที่สอง, ค.ศ. 1820, No.5.3.

## 附录7　17世纪至20世纪初中暹两国的
## 王朝、年号与君主

| 中国 | 暹罗 |
|---|---|
| 明朝 | 阿瑜陀耶王朝 |
| 万历（1573～1620） | 纳黎萱（1590～1605） |
| 泰昌（1620） | 厄伽陀沙律（1605～1611） |
| 天启（1620～1627） | 颂昙（1611～1628） |
| 崇祯（1627～1644） | 策陀（1628～1629） |
| | 阿提耶旺（1629） |
| 清朝 | 巴萨通（1630～1655） |
| 顺治（1644～1661） | 昭发猜（1655～1656） |
| 康熙（1662～1722） | 室利苏达摩罗阁（1656） |
| 雍正（1723～1735） | 那莱（1656～1688） |
| 乾隆（1736～1795） | 帕碧罗阁（1689～1703） |
| 嘉庆（1796～1820） | 帕昭素（1703～1709） |
| 道光（1821～1850） | 泰沙（1709～1733） |
| 咸丰（1851～1861） | 波隆摩阁（1733～1758） |
| 同治（1862～1874） | 乌通奔（1758） |
| 光绪（1875～1909） | 厄伽陀（1758～1767） |
| | |
| | 吞武里王朝 |
| | 郑信（1767～1782） |
| | |
| | 曼谷王朝 |
| | 拉玛一世（1782～1809） |
| | 拉玛二世（1809～1824） |
| | 拉玛三世（1824～1851） |
| | 拉玛四世（1851～1868） |
| | 拉玛五世（1868～1910） |

# 译后记

2019 年 1 月 16 日下午，厦门大学历史系学友董丽琼博士（现任教于南华大学）发来微信，说社会科学文献出版社欲购买吴汉泉（Sarasin Viraphol）所著《朝贡与利润：1652～1853 年的中暹贸易》（*Tribute and Profit：Sino-Siamese Trade*，1652 – 1853，英文版封面题有"清代中泰贸易演变"字样）一书的版权，想请厦门大学研究中泰贸易的人士翻译；她随即咨询在南洋研究院做博后的朱庆博士，得知我对中泰关系稍有研究，故而问我是否有兴趣翻译。

当时我刚刚入职广西民族大学东盟学院，成为一名"青椒"，办理入职手续之余，忙于申报项目、准备课程，压力颇大。不过考虑到此书乃学界公认的名著，研究中泰关系（史）乃至中国与东南亚关系（史）、东南亚华侨华人（史）时都绕不开，且 1977 年问世至今，学者参考、征引甚多，而我攻读硕士学位时即知晓此书，经由其参考文献获得了一些中泰关系史的史料，攻读博士学位时又阅读其中少数内容，且尝试翻译了书中的费正清序及部分自序，故我答复她有兴趣翻译。她遂转告出版社编辑李期耀先生。8 月 15 日，董丽琼联系我，说出版社已买到此书版权，是否有意向翻译。我给予肯定答复。当天下午，李期耀兄即与我联系，说明翻译具体事宜。9 月 1 日，我与出版社签订委托翻译合同，正式接手翻译。此即本书翻译之缘起。

我虽已接下翻译任务，但对翻译之难也有所体会。犹记2011年研一上学期翻译美国学者胡履德（Oliver W. Wolters）文辞高度凝练的小册子 *History, Culture, and Region in Southeast Asian Perspectives* 之一章时，艰难查找其中专有名词、地名之译名的情景。而就本书而言，因参考中、泰、日、英、法文献，时间纵贯200年，涉及泰国及东南亚其他地区、中国、日本等诸多史事、地名，翻译难度可想而知。更有进者，本书乃吴氏从其博士学位论文修改而来，章节调整幅度甚大（博论除导论、结论外共四章，著作调整为导论、十一章、结论、附录），部分正文（尤其是第三章、第八章、第十章）与注释不对应，且博论的多条注释多在著作中合为一条，书中甚至删除博论原有的一些注释，致使按图索骥颇难。

有鉴于此，为方便翻译、校订，在正式开始翻译前，我花了较长时间搜集书中所列参考文献。因不谙泰文，我仅搜集中、日、英、法文献，至2019年12月找到约95%，材料基本完备。而后，为求译名前后统一，我参考新华通讯社译名室编《世界人名翻译大辞典（修订版）》（中国对外翻译出版公司，2007），中国社会科学院近代史所翻译室《近代来华外国人名辞典》（中国社会科学出版社，1981），谢远章、沈顺编《泰国现代人物辞典》（云南人民出版社，1994），周定国主编《世界地名翻译大辞典》（中国对外翻译出版公司，2008），李崇岭主编《东南亚地名译名手册》（星球地图出版社，1996）及其他相关著述，先翻译书中索引（Index）部分，尤其注重其中地名、人名及其他专有名词的翻译。其间，我发现书中正文、注释存在一些错讹，遂边译索引，边列相关错误，并附详细史料，另加若干译者注。2020年8月，任教于泰国艺术大学（Silpakorn

University）历史系的博士同学云俊杰（Pipu Boosabok），从朱拉隆功大学图书馆泰国信息中心（Thailand Information Center, Chulalongkorn University）复印了吴氏1974年哈佛大学的博士学位论文。他本欲邮寄给我，值新冠疫情反复，就扫描一份传来。我感激万分，喜出望外，若获至宝，借此得以将博论与著作对照，恢复注释本来面目。当月底，我已在著作上标记完所有注释；9月，我译完索引，随即逐条详列参考文献，之后正式转入正文翻译。此时距接手翻译已过去整整一年。

我本欲以一人之力译完本书，实际翻译起来，发现此书体大思精，而错讹亦有一些，翻译、校订费时不少。推迟交稿数次后（由2020年5月31日先延至9月30日，再延至12月31日，又三延至2021年3月31日），2021年3月初，我诚挚邀请毕业于南洋研究院的刘俊涛、吕俊昌两位师兄加盟翻译，以求群策群力，尽快译完全书。6月上旬，全书译稿出炉；8月初定稿。具体而言，本书翻译、校改、译者注分工如下：

王杨红：翻译费正清序、作者自序、导论、第一章、第二章、第三章、第四章、第五章、第六章、结论原文第242～245页；补充第八章后半部分注释、第十章大部分注释；大幅校改第七章、第八章、第九章、第十一章、结论原文第246～253页译稿；小幅校改第十章、附录译稿；增加全部译者注，校订、定稿全书。

刘俊涛：翻译第七章原文第150～159页、第九章、第十一章、结论原文第246～253页。

吕俊昌：翻译第七章原文第140～149页、第八章（不含后半部分注释）、第十章（不含大部分注释）、附录。

值得一提的是，2009年，澳大利亚学者韦杰夫（Geoff Wade）在其主编的《中国与东南亚》（*China and Southeast*

*Asia*）一书第 3 卷和第 4 卷（pp. 116 – 148，117 – 143，222 –
233）收入了本书第七章、第八章、第九章、第十章；而 2014
年，泰国清迈的蚕茧出版社（Silkworm Books）重版了本书，更
新、规范了全书人名、地名、专有名词的拼写，只是径直将若
干与注释不对应，或有注释编号却无注释内容的正文删除。是
故，我在翻译、校改全书时并不以之为据。我增加的译者注，
尤其增补及校改原注所引著作之卷、期、年、页的译者注，因
出版社排版之需而大部分删除，堪称憾事。至于参考文献，我
本按中、泰、日、英、法文排列，并增补、标记注释引用而未
列的若干文献，而出版社考虑文献格式及排版，改为资料、论
著两类，且删除增补的标记；而书末原有参考文献说明
（Bibliographical Note）近 20 页，因翻译时间有限，出版截止时
间在即，未能补入，均为缺憾。

　　本书前后历时两年，得以翻译、校订完成并出版，我首先
要感谢社会科学文献出版社尤其是李期耀兄的信任、理解与支
持，朱庆博士、董丽琼博士的积极推荐，及刘俊涛、吕俊昌两
位师兄的鼎力相助。没有李兄的绝对信任，顶住压力一而再、
再而三、三而四地推迟译稿交稿时间，并给予充分理解，本书
难以完成。李兄编辑细致，改正了译稿的数处错误，至为铭感。
刘、吕两师兄在繁忙的教学科研之余，慨然应允并亲身加入翻
译行列，使全书的完稿时间大为提前，对此我铭感于心。

　　其次，在参考文献的获取方面，我得到厦门大学南洋研究
院同学曾守正、师妹刘文静、师弟史勤和薛斌，历史系徐蒙、
台湾研究院蔡一村博士（现任教于广州大学），宾州州立大学
陈斌博士（现任教于香港中文大学深圳分校），华东师范大学、
巴黎高等师范学校钱盛华博士，南京大学历史学院陈波老师，
韩国东国大学朴永焕教授的大力帮助。刘文静师妹在撰写博士

学位论文的紧张时光中，拨冗帮忙扫描传送大量著述，尤应感谢。史勤师弟利用在京都大学东南亚研究所访学的机会，帮忙查阅、获取部分日文材料，我亦心存感激。而经过检索，我得知陈波老师对《华夷变态》素有研究，遂冒昧发邮件请教，蒙其指教、鼓励，并慷慨惠赠其留学日本九州大学时所拍摄之《华夷变态》全书，继而又惠赠《通航一览》一书，深感荣幸。

再次，厦门大学南洋研究院师弟陈攻、香港中文大学王惠博士（现任教于河北工业大学）在泰文输入、翻译，云俊杰及泰国法政大学（Thammasat University）历史系陈玉珊（Kornphanat Tungkeunkunt）老师、清迈大学（Chiang Mai University）林明明（Korawan Phromyaem）博士在泰文、泰国地名，师弟史勤在日文，美国加州伯克利大学施竞仪（Virginia Shih）老师在英文专有名词，钱盛华博士在法文，厦门大学哲学系高金胜博士（现任教于韩山师范学院）在潮州话，曾守正、刘文静在闽南话，南洋研究院师弟邓海清（现任教于广东外语外贸大学）及弟妹在广东话，厦门大学历史系郑莉师姐在莆仙话方面的赐教，我至为感谢。陈攻师弟帮我输入大部分泰文文献，并随时帮忙解决泰文问题；林明明博士帮忙查阅稀见《泰国地名新词典（中英泰对照）》（棠花编著，曼谷香港书报印刷公司，1952），确定若干泰国地名之译名；高金胜博士则随时助我排解潮州话疑难，对此我感激不已。

此外，厦门大学历史系林友德博士（现任教于集美大学）及陈攻师弟，及时拨冗相助，分别代我先将第十章、第十一章原译稿校改一遍，有效缓解了我的校改压力，深为感谢。而厦门大学南洋研究院庄国土、李国梁、聂德宁、施雪琴、沈惠芬、张长虹，社会与人类学院龚浩群等老师，广东工业大学黄素芳师姐的关心、支持与鼓励，及广西民族大学东盟学院叶兴艺院长、杨晓强（前）院长、滕成达副院长的支持、理解，葛红亮副院长的鞭策，同事尤其是陈丙先、杨静林、李枫、刘桂青、潘艳贤、卢妹莲、蒋小星、高鲜菊等老师的帮助，东语学院徐明月老师的鼓励，我均心怀感激。加州州立大学富勒敦分校孙来臣教授在 2019 年 6 月下旬"谈外文社会科学著作的翻译"讲座上，提到"用双不用单，有四不用三"（即少用奇数词，多用偶数词，适当用成语），多用短句少用长句，及"从天下大乱到天下大治"（即打乱原句子结构兼顾中文阅读习惯）等翻译经验，对我的翻译、校改影响甚大，应一并感谢。

最后，感谢我的家人，尤其父亲及内子黄金凤。父亲克服语言不通的困难，毅然从云南老家来到广西，协助照顾犬子，料理家务，辛苦非常。内子对我翻译本书给予最大的理解、支持、鼓励，并承担犬子大部分抚育之责，免除了我的后顾之忧；她分享的英文翻译经验对我推进翻译亦有助益。没有他们的辛劳付出，我不可能这么快完成译稿。犬子书泽活泼可爱，让我品尝到初为人父的喜悦，也给我的工作和翻译增添了无穷乐趣。我对本书的翻译（含校改），不但构思于南宁、百色、那坡（坡荷）三地的奔波及紧张的教学、科研工作中，而且完成于火火兔的儿歌及犬子的咿呀学语、蹒跚学步中。译事之艰辛与快乐，因人而异，初出茅庐如我，盖即如此。

孙来臣教授曾言，翻译之难，难于上青天。因缘际会，晚学如我，迎难而上，译此名著，并率尔操觚，径为校订。我深知其中错误必多，敬请学界大贤、方家及读者诸君不吝赐教，至为感谢。是为记。

王杨红

2021 年 8 月 5 日于广西那坡坡荷

# 附　记

本书 1977 年出版后，学界反响强烈。据我所见，1978～1980 年短短两年间，先后有 7 篇书评问世，分别刊发于 *The Business History Review*（费维恺，Albert Feuerwerker）、*The American Historical Review*（Craig Dietrich）、*The International History Review*（沃尔特·维拉，Walter F. Vella）、*The Journal of Economic History*（王业键）、*Bulletin of the School of Oriental and African Studies*（R. B. Smith）、*The Journal of Asian Studies*（Robert P. Gardella）、*The Historian*（卫思韩，John E. Wills, Jr.）等。评论者大多肯定此书丰赡翔实的史料，宏大而不失细致的框架，鞭辟入里的分析，及其对清代中泰贸易所作的拓荒性研究。不过亦有学者指出其不少错讹。如以研究泰国史见长的沃尔特·维拉就挑出了书中数字、注释、史料解读乃至单词拼写的若干错讹，甚至直言该书应收回、修订，方可重新发行。基于此，窃以为，我对译稿的校订及所加译者注有其必要及价值。

翻译过程中，我参考了前人对本书的部分译文，即徐启恒译第一章、第三章，葛治伦译第六章（收入中外关系史学会、复旦大学历史系编《中外关系史译丛》第 4 辑，上海译文出版社，1988，第 56～100 页），以及颜章炮译（田边校）第三章、第四章（《南洋资料译丛》1990 年第 4 期，1991 年第 1 期、第 2 期）。另外，我还借鉴了部分日文、英文参考文献的中译本，谨列于下，以示不敢掠美。

安部健夫：《清代米谷供需研究》，南炳文译，刘俊文主编《日本学者研究中国史论著选译 第六卷 明清》，中华书局，

1993，第 420~448 页。

成田节男：《华侨史》，台北：中华学术院南洋研究所翻译、印行，1985。

宫崎市定：《中国南洋关系史概说》，中国科学院历史研究所翻译组编译《宫崎市定论文选集》下卷，商务印书馆，1965，第 180~217 页。

加藤繁：《清代江苏福建的船行》，《中国经济史考证 第三卷》，吴杰译，商务印书馆，1973，第 123~130 页。

W. Blankwaardt：《泰荷关系史》，陈礼颂译，《中原月刊》第 1 卷第 9 期，1941 年 9 月 30 日。

约翰·F. 卡迪：《东南亚历史发展》，姚楠、马宁译，上海译文出版社，1988。

张天泽：《中葡早期通商史》，姚楠、钱江译，中华书局香港分局，1988。

费正清：《中国沿海的贸易与外交：通商口岸的开埠（1842—1854）》上册，牛贯杰译，山西人民出版社，2021。

费正清编《中国的世界秩序——传统中国的对外关系》，杜继东译，中国社会科学出版社，2010。

休士：《厦门及周边地区》，何丙仲辑译《近代西人眼中的鼓浪屿》，厦门大学出版社，2010，第 1~97 页。

恒慕义主编《清代名人传略》，中国人民大学清史研究所《清代名人传略》翻译组译，青海人民出版社，1990。

亨特：《广州番鬼录 旧中国杂记》，冯树铁、沈正邦译，广东人民出版社，2009。

玛高温：《中国的行会》，陈家泽译，彭泽益主编《中国工商行会史料集》，中华书局，1995，第 2~51 页。

宓亨利：《华侨志》，岑德彰译，商务印书馆，1928。

马士：《东印度公司对华贸易编年史（1635—1834 年）》，区宗华译，广东人民出版社，2016。

德怀特·希尔德·珀金斯：《中国农业的发展（1368—1968 年）》，宋海文等译，上海译文出版社，1984。

巴素：《东南亚之华侨》，郭湘章译，"国立"编译馆出版、正中书局印行，1974。

Prince Damrong：《欧西文化输入泰国史略》，何友民译，《中原月刊》第 1 卷第 3 期，1941 年 3 月 30 日。

施坚雅：《泰国华人社会：历史的分析》，许华等译，厦门大学出版社，2010。

宋旺相：《新加坡华人百年史》，叶书德译，新加坡中华总商会，1993。

J. 霍曼凡·德·海德：《19 世纪下半期暹罗的经济发展》，尔东译，《南洋问题资料译丛》1962 年第 4 期。

王赓武：《明初与东南亚的关系——背景论述》，姚楠编译《东南亚与华人——王赓武教授论文集》，中国友谊出版公司，1987，第 1~41 页。

E. 威克保：《菲律宾华人早期的经济势力 1850—1898》，蔡寿康译，《南洋问题资料译丛》1963 年第 2 期。

吴迪：《暹罗史》，陈礼颂译，商务印书馆，1947。

2021 年 8 月 6 日补记

图书在版编目（CIP）数据

　　朝贡与利润：1652－1853 年的中暹贸易／（泰）吴汉
泉著；王杨红，刘俊涛，吕俊昌译． －－ 北京：社会科
学文献出版社，2021.9
　　书名原文：Tribute and Profit：Sino－Siamese
trade，1652－1853
　　ISBN 978－7－5201－8780－0

　　Ⅰ．①朝… 　Ⅱ．①吴… ②王… ③刘… ④吕… 　Ⅲ.
①国际贸易－研究－中国、暹罗－1652－1853 　Ⅳ.
①F752.733.6

　　中国版本图书馆 CIP 数据核字（2021）第 158096 号

## 朝贡与利润：1652~1853 年的中暹贸易

著　　者／〔泰〕吴汉泉（Sarasin Viraphol）
译　　者／王杨红　刘俊涛　吕俊昌
校　　者／王杨红

出 版 人／王利民
责任编辑／李期耀

出　　版／社会科学文献出版社·历史学分社（010）59367256
　　　　　地址：北京市北三环中路甲 29 号院华龙大厦　邮编：100029
　　　　　网址：www.ssap.com.cn
发　　行／市场营销中心（010）59367081　59367083
印　　装／三河市东方印刷有限公司

规　　格／开　本：889mm × 1194mm　1/32
　　　　　印　张：10.875　字　数：259 千字
版　　次／2021 年 9 月第 1 版　2021 年 9 月第 1 次印刷
书　　号／ISBN 978－7－5201－8780－0
著作权合同
登 记 号／图字 01－2021－2415 号
定　　价／79.00 元

本书如有印装质量问题，请与读者服务中心（010－59367028）联系